意見広告

朝日新聞による
言論機関の

この裁判を許して

四六判・並製・280頁
1389円(税別)
ISBN978-4-86410-574-3

言論機関としての社会的責任の放棄です

潤沢な紙面を有する新聞社として、裁判に訴えるのではなく、紙面を割いて、読者へ信を問うべきです。紙面での議論を避けることは、読者への説明責任を欠く背信行為です。

裁
自
萎

大企業か
訴訟」と言
スラップ法
います。

朝日新聞渡辺雅
お互いに社長の

ASUKA SHINSHA 飛鳥新社

この意見広告は読売新聞はじめ
新聞各紙に掲載を拒否されました。
もちろん、朝日新聞には申し込んでいません。
編集長

月刊Hanadaセレクション

朝日新聞、虚報の連鎖

CONTENTS

グラビア特集

目で見る朝日新聞誤報史年表

1950年9月27日

宝塚山中に伊藤律氏

本社記者が会見

不精ヒゲ、鋭い眼光

〝潜入の目的は言えぬ〟

伊藤律氏

つかめぬ真意

当局、伊藤氏を追う

八月半ば関西へ 伊藤氏足どり

資金の提供者

1950年9月27日　伊藤律架空会見

当時、GHQの指令によって日本はレッドパージ（公務員や民間企業で「日本共産党員とその支持者」を解雇する動き）があり、日本共産党の幹部には逮捕状も出され、彼らは地下に潜伏していた。

朝日新聞社神戸支局の記者が、潜伏中の日本共産党幹部の伊藤律《りつ》と、宝塚市の山林で数分間の会見に成功、その模様を記事に掲載した。記者は目隠しされて潜伏先のアジトまで案内されたという。

記事掲載後、法務府特別審査局が記者を聴取したところ、記者が伊藤律と会見した時刻には旅館にいたことが発覚。その他の供述にも矛盾があり、ついに会見記事が虚偽であったことが自白により判明した。朝日新聞は三日後の九月三十日に社告で謝罪。大阪本社編集局長解任。

(三) 8版　昭和25年9月27日　(水曜日)　朝日新聞　第23202号

米以外は自由に
来年から 麦類もクーポン制

麦類券は全国で通用

内地米13日分　来月の主食

名月、見え隠れ
お団子待ちぼうけ

全逓割れる
郵政、先週の両組合に

調理は特定会員で
給食　身体検査のうえ

牛の移動を禁止
流感、都内にも拡がる

全国で十万頭

幹部ら廿三名検挙
七百万円を食う

米輸送機墜落
廿二名が行方不明

女子学生が当選

（お断り）

こゝに掲載された伊藤律氏との会見記は事実無根と判明したので全文を削除しました。

ブロンディ

縮刷版では記事部分が空白に

1959年12月14日

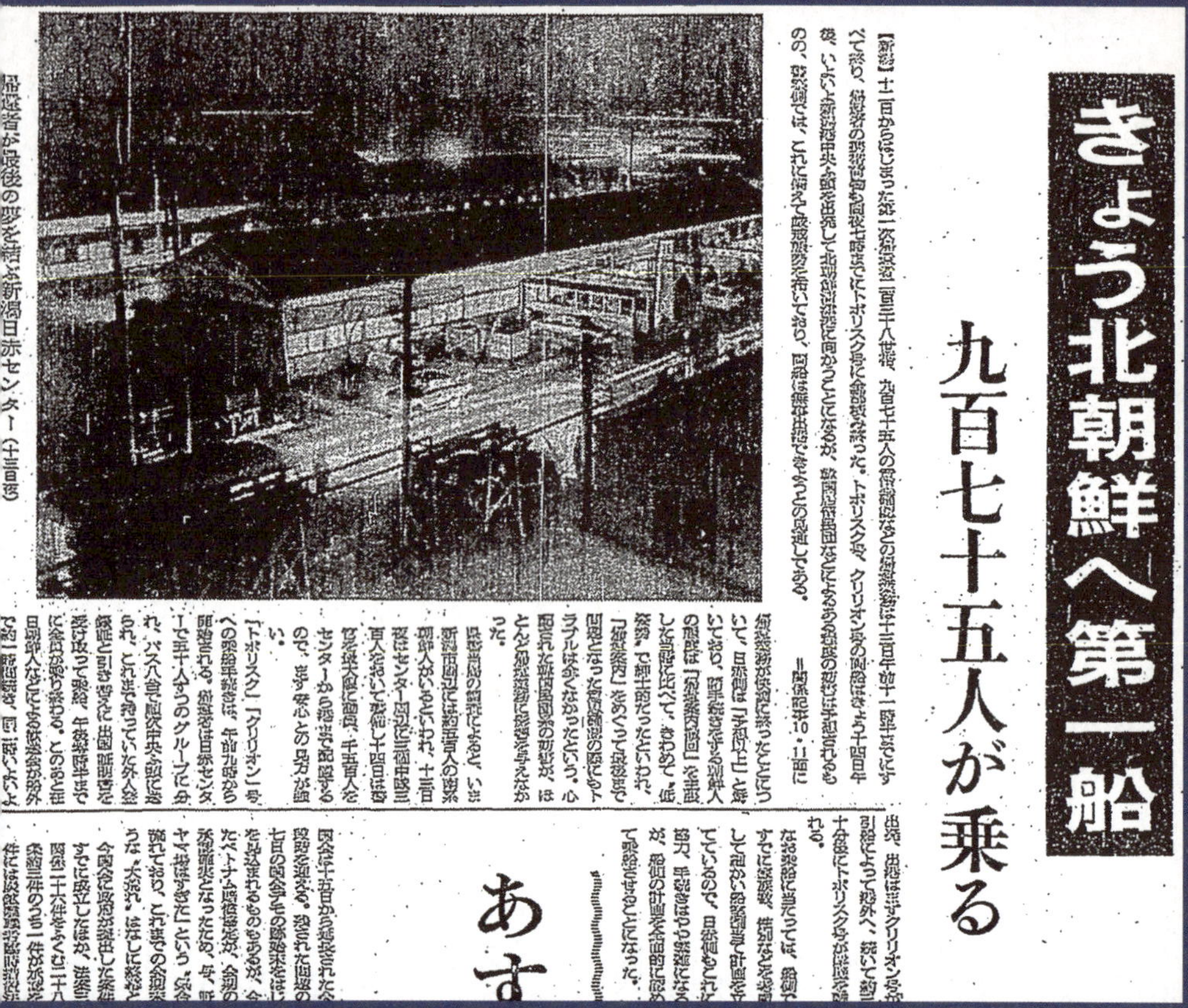

きょう北朝鮮へ第一船

九百七十五人が乗る

帰還者が最後の夢を結ぶ新潟日赤センター（十三日夜）

1959年12月14日、在日朝鮮人の帰還事業の第1船

一九五九年十二月十四日から八十四年にかけて、在日朝鮮人とその家族による日本から北朝鮮への集団的な永住帰国あるいは移住を進める「北朝鮮帰国事業」が行われた。在日朝鮮人と日本人妻ら九万三千三百四十人が新潟港から北朝鮮に渡ったと言われている。

当時は「故郷に戻れることはいいことだ」「北朝鮮は地上の楽園」などとして、ほぼ全てのマスコミが事業に賛同、支持する報道をしていた。ところがその後、脱北者によって、北朝鮮は天国ではなく地獄であることが判明。産経や読売などは事業の協力をやめたが、朝日新聞は最後まで「北朝鮮の真実を報道しない」という形で帰国事業に「協力」し続けた。

1971年10月22日、最後の帰還船「万景峰号」、新潟西港を出港
（写真提供／共同通信社）

1971年5月14日、北朝鮮への帰還事業が3年半ぶりに再開し、再開第1便「トボルスク号」が新潟港を出港
（写真提供／共同通信社）

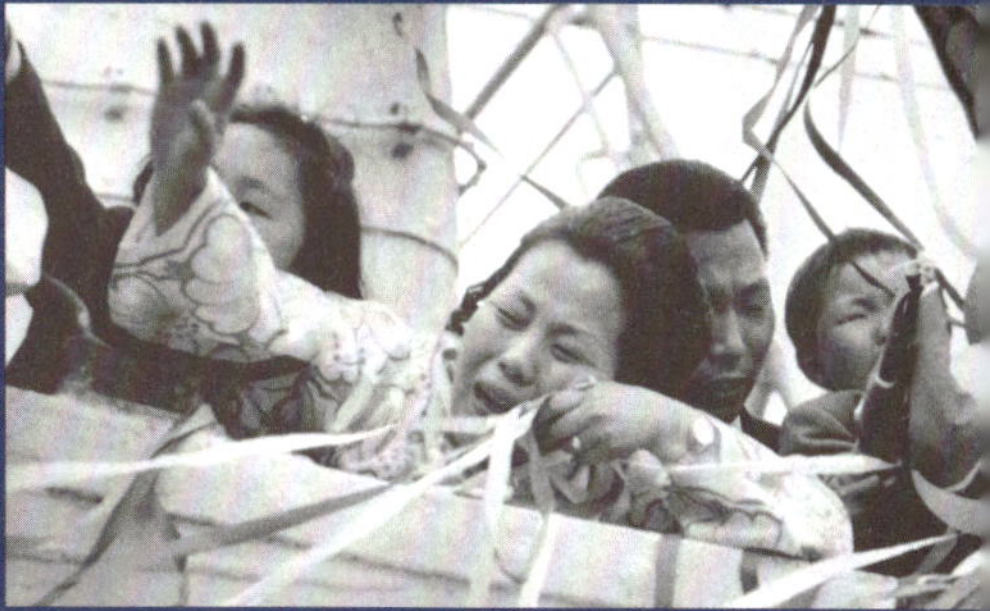

「トボルスク号」の船上から、泣きながら手を振る帰還者
（写真提供／共同通信社）

1984年に、初めて元朝鮮総連幹部が明らかにした北朝鮮の真の姿
新装版・亜紀書房　2484円（税込）

希望にあふれた出船前夜

〝願いは日鮮カケ橋〟

地元で慰問の「佐渡おけさ」

きょうも警官千五百人

同種のバール発見

仙台高検 松川裁判に反論資料

1959年12月14日

1970年4月22日

中国訪問を終えて

準戦時体制の緊張

現状直視が改善の始り

北京にて
朝日新聞社長　広岡知男

一カ月にわたる中国訪問を終えるにあたって、私の心に残る一番強い印象は、この国がいま、準戦時体制下にあるということだ。私は国のいたるところにピンと張りつめたような緊張を感じた。

たとえば北京の町では地下ごうを掘っていた。北京の町を宿舎の民族飯店(ホテル)の窓からながめると、朝はまず小学生や職場の人の軍事訓練からあける。早朝から大勢の人が街頭に繰出して、教練しているさまが毎日のように見えた。背のうを背負う一団、かけ足の一団。これは人海戦術を目のあたりに見るような印象的な光景だ。また、町の映画館やテレビでは、日本との戦争を題材にした地下ごうによるゲリラ戦を盛んに見せている。こうした状態から、もし中国を侵すものがあれば、これに対して徹底的に戦うという決意が、子どもから老人に至るまで行きわたっているように思われる。

歴史から学んだ警戒心

非常警戒の原因は中ソ国境の緊張、日米共同声明、インドシナの戦況、新しくは最近のカンボジア政変などに求められるのではないか、と思うが、これは既に太平ムードの日本からきた人間には、まるで想像を越えるような異様な空気でさえある。

周恩来首相は十九日、松村謙三訪中団との会見でかってないような激しい言葉と顔色で、日本の政策を非難した。これまで日中貿易の交渉を何回かつとめた経験者の話によると、いままではたとえ交渉そのものがどんなにきびしくても、そのあとで行われる周首相の会見は、ときに冗談をまじえながら、なごやかなふん囲気のなかで進められたものだという。しかしこんどの会見は、そうした空気とうって変わった厳しいもので、周首相は日本軍国主義の復活、台湾問題といった問題を取上げて、佐藤政府の政策を攻撃した。

これはこの国が近世にはいって以来、ほとんど絶え間がないといってよいほど、外国軍隊によって国内を荒され、数々の災害を受けてきた歴史と、それから生まれた中国人の鋭敏な警戒心と、中国からみた敵性国で包囲された緊張状態下にあって、最近における緊張の推移をいかに警戒の目で注視しているかということを知らなければ理解できないであろう。

大建設まい進へ満足感

中国人の消費生活の水準は、日本からみればまだかなり低いと思うが、しかし彼らは、いまの状態に一応満足し、これからの大建設に進むのだという気持になっているようにみえる。なぜか。まず第一に生活が低いながら安定し、保証されていることを見逃すことはできない。

工業製品などについては、まだ不十分の感じはあっても、衣食住、とくに食糧については、満足すべき状態だ。切符制は綿製品、主食などについて残っているが、決してそれで不自由しているという状況ではない。一般大衆にとっては現在の生活の安定が、苦しかった昔の思い出と結びついて、より一段強い満足感となるのではないかと思う。

第二に、乏しきを憂えず、等しからざるを憂う、という言葉があるけれども、今日の中国ではこれが、かなり徹底して行われている。例えば高級官僚と一般労働者の間にも、それほど大きな給与の開きがないようだし、第一、着ている服装もあまり変わらない。解放軍についても、階級制度がないので、だれが司令官でだれが兵士かの区別も、外観からは分からない。

文化大革命後の中国では、都市と農村、頭脳労働者と肉体労働者、農業と工業間の格差をなくすための運動が、かなり広範に、かつ徹底的に進められている。こうした経済の上に立って、はじめて平均化ということが、思い切って実施されるのであろう。

こういう大衆の一応の安定と満足によって、毛沢東主席、林彪副主席、周恩来首相らの党中央への信頼が強まり、その指導によっていっそう、団結が強化されるという結果になっているのではないかと思う。

中国への認識が足りぬ

こんどの経済交渉は難航した。中国は、日本に軍国主義が復活し、台湾、朝鮮、インドシナに侵略の手を伸ばしていると主張したのに対し、日本はそういう意図はあっても、また現実のものではないという、否定の立場に立ったからではあるけれども、実際に自分を今日の中国の立場の中に置いて考えれば、日中両国の将来の動向につながる幾分の切実さが実感としてわいてくるような感じがする。

私は日中友好を促進しなければならないと考える。それは日本国民のほとんど大部分のひとの念願でもあると思うのだが、日本と中国の間には、現実的にはまだ戦争終結の処理さえできていないことを、十分にわきまえている人は、意外に少ないのではないだろうか。今日の中国で、高まる国際緊張にどれほど警戒心を強めているか、という点への認識は、日本の大衆の間ではほとんど皆無に近い状態だ。

日本はまだ戦争の被害を受けた中国の人びとへ謝罪の形さえもとっていない。日本政府は国府との交渉で、すべてが終ったというふうに解しているかも知れないが、中国の人びとは決してそうは思っていない。国府との間に日華平和条約を締結した時は、すでに大陸で中華人民共和国政府が成立していたという事実をみれば、当地の感情がよく理解できると思う。

事実、私が中国にひと月滞在した間に接触した人びとは、何らかの意味で日中戦争の被害を受けている。口には出さないけれども、彼らの日中戦争の記憶は、まだなまなましく残っているようにみえた。かりに日本人が、戦後二十五年の歳月で、すべてが時効にかかったという錯覚をもったとすれば、それはあまりに身勝手すぎるといわなければならない。

徹底的な国民的論議を

貿易にしても、日本から買いたいという欲は十分にあるように思われるが、平和五原則をはずし、妙な条件をつけられてまでは、買わないということであろう。事実、日本の政治家のなかには、中国の生活を助けてやるという人道的見地から行っているのだと放言した人もいる。周首相が会談の中で化学肥料の輸入に関し、中国は無理に輸入しなくてもやっていくこともできるのだと発言したのは、こうした考え方に対するものと思われるが、こうした放言は日本にとってまったく有害無益である。

現在、日中両国の間の断絶は、あまりにも大きい。中国は、経済大国への自信を高めた日本が、資源と市場を求めて再び中国大陸へ侵略の手を伸ばそうとしている、とみているのだから、日中関係の打開は、決してたやすいことではない。いまにしてその処理を誤れば、これから数年、あるいは十年後には、取返しのつかぬ事態に進む恐れがある。

私は、日中関係の現状を、もっと多くの日本人が、いま真剣に、誠意を持って直視する必要があると思う。日本人が平和と非武装の理想に徹し、再び戦争に巻込まれまいと考えるならば、中国の人びとの持っている警戒心をすみやかに解く必要があり、そのためには、どうしたらよいかという点について、徹底的な国民的論議が行われなければならない。

広岡知男朝日新聞社社長はさる三月二十日、自民党の松村謙三氏を団長とする訪中使節団とともに松村氏の友人として同行、香港、広州を経て二十二日北京入りし、四月二十一日まで北京に滞在した。

1970年4月22日、広岡知男社長（当時）による「中国訪問を終えて」

1971年9月27日

形式よりも内容重視？
中国 分散祝賀の国慶節

1971年9月27日、林彪に触れない第一報

金日成首相「友好」を語る
後藤本社編集局長と会見
朝鮮統一の悲願果す
自民使節団も歓迎 対日交流は促進
軍事同盟、相互に廃棄を

1971年9月27日、北朝鮮・金日成首相と後藤基夫編集局長（当時）の会見

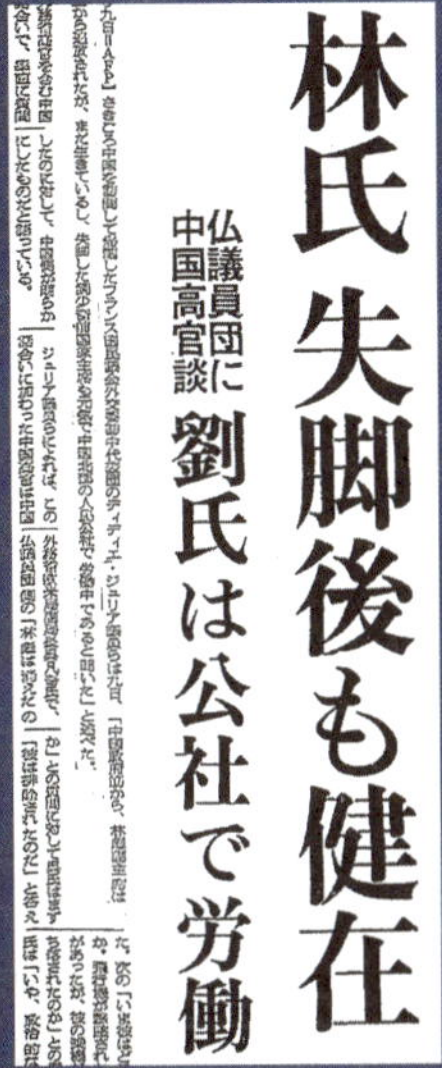
林氏 失脚後も健在
仏議員団に中国高官談 劉氏は公社で労働

1972年2月10日、まだ林彪健在を報じている

広岡知男社長（当時）が一カ月にわたる中国訪問を終えたあと、一面に署名記事「中国訪問を終えて」を掲載。ここで広岡は文化大革命を高く評価した。その後、文革の実態が明らかになるや、朝日は「文革への幻想を否定」（一九八〇年十一月十七日）という記事を掲載。以前の文革礼賛《らいさん》については全く触れなかった。

一九七一年九月十三日、中国共産党内の権力闘争に敗れた林《りん》彪《ぴょう》が、飛行機で亡命の途中、モンゴルで墜死。九月二十六日、十月一日に行われる予定だった国慶節パレードの中止が突然発表された。併せて人民日報の紙上にも林彪の名が現れなくなったので、「毛沢東重病説」や、「何か重大な政変があったのではないか」との観測が世界中に広まったが、朝日新聞の北京特派員の秋岡家栄《いえしげ》記者は、「パレードが中止になったのは「新しい祝賀形式に変わったのではないか」と好意的に報道、それ以降も林彪失脚を疑問視し続けた。

一九七一年九月二十七日に、後藤基夫編集局長（当時）が北朝鮮を訪問し、金日成《キムイルソン》と会見。六八年に朴正煕《パクチョンヒ》暗殺未遂があったが、言及せず、「平和的統一を一番妨害しているのは南朝鮮の政治だ」「我々は『南侵』の方針をもってもいないし、したこともない」との金日成の言葉をそのまま記した。その後、拉致《らち》問題などが明るみになっても、北朝鮮擁護の姿勢を崩していない。

1971年8月〜12月

瀋陽（旧奉天）の紅旗広場。このあたりの建物には日本占領時代のままのものが多い。中央は毛主席と人民解放軍の像

中国の旅 1

平頂山事件

現地に見る暴虐の跡

日本軍の残した深い傷

北京空港に到着したのは夜の七時近かった。雷雨の直後で涼しい。朝日新聞北京支局の秋岡家栄記者のほか、中国側の日本特派員として東京にいたこともある新華社記者や、中国国際旅行社の王さん、李さんなどが出迎えてくれた。空港から都心の宿舎「新僑飯店」（ホテル）まで車で約四十分。夜道の両側に、ヤナギらしい並木が延々とつづく。北京市内にはいると、かつて見た世界のどの都市にもなかった広大な道路が、一直線に中央を貫いている。「長安街」通りだ。道幅は百二十メートルあるという。街灯に照らされた道路と両側のビルとの間に、さらに余裕がとってあるので、通りは一層広く見える。午後九時を過ぎているせいか、車がほとんど通らないので、長大なグラウンドを走っているような気分になる。ホテルに着くと、私たちは秋岡記者とともにまず中国のマオタイ酒で乾杯した。

香港から中国入りした私たち—朝日新聞の古川万太郎記者と私は、広州、長沙を経て六月十五日、こうして北京に無事到着した。私たちはかつて一度も中国をたずねたことはない。古川記者と私は、昨年暮れから今年の初めにかけてそれぞれ別の取材目的を抱いて、入国を申請していた。入国OKの回答が来たのは五月十五日であった。私の取材目的の重要な一つは、戦争中の中国大陸における日本軍の行動を自分の目でたしかめてみたい、とくに日本軍による虐殺事件のあった現場をたずね歩いて、生残った被害者たちの声を直接きいてみたいということだった。

約一カ月半、中国側のはからいで主として東北地方（日本占領中のいわゆる「満州」）の遼寧省をはじめ、河北省、上海、南京などの、問題の現場をたずね歩いた。山間の小村から、鉱山、工場、農村、あるいは長江（揚子江）の川岸など、さまざまな事件について、二十数カ所の現場で、総計百人以上の人々から取材した。私にとっては最初の中国訪問だが、この旅で、日本軍が中国に残した深い傷跡を、はじめて詳細かつ具体的に知ることができたと思う。そのほとんどは、これまで一般の日本人に知られていない事実だった。

日中の国交回復が叫ばれ、すすめられようとしているいま、中国に侵略した日本の過去について、もし日本側が不問のまま何の責任ある態度や誠意を見せずにのぞむとすれば、好ましいかたちの達成は期待しにくい。この知られていない、あるいは知らされることの少なかった事実を、われわれ日本人は今こそ改めて認識する必要があると思う。短い期間の中国旅行で、以下は侵略された側としての中国人の心を、私が完全に理解したとはとうてい思えないが、取材した事実を、できるかぎり正確に報告してみたい。

北京に到着して約一週間後の六月二十四日、私たちは双発のプロペラ機で北京空港から瀋陽に向った。瀋陽といわずに、日本の占領時代まで使われていた旧「奉天」といえば、すぐわかる人々も多いであろう。取材はまず東北地方から始めることになった。

瀋陽の空港には、遼寧省革命委員会外事係の人々五、六人が出迎えてくれた。空港から市の中心に向う車の中で、外事係の人たちが説明した。—このあたりは日本人ばかり住んでいたところです。この通りはその中でも特に支配階級や官僚などが住んでいました。ここは日本人労働者のアパートでした……。

私たちは大きな広場をのぞむ遼寧賓館に案内された。かつて「満鉄」の大和ホテルだったという。部屋の窓からみる広場の中央に、人民解放軍と毛主席の巨大な像が立つ。ここは「紅旗広場」と呼ばれていた。

（文と写真・本多勝一記者）

1971年8月から12月まで連載された本多勝一「中国の旅」

「中国の旅」の日本批判のひどい見出し

朝日新聞社

本多勝一　　　　（写真提供／共同通信社）

《私の取材目的の重要な一つは、戦争中の中国大陸における日本軍の行動を自分の目でたしかめてみたい、とくに日本軍による虐殺事件のあった現場をたずね歩いて、生残った被害者たちの声を直接きいてみたいということだ》（第一回より）

中国側が用意した〝証人〟の話を聞いただけで確認のための取材もせず、毎回、残虐で非人道的な日本軍とその行為が語られていく。しかしその内容は虚偽に満ちていた。

1982年6月26日

教科書さらに「戦前」復権へ

文部省 高校社会中心に検定強化

「侵略」表現薄める

古代の天皇にも敬語

新しい高校社会科教科書＝文部省で

来年四月から高校と小学校で使われる新しい教科書に対する文部省の検定が二十五日までに終わり、七月一日から全国七百余の展示会場で公開展示される。高校教科書の検定は、新学習指導要領に基づく全面改訂本の二年度分。初年度の昨年は、自民党と省・財界の一部などによる「偏向」キャンペーンに沿って社会科の「現代社会」が極めて「統制色」の強い検定にさらされたが、今年も社会科を中心に「偏向」批判の論理がさらに貫徹して現われた。憲法、安保・自衛隊、北方領土、権利・義務、大企業・経済などの記述をめぐって、文部省は昨年に輪をかけ削除、書き換えを迫った。加えて今年は、歴史的な「天皇」「侵略」、現代では「現体制批判」などについて、とりわけ厳格な検定姿勢が目立ち、「戦前」の復権の方向が色濃く浮かび上がった。小学校教科書にも、同じ傾向は及んでいる。一方、執筆者や編集者には、「自己検閲」に近い枠に閉じこもる姿勢も、一部に見え始めた。検定の実態、採択の在り方をうたう中教審の答申を今秋に控え、教科書をめぐる論議は、再び高まりそうだ。

（22・23面に関連記事）

今回、検定が終了した高校の新教科書は、来春の二、三年生が使う選択科目。日本史、世界史、政治・経済、倫理Ⅱ、数学Ⅱなどのほか、職業科目を含め五十一社の十一教科、三百六十九点で、うち理科Ⅱなど三点が最終的に不合格となった。小学校教科書は全学年用で、十六社の七教科、二百三十四点。三年ごとの部分改訂のため、不合格はなかった。

検定申請された原稿本（白表紙本）に内容変更を求める文部省の修正意見（強制）と改善意見（取捨）の指示は、最高の日本史の場合、六百数十カ所に及んだ。社会科の平均では、一点につき三百―四百カ所だった。昨年の「現代社会」では一点につき三百―六百カ所の指示があった。

執筆者や編集者などの話を総合すると、とくに指示の多かった日本史、世界史、政治・経済で、各教科書会社にほぼ共通にチェックされた内容の特徴は①戦前の日本の「侵略」行為の記述…

国民意識統合ねらう

「検定の密室化」も着々

IJPC

縮小し事業継続

通産省見通し 資金、イラン負担で

「産業スパイ」

三菱も同ルー

疑惑のペ社と取

1982年6月26日、教科書書き換え報道

読者と朝日新聞

教科書検定問題が外交問題にまで発展しましたが、週刊誌やテレビで「マスコミの誤報が原因」という声を聞きます。真相を聞かせて下さい。（東京都 中村三郎 無職）ほか

お答え

今回の教科書問題をめぐる報道について、一部週刊誌などが、朝日新聞を含む日本のマスコミの「歴史的大誤報」などと書いており、読者の皆さんからのお問い合わせもありますので、ご説明します。

来年度から使用される高校、小学校の教科書の検定結果が六月二十六日付朝刊で各社一斉に取り上げられ、朝日新聞でも一面と社会面で報道しました。このうち第二社会面で「こう変わった高校教科書」との見出しで掲載した一覧表の中で、今回の検定前に「日本軍が華北を侵略すると……」「中国への全面侵略」とあった記述が検定後は「日本軍が華北に進出すると……」「中国への全面侵攻」に変わっているとして対照した個所が、その後、検定前から「進出」「侵攻」であり、誤りだったことがわかりました。

新聞、放送各社ともこの個所についてはほぼ同様の報道をしましたが、七月二十六日になって、中国が「日本軍国主義が中国を侵略した歴史の事実について改ざんが行われている」と抗議、続いて韓国も抗議し、外交問題となりました。朝日新聞は日中、日韓関係の歴史記述について再度点検したところ、今回の検定教科書で日中戦争に限定すると「侵略→進出」と書き換えさせたケースはなかったらしい、との懸念が生じました。

そこで七月二十七日付朝刊（三面）の表では問題個所を外したほか、「『侵略』変更四カ所だけ」との文部省の釈明資料の記事（同二十九日付朝刊第二社会面）、「今年の検定で侵略→進出は見当たらない」との文部省の国会答弁（同三十日付朝刊四面）などの報道で修正しました。さらにその後、確実な資料の入手により「今回の検定で、中国への侵略を進出などに変えた例は見当たらない、との文部省の発言は事実と認められる」（八月二十五日付朝刊三面）とも報道しました。

一部にせよ、誤りをおかしたことについては、読者におわびしなければなりません。なぜ誤りが起こったかを、次にご説明します。

教科書検定は執筆者、出版社側が「原稿本」を文部省に提出、教科書調査官が具体的な記述について「修正」「改善」といった意見をつけ、執筆者、出版者側が手直ししたあと最終的に合格、不合格が決められます。しかしこうした経過について文部省は一切口を閉ざし、「原稿本」も外部に出さないよう指導しています。従って検定経過を報道するためには、「原稿本」を何とか手に入れるか、執筆者、出版社側からの間違いない証言を得るしかありません。今年の場合、合格した教科書は高校三百六十六点、小学校で二百三十四点あり、これらがどう検定されたかを確認していくのは容易ならぬ作業です。

本社はこうした制約の下で、最大限の調査、取材を行いましたが、今回問題となった個所については、当該教科書の「原稿本」が入手できなかったこと、関係者への確認取材の際に、相手が「侵略→進出」への書き換えがあったと証言したことなどから、表の一部に間違いを生じてしまいました。

以上が誤りを生んだ経過と背景です。ところで、ここで考えてみたいのは、中国・韓国との間で外交問題にまで発展したのは、この誤報だけが理由なのか、という点です。抗議の中で中国側が例にあげたのは、「侵略→進出」だけではなく、「満州事変」や「南京虐殺」などの記述もありました。韓国の政府や民間団体が抗議したのは「三・一独立運動」や「強制連行」など数多くの記述についてでした。つまり、ことの本質は、文部省の検定の姿勢や検定全体の流れにあるのではないでしょうか。だからこそ日本政府は今回検定の日中戦争関係で「侵略→進出」の書き改めがなかったことを十分知りながら、検定基準の変更を約束せざるを得なかったのだと思われるのです。

文部省が検定作業を通じて「侵略」を「進出」「侵入」「侵攻」「侵出」などに書き換えさせてきたのは、数多くの資料や証言から証明できます。侵略ということばをできる限り教科書から消していこう、というのが昭和三十年ごろからの文部省の一貫した姿勢だったといってよいでしょう。そうした検定の流れは、いま社会面の連載「検証・教科書検定」でも、改めて明らかにしつつあるところです。

日本が韓国・朝鮮を併合したり、中国へ攻め込んだりした事実をどう見るかは、歴史観の違いによって意見が分かれる場合もありましょう。しかし、あった事実は事実として、認める態度が必要だと思います。教科書は次代の国民を育てる大切なものです。私どもは今後とも厳正な立場で教科書問題の報道にあたりたいと考えます。

（東京本社社会部長 中川昇三）

日付は東京本社発行の最終版によります。

投稿される方へ 本欄への投稿は、住所、氏名、職業、電話番号を明記のうえ、〒104−91東京京橋郵便局私書箱80号、朝日新聞「声」担当へ。投稿数の都合などから掲載できない場合、残念ながら、すべてにご連絡や回答はできませんが、ご意見として参考にします。ご了承下さい。掲載分には記念品をお送りします。

「侵略→進出」今回はなし

教科書への抗議と誤報

問題は文部省の検定姿勢に

1982年9月19日、読者の質問に答える形で「お詫び」

1982年8月18日、教科書書き換え報道を受け、東京都・芝公園付近で抗議のデモをする在日韓国人婦人たち　（写真提供／共同通信社）

1982年8月26日、教科書問題で政府見解を発表する宮澤喜一官房長官（当時）（写真提供／共同通信社）

文部省が教科書検定で、高校の歴史教科書の中国華北地域への「侵略」を「進出」、韓国の「三・一運動」を「三・一暴動」などと書き換えさせた——と新聞各紙が一斉に報じた。

報道から二カ月後、『諸君！』（文藝春秋）に渡部昇一「萬犬虚に吼《ほ》えた教科書問題」が、同日発売の『週刊文春』には「意外『華北・侵略→進出』書き換えの事実なし」が掲載され、誤報であったことが発覚。

産経新聞は二面で「報道は誤報だった」という訂正とお詫びを掲載したが、朝日新聞はお詫び記事ではなく、中川昇三社会部長名の四段の囲み記事「読者と朝日新聞」を掲載。「教科書への抗議と誤報」で「読者におわびしなければなりません」としながら、「ことの本質は、文部省の検定の姿勢や検定全体の流れにあるのではないでしょうか」と居直った。

1984年10月31日

恐怖の煙幕　白煙の手前にアリのように見えるのが日本軍の兵士。写真を公表した元将校Aさんは「やや後方から作戦の全容を見ていた」という（中央の線は見開き写真のとじ目部分）

「これが毒ガス作戦」と元将校

当時の日本軍部内写真を公表

「これが毒ガス作戦だ」――日中戦争で旧日本軍が致死性のイペリットを含む大規模な化学戦をしていたことを裏付ける資料が次々と明るみに出たが、当時、中国戦線の第百一師団に所属していた神奈川県在住の元将校Aさん(七〇)がこのほど、朝日新聞社に「私は毒ガス攻撃の現場にいた」と当時の撮影写真を提供した。「これまでだれにも見せられなかったが、最近、当時の日本軍の行為を正当化するような動きがあり、憤りを感じたため、公表することを思い立った」とAさんは語っている。

写真は昭和十三年一月から十五年一月までの中国戦線での戦闘場面などを収めた記念写真帳のうちの一枚で、見開き二ページにわたる。写真帳は「支那事変記念写真帳第二輯」といい、Aさんの所属していた部隊が作成し、十五年十二月五日発行、同部隊の佐官級以上の将校に配られたという。百五十余ページの写真帳に掲載された他の写真にはすべて説明があるが、この写真に限って一行の説明もない。

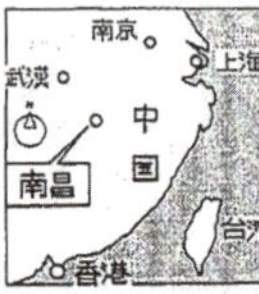

Aさんは「南昌攻略作戦の一コマで、十四年三月二十一日午後、中国・南昌市の北約五十キロ、修水県城近くで撮影されたものだと思います。写真の光景にはっきり見覚えがあり、手帳に日時も記入していた。当時、写真集をもらってこのページを開いたとき、あの作戦だ、とすぐわかった」と証言する。対岸にいる中国軍に向けて毒ガス攻撃をするというので全員が防毒マスクをつけて待機、ガス筒が点火して写真のような光景になったという。その夜、渡河作戦は成功した。

中国戦線の毒ガス作戦を裏付けた陸軍習志野学校の「支那事変ニ於ケル化学戦例証集」によると、修水渡河作戦は「あか筒及あか弾ヲ大規模ニ使用シ軍ノ敵前渡河ヲ容易ナラシメタル例」とあり、使われたのは、中あか筒約一万五千、小発煙筒約五千、あか弾約三千、という。化学戦としては最大規模のものだった。

通称「あか」は非致死性の毒ガス、ジフェニールシアンアルシン。くしゃみ性ガスともいわれ、吸い込むと激しいくしゃみや吐き気に襲われ、戦闘不能に陥る。

実際に中国戦線に従軍し、最近は日中戦争での化学戦の実証的研究を進めている藤原彰・一橋大教授（日本近・現代政治史専攻）は「写真を見ると、発煙筒ではなく、毒ガスに間違いないと思うが、放射筒が写っていないので、写真だけからガスの種類を特定することはできない。私自身、日中戦争での毒ガス実射写真を見たのは初めてだし、公開されるのもこれが初めてだろう」と話している。

衆院定数違憲判決　千葉県選管も上告

昨年十二月の総選挙をめぐり、現行の衆院定数配分規定を違憲とした去る十九日の東京高裁判決に対し、被告の一人、千葉県選挙管理委員会（須賀利雄委員長）は三十日、上告することを決めた。

これで、被告の東京、神奈川、埼玉、千葉の首都圏四都県選管がすべて上告を決めたことになる。

1984年10月31日　旧日本軍毒ガス写真

（『Hanada』二〇一八年四月号、高山正之『誤報して逆上』は昔っからだ」より抜粋）

「旧日本軍毒ガス写真」。この朝日の記事が誤報だと指摘したのは産経新聞で、社会部デスクだった私が担当したものだった。（略）

　朝十時頃、「デスク、朝日から電話です」と起こされた。「早速、反応があったか」と思って電話に出るや否や、大声で「おまえかー！」と怒鳴られた。

「どちら様ですか？」

「朝日の佐竹だ」

　毒ガス写真記事担当の、学芸部長の佐竹昭美《あきよし》本人だった。

「今日の記事はなんだ！　誰が担当だ？」

「私が担当デスクです」

「とんでもないことしてくれたな！　今日の午後一時半（夕刊の降版「〆切」の時間）に行くからな！　編集局長以下、雁首《がんくび》揃えて待ってろ、おまえもいろよ！」（略）

　オープンスペースの応接室に通して座るや、怒鳴る怒鳴る。

「一体、この記事はなんだ！　朝日に因縁つけるとはいい度胸だな！」

「有り難うございます」

「誉めているんじゃない！」

　おまえは生意気だなんだと散々怒鳴られ、最終的には、

「産経ごとき、叩き潰してやる！」

とまで言ってきた。とにかく悪口雑言《あっこうぞうごん》の嵐だった。

　新聞社はそんな傲岸不遜《ごうがんふそん》ではない。記事にクレームがつけば、普通はまず担当部も校閲《こうえつ》も徹底的に調べ直す。ところが、朝日にはそれがない。「天下の朝日」に他者が因縁をつけることが許せないと考えている。異常というしかない。

　朝刊一面で「旧日本軍による毒ガス戦の決定的な証拠」として煙が立ち上る白黒写真を掲載。一橋大学教授（当時）藤原彰氏が、写真は旧日本軍による毒ガス戦を写したものだと紹介するも、産経新聞から煙幕ではないかと疑問を呈され、毎日新聞社発行の『決定版昭和史』第九巻から同じ写真が確認された。

《その後、石川水穂（記者）が写真の出典も見つけ報じて、結局佐竹部長は数日後に訂正記事を書く羽目になった。だが、「毒ガスではなかった」と訂正せず、「作戦の場所が違っていた」というはぐらかし訂正で逃げていた》（上記、高山記事より）

（中ページに続く）

日本のマスコミに「言論の自由」はない

小川榮太郎
文藝評論家
社団法人日本平和学研究所理事長

疑惑ではなく「空気感」

佐川宣寿《のぶひさ》氏の証人喚問を見ながら、この一年二カ月の森友・加計《かけ》騒動に暗然たる思いを馳《は》せていた。

一年二カ月である！

日本も後進国に成り下がったかとの思いを禁じ得ない。西暦七世紀に三経義疏《さんぎょうぎしょ》と法隆寺を政治リーダーが作り、八世紀に記紀萬葉を成立させて以来、『細雪《ささめゆき》』『雪国』『豊饒《ほうじょう》の海』まで文化と民度の高い山脈が途絶えなかった国が後進国だったはずはない。

いま、文藝・思想の血脈の絶えた日本で、眼前に展開している異様な政治の光景は何事だろうか。

拙著『徹底検証「森友・加計事件」――朝日新聞による戦後最大級の報道犯罪』(小社刊)に詳論し、本誌にも再三寄稿してきたが、森友・加計騒動は、朝日新聞が主導して仕掛けた「安倍疑惑」の「捏造《ねつぞう》」である。その点に疑問の余地はない。その仕掛けにテレビが乗り、何度も言論界が炎上しながら今日に至っているが、森友も加計も、当初騒がれていた「安倍疑惑」ではなかった。

一年二カ月大騒ぎしても、安倍夫妻関与の物証、金の流れ、便宜を図った証言は一切出ていない。いつの間にか不正・不当な関与という次元での「安倍疑惑」ではないことになり、話は「噂」や「空気感」の流布《るふ》にすり替わっている。

日本国家内外ともに最大級の危機の最中、順調だった政権をこんな問題で弱体化させて喜ぶのは、中国、北朝鮮など敵性国家だけだ。

この三月に入って財務省による文書書き換え問題が出てきたが、これも政権問題でないことは、太田理財局長の答弁および佐川氏の証人喚問から明らかである。

○太田理財局長　自分なりには、こう思って答弁させて頂いたことが、報道においては、それは新聞でいけば字数、テレビでいけば時間に限りがある中で、一部が報道され、必ずしも本意が伝わっていない、そういう報道をもとに次の質問がはじまるということになるわけですから、そういうことを気にして、（略）決裁文書の書き換えをしてしまったと、いうことだというふうに私共では認識をしておるという事でございます。

証人喚問で政治家の関与を明確に否定
（写真提供／共同通信社）

（三月二十六日参議院予算委員会）

○佐川証人　（理財局は）そんなに毎年たくさんの国会でのご質問を頂く部局ではないわけでございまして、そういう中で、毎日月曜から金曜まで、毎週その、何十問も先生方からご答弁のその通告を頂き、資料のご要求も頂き、それから外部からも情報開示請求を頂き、それで色んなチェックをしなくてはいけないという中で、理財局は人数多ございますが、それはやっぱり国有財産の担当部局でしかもその仕事はできないわけでございまして、そういう意味では大変な情況であったというのは事実でございます。（三月二十七日）

要するに、財務省理財局の書き換えは、切り取り報道によるバッシングと野党の質問攻めから現場の判断が混乱して生じた、と現場の責任者二人が証言している。

しかも佐川氏の場合は、偽証罪に問われる証人喚問での証言だ。そこでの証言を疑わしいというなら、最初から証人喚問などやめ、拷問してこちらが聴きたい答えを言うまで殴り倒して吐かせろという話であろう。

追及側の頭がおかしい

こうして、本筋だった「安倍疑惑」の実態がないことは、騒ぎが起こるたびに明白になる。だが、それで話が終わるかと言えばそうではない。

今度は、安倍氏が「森友の国有地売却に妻や私、私の事務所が関与していたということであれば総理も議員も辞める」と言ったことが軽率だと批判される。たしかに、拙著でもそのような趣旨の批判はした。総理辞職という言葉は重い。しかし、一年二カ月経ってまだこの発言の責任を問うのは、問うほうがどうかしている。

このような啖呵《たんか》は、日本人の語感としてそれだけの確信があるという強意表現に過ぎないのは明白だからだ。また、「関与」という言葉は、本来の行政決定の筋に総理夫妻が不当・不正に介入したという意味以外に取りようがない。夫人への忖度《そんたく》も「関与」のうちだというところまで屁《へ》理屈《りくつ》を膨らませて政権や国政を壟断《ろうだん》していいとなれば、風が吹けば桶屋が儲かり、カラスが鳴けば人類は滅亡するだろう。

この言葉から逆算して、安倍夫妻の「関与」を何とか発見しようと一年二カ月躍起になり、それで国政が遅滞したから断言したほうが悪いという批判は、長時間気違いの話を聞いているうちに自分もそれに染まってしまうに等しい。

職場で金銭の不正を疑われ、「もしそんなことがあれば自分は会社を辞める」と啖呵を切ったら、一円玉が事務机の中に入っているだけで不正の証拠だと騒がれ、経費で提出した領収書を「なぜ経費だと断言できるのか」と詰問され、いくら説明しても「納得ゆかない」と言われる。そんな状況を啖呵のせいにされてはたまったものではない。

これは追及する側の頭がおかしいのであり、そんな言いがかりを容認する他のメディアやその土俵に乗ってしまう有識者、言論人の頭が弱いのである。

昭恵氏の名誉職も同様である。今回程度の名前の利用で名誉職への就任が軽率だと攻撃されるなら、名誉職なるものを全て廃止する他ない。将来、安倍氏が元首相になっても、事態は変わらない。権限のない妻君の名誉職が一年二カ月も国家を揺るがす問題だと言われ続けたのだから、元首相になっても権限なき権威が忖度を生むという理屈が成り立つ。

さらに言えば、あらゆる名誉職は影響力のある人に依頼されるのだから、銀行の頭取だろうと、有名企業の会長だろうと、著名言論人だろうと、名誉職を引き受けたが最後、「忖度」の有無を狂気のように追及されれば、誰も被忖度責任から免れ得ないことになる。

権限なく、金品のやり取りもなく、違法行為もなく、物証も証言もなくとも、名誉職に就いたことが一年二カ月にわたって社会的に断罪、糾弾されるなど、まともな国の出来事とは思えない。

原理的な危険と病理

忖度も同様である。

忖度を論じるのは、内心の自由の侵害である。論じたらどちらに片付けようと忖度ではなくなる。違法性がない以上、そのような議論自体が人権侵害なのである。たとえば、秘められた恋心があったのか、なかったのか、全国のテレビで、一年間白状しろと言われ続けたら拷問である。忖度も同様で、したかしないかも含めて言わないから忖度と言うのである。

それは、日本社会の円滑な運営のうえで不可欠なもので、朝日新聞の記者だろうと、共産党の議員秘書だろうと、パートで仕事をしている身だろうと、姑に孫の世話を頼む嫁だろうと、忖度によっていまの人生が確保できている。

「あってはならない忖度」を問責するなら、言うまでもなく違法性の根拠が必要だ。ところが今回の話は逆なのであって、物証や証言による違法性の立証が不可能で、今後も出るはずがないから、忖度を問題にし続けている。

こうした魔女狩りの危険性に較べれば、安倍氏がどう、昭恵氏がどう、いやそれどころか今回のような成りゆきのなかでの財務省の公文書改竄《かいざん》すら、些末《さまつ》な問題に過ぎない。

私がいま絶望を感じているのは、政治家や有識者のほとんどが、こうしたいま眼前で起きている問題の「根源」的危険と病理とを指摘し続け、批判し続けられなかったということだ。

安倍支持、不支持とは全く関係ない、原理的な危険と病理を、今回の一連の騒動で日本社会は露呈した。その根源的危険の告発と社会的修正がこんなにも図れなかったことは、日本社会が洗脳を許し、捏造を許し、魔女狩りを許容する事実上の情治社会、人治社会に転落したということだ。

自由は、それを犯す敵を厳しく排除することによってしか守れない。そして、捏造、洗脳、魔女狩りは自由の根底的な毀損《きそん》である。

私は森友・加計騒動において、朝日新聞とそれに追随するテレビメディアを批判してきたが、ここにきて、彼らが作る土俵の異常性を告発せずに、その土俵の上に乗って延々と議論に加担する有識者、論客多数への怒りと絶望を表明せざるを得ない。設定された土俵の異常性を指摘できない知的脆弱《ぜいじゃく》が、独裁や全体主義やファシズムへと社会を雪崩《なだれ》の如く押し流すのである。

処方は緊急を要する。まだ雑駁《ざつぱく》な話しかできないが、基本的な私見を以下に記し、読者の参考に供したい。

マスコミの「言論の責務」

マスコミに言論の自由などない。このことの確認から議論を始めたい。

こう書けば、大政翼賛会《たいせいよくさんかい》、全体主義者、安倍政権を批判する者をパージするのか、民主主義の否定……などというレッテルを貼られるのは承知している。

だが、腹を据《す》えてここをきちんと言える社会にすることから始めないと、日本社会総体の自由が、マスコミの嘘、虚言、魔女狩りによって、完全に損なわれ続ける。

もう一度言う。

マスコミに言論の自由はない。

では、マスコミにあるのは何か。

言論の責務である。

マスコミに所属する記者、論説委員個々の言論の自由は当然死守されねばならない。個々のオピニオンは署名責任をもって各自が発言し、私ども通例の物書きが発言の自由と引き換えに社会的責務を引き受けているように、署名者が自由と責務を同時に引き受ければいいだけのことだ。

しかし、ではたとえば朝日新聞の「見出し」、産経新聞の「見出し」は、一体誰の「言論」であって、その「自由」は誰が責任を持つのか。報道ステーションのコメンテーターの発言は、彼個人の発言だとしよう。だが、全体の構成、字幕、ニュースの切り取りは、誰の「言論」で、構成や字幕の「自由」に対する「責任」は、誰がどう取るのか。

マスコミという媒体の最大の問題は、見出しや字幕、構成など、責任所在の全く不明な部分の「言論」ほど、世論に巨大な影響を与える点である。見出しや構成による印象は、再三の繰り返しで洗脳的に機能する。

根拠を訊かれたら誰も答えられないが、安倍夫妻を何となく怪《け》しからんと思っている国民が、いまの日本には五千万人以上はいるであろう。

根拠に基づく、知的に精査された情報による輿論《よろん》ではない。

「責任」の所在なきまま、繰り返された「印象操作」による「洗脳」の結果である。

「言論の自由」と「洗脳の自由」の線引きはどうすればいいのか。

デモクラシーにおいて、主権者たる国民の政治判断こそは最も権威ある最終結論だが、その素材となる情報提供者が「洗脳の自由」を謳歌《おうか》しており、その事態を告発する有識者・言論人さえほとんどいない有り様で、デモクラシーの正統性は担保されていると言えるのか。

「洗脳の自由」を謳歌する者が、事実上、主権者の決定能力を簒奪《さんだつ》しているというべきではないのか。

最大の敵はマスコミ

「言論の自由」とはそもそも何か。

近代イデオロギーにおいて言論の自由が重視されるのは、なぜか。

生命、財産と並び、「言論」こそが人間としてのレゾンデートルであるとともに、社会正義を実現するうえで、「事実」の告知と自由な「意見」の発表による「言論」が必要不可欠だからに他ならない。

言うまでもなく、言論の自由が保障するのは、「嘘」や「洗脳」ではない。

教科書どおりに言えば、こうした言論の自由は不断の努力、それを蹂躙《じゅうりん》しようとする圧力を絶えず跳ね返し、防ぐことによってしか守り抜くことはできない。事実、近隣の中国、北朝鮮、ロシアは、言論の自由が制約された社会である。そういう社会での自由な言論はしばしば拷問、死に繋がる。

逆に言えば、そうした近隣諸国の専制と弾圧が日本社会に流入するのを、我々は強い決意で防がねばならない。日本が言論の自由を失うことなどあり得ないという根拠のない自信ほど、言論の自由を確保し続けるうえで邪魔になる臆断《おくだん》はない。そして、言論の自由を制限するのが「政権」だけだという根拠のない決め付けも。

事実、いま日本の言論の自由の敵は、政権や霞が関ではない。

総務省も文科省も、言論に圧力をかけている形跡はない。

政権が反安倍言説を封じ込めた話も聞いたことがない。

安倍夫妻のバッシングは深刻な人権侵害のレベルに達しているが、ほとんど快を貪《むさぼ》るように安倍叩きが多くのメディアや言説で続いている。ここまで総理夫妻の人権を守れない政権に、言論の自由を制約するパワーがあるとは信じられない。

現在の日本で、自由社会最大の敵は、責任を回収する意思も能力も制度もないマスコミという、巨大な政治的影響力だと言っていい。

法的、社会的制限がなく、自制する良識と制度がないまま、洗脳による政治的影響力を行使しているマスコミは、本来、「言論の自由」が目指していたはずの社会正義の実現を妨げる、いまや最大の要素となってしまっているからである。

「事実」を隠蔽《いんぺい》し、別のストーリーを「捏造」し、臆面もなく開き直り、「魔女狩り」に雄叫《おたけ》びを上げ、自分たちが批判されれば弾圧だ、誹謗《ひぼう》中傷だと喚《わめ》く。彼らの「言論の自由」を担保することで殺され続けているのは、まさに「社会正義」そのものである。

「事実」と「意見」

だから、あえて私は言う、マスコミには言論の自由はない、「社会正義の実現」という目標を達成する責務――職責があるだけだ、と。

では、マスコミの責務とは何か。

マスコミとは、様々な「事実」と「意見」を載せる媒体である。

「媒体」としてそこに載せる「事実」と「意見」の妥当性に対する責任の所在を明確にし、妥当性がなければ社会的な断罪を甘んじて受ける良心と制度を担保することこそが、マスコミの責務に他ならない。「事実」が妥当なバランスと質量で伝達され、「意見」の多様性と専門性を確保し、充分に発言の機会を与えているか否かが、責務の基本である。

トヨタや日産には車を製造する自由があり、売る自由がある。様々な車のデザインを創り出す自由がある。販売代理店を日本で展開する自由がある。しかし、運転すると爆発する車を作る自由はない。ハンドルが回らない車を作る自由もない。言うまでもないことである。

我々の人間社会は、わざわざ言語化したり、ましてや法律にしない様々な無数の常識――共通了解――で成り立っている。「運転すると爆発する車」をトヨタや日産が作らないのは、法規制があるからではない。車は乗っている人を爆殺する道具ではなく、速やかに移動するための道具である。ハンドルはオブジェではなく、車の方向を変える道具である。だからそんなことを問題にもせず、契約書にも法律にも書きこまない。

日本人の常識では、大手マスコミが記事を捏造したり、極端な印象操作を繰り返して、国民を誤誘導するということは想定されていない。

しかし、拙著『徹底検証「森友・加計事件」――朝日新聞による戦後最大級の報道犯罪』で論証したように、政変レベルの「虚報」を主導した朝日他の主流マスコミは、恒常的に、しかも業界横断的に繰り返したのである。

マスコミは嘘をつかないという常識が完全に裏切られていることを、国民に知らせるそのマイク自体を、彼らが占拠している。マイクを嘘つき集団が独占してしまっている。それならば、強制的にマイクを取り上げるか、嘘をやめさせるかしかない。理屈上、他の手段がないのだから、言論の自由を守るために、このマイクを独占している嘘つきと戦う以外、私たち日本人には、いま、道はない。

統計調査機関が必要

むろん、言論は車に較べても、責務を明確にするのが難しい。「事実」と「捏造」を法的制裁で切り分けるのは、「爆発する車」を禁じるのとは較ぶべくもない難事だ。

だからこそ、言論においては自責、自制、自浄の良識と高潔さが求められ、市場の「信用」という原理による淘汰が本来はふさわしいのである。

だが、マスコミに良識と自浄を期待できない以上、「見出し」「事実報道」「印象操作」「繰り返しによる輿論誘導」などについて、まず、国民的負託を受けた客観的な統計調査機関を立ち上げるなどして、現状の統計的把握、問題点の把握と国民への周知が急務だ。

マスコミの正常化を非力な民間ではできない。言論と並び、信用毀損が社会に致命傷を与える金融に関しては、自由主義市場であるにもかかわらず、金融庁の厳しい監督がある。

言論の信用毀損について、同じく国の機関にすべきか、政権と完全に切り離された機関において中立性を確保すべきかは議論の余地があるが、日本の現状では監督機関の設置は不可欠だ。

安倍政権は、逆に放送の政治的中立や事実に則《のっと》って報道するなどを定めた放送法四条の撤廃と電波の自由化を提唱しているが、私は無原則なままの自由化には反対である。こうしたメディアの自由競争化は先進国規準だが、日本のメディアや有識者は、残念ながら後進国水準であり、自由に伴う責務、自由を守るための戦いを全く理解していない。

自由競争の原理を導入すれば、中国、北朝鮮、ロシアをはじめ、あらゆる工作意図によって、日本のメディア状況は壊滅的な混乱を呈するに違いない。

日本が輝ける文明から後進国へと急激に後退してしまったことを自覚し、受け入れるところからしか、言論の自由の再建は不可能だというのが、一年二カ月の愚劣な騒動を止め得なかった非力な一言論人としての、私の率直な結論である。

森友・加計騒動からそれを学ばないなら、日本の「自由」に本当に明日はない。

おがわ えいたろう
昭和四十二(一九六七)年生まれ。大阪大学文学部卒業、埼玉大学大学院修了。主な著書に『約束の日——安倍晋三試論』(幻冬舎)、『「永遠の0」と日本人』(幻冬舎新書)、『最後の勝機』(PHP)、『一気に読める「戦争」の昭和史』(ベストセラーズ)、『小林秀雄の後の二十一章』(幻冬舎)。公式ホームページはhttp://ogawaeitaro.com/。Facebookでも日々発信中。

緊急座談会

朝日はもはや偏執狂の域

司会
須田慎一郎 経済ジャーナリスト
東島衣里 ニッポン放送アナウンサー
パネリスト
阿比留瑠比 産経新聞論説委員
小川榮太郎 文藝評論家
門田隆将 ノンフィクション作家
花田紀凱 『月刊Hanada』編集長

阿比留瑠比氏

小川榮太郎氏

安倍総理に敵意剥き出し

東島 ニッポン放送、「須田慎一郎のニュースアウトサイダー」公開収録。本日は「メディアの印象操作と偏向報道」をテーマにディスカッションしたいと思います。

須田 まず、最近のメディアの動きで気になるのは、いわゆる「リベラル系新聞」による、過剰とも思えるような「安倍バッシング」。批判すべき具体的な事柄、テーマや言動があれば、遠慮することなく政府を厳しく追及すべきでしょうが、いまメディアがやっているのは「批判のための批判」のように思える。そのあたりについて皆さん、ど

東島衣里氏

須田慎一郎氏

門田隆将氏

うお考えですか。

阿比留　「安倍バッシング」といいますか「安倍叩き」といいますか、そういうことが行われていることは最近、世間でもよく知られるようになってきました。でも、実は十年前の第一次安倍政権の時もそうだったんです。

当時は政権が始まるや否や、「安倍叩き」が始まり、第一次安倍内閣が発足した翌日の朝日新聞の見出しは「学級会内閣」でした。新しくできた内閣をいきなり「学級会」と茶化す見出しをつけたんです。以降、延々と安倍批判をやってきて、いまに至る。

須田　どうしてそんなに安倍さんが憎いのでしょうか。

阿比留　これには長いいきさつがあります。小泉訪朝が行われたのは二〇〇二年九月ですが、翌年一月二十六日に、当時小泉内閣で官房副長官だった安倍さんが講演でこう話しました。

「朝日新聞の元日の社説には『原則論を言うだけじゃなくて、落としどころを考えろ』との論調があった。こういう論調が交渉の障害になっている」

二〇〇三年一月一日の〈「千と千尋」の精神で　年の初めに考える〉と題する社説を読んでみると、こう書いてあります。

〈拉致《らち》の被害者たちに寄せる同情や北朝鮮への怒りがあふれたのは自然として、そうした感情をあおるばかりの報道が毎日繰り返される〉

〈（拉致問題という）同胞の悲劇に対してこれほど豊かに同情を寄せることができるのに、虐《しいた》げられる北朝鮮民衆への思いは乏しい〉

〈厳しい国際環境はしっかりと見据《みす》

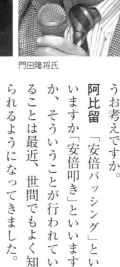

える。同時に、複眼的な冷静さと柔軟さを忘れない。危機の年にあたり、私たちが心すべきことはそれである〉

安倍さんの指摘は「論評」ですし、何も言っていないに等しい社説ですから、批判されても仕方がないような内容です。

ところが、朝日新聞は安倍さんの講演翌日の二十七日に、〈安倍さん、よく読んで　社説批判〉と題し、社説で名指しの批判を展開したのです。内容も、〈安倍氏にはまず、社説をきちんとお読みになったのか、と問いたい〉〈さて、安倍氏はこの社説もまた「交渉の障害」になるというのだろうか〉などと敵意剝き出し。

そんな安倍さんが総理になったものだから、朝日新聞は第一次政権の時には「安倍叩き」どころか「安倍潰し」に走った。第一次安倍政権は朝日の思惑どおり、短命に終わりましたが、安倍さんは復活した。もちろん、朝日の言うことも聞かない。

朝日は第二次政権になってからも安倍叩きに奔走していますが、安倍政権はむしろ長期政権になってしまった。朝日としては悔しくて仕方ないのでしょう。朝日新聞は、もはや「安倍憎し」をこじらせた偏執狂《へんしつきょう》の域に達しつつあります。

もはや「誹謗中傷」

須田　一部新聞などメディアに激しく批判されたら、これまでだったら普通の政権は倒れていましたよね。しかし安倍さんは倒れない。だからバッシングも過剰になっていく。

小川　もちろん、これだけ大きな国の舵取《かじと》りをしているのだから、厳しくチェックされなければならない面はあります。しかし、その批判は政策論争であるべきですよね。安倍総理は今回の施政方針演説で、これまでの五年間のなかで初めて、八割を内政課題に充《あ》てていました。特に少子高齢化対策としての地方創生や、人づくり革命です。それに対処する包括的なプランを初めて提案したのです。

国会がそれに対して評価・批判をしたり、もっといい案があると提案したりする議論は、大いにやるべきです。ところが、まともな批判や論争はない。「モリカケ」ばかりで、朝日新聞中心にそれを煽っている。嘘を元にした誹謗《ひぼう》中傷を延々とやっている。そういった状況を憂いて、私は『徹底検証「森友・加計《かけ》事件」——朝日新聞による戦後最大級の報道犯罪』（飛鳥新社）という本を書いて、朝日の報道は偏向だ、捏造《ねつぞう》だと指摘したのです。

須田　しかし朝日新聞は、小川さんの本と発売元の飛鳥新社を名誉毀損《きそん》で訴えた。五千万円の損害賠償請求と謝罪広告の掲載を求めています。

実は、私も名誉毀損裁判については「プロフェッショナル」と呼んでいただいていいんですよ(笑)。もう三十回近く訴えられていますが、いまだに負けなしです。そんな私でも、今回の提訴には驚きました。

メディアが同じメディアを訴え、さらに個人を訴えるという話は聞いたことがない。政治家や企業がメディアを訴えることはあっても、通常、メディア同士の争いにおいては「言論には言論で」応じるのが一般的ですし、メディア自身もそういってきたはずです。

それなのにどうして今回、朝日新聞は執筆者個人と出版社を訴えたのか。一体、どういう経緯があってこうなったのでしょうか。

スラップ訴訟に該当

花田　小川さんの書籍が発売されたのが昨年十月末。一カ月後の十一月末に、朝日新聞社広報部長名で「申入書」なるものが届きました。十六項目について「小川氏の書籍にはおかしな点がある」とするものでした。これに対して、期限までに小川さんと飛鳥新社が丁寧な返答をしました。誤りがあれば訂正するし、反論があれば掲載の準備もある、と。事実、次の版で訂正した個所もあります。

ところが、朝日新聞側は〈回答の内容は承服できません。今後の対応について、弊社で検討いたします〉とサイトに載せ、その後、音沙汰がなかったのですが、十二月二十五日になっていきなり提訴を公表したのです。

須田　しかも五千万円の損害賠償請求。これも変な話ですが、訴状が届く前にネットに上げられていたとか。

門田　朝日の提訴は、まさに典型的なスラップ訴訟です。スラップ訴訟とは、裁判によらなくても名誉回復ができる力のある大企業が、フリーのジャーナリストやライターなどを訴え、自分を批判する論調を書く執筆者を威嚇し、言論を封じるために起こす裁判のこと。朝日はやろうと思えば言論でいくらでも反論できるのに、一足飛びに裁判に訴えた。非難されて然《しか》るべきでしょう。

花田　朝日新聞って、朝刊一部で十七万九千字も掲載できるんですよ。毎日、新書一冊分くらいの情報量を発信できる。書籍に対して言い分があるなら、紙面でいくらでも反論できる。それをやらないまま、いきなり提訴。こんなことはメディア史上、初めてのケースではないでしょうか。

須田　小川さんは文芸評論家ですが、この「モリカケ」批判本を書くにあたっては取材もされているんですよね。

小川　もちろんです。

朝日の訴状に〝仰天〟

須田　前川喜平《きへい》前文科次官が行っていたという、あの「いかがわしいバー」にも行かれたとか。

小川　「出会い系バー」ですね（笑）。たしかに朝日新聞には取材していませんよ、記事そのものを論評している本なので、記者の感想や会社の見解を取材する必要はないんですから。しかし、首相官邸関係者、大阪府関係者など多方面に取材しています。

そもそもこの本の要諦《ようてい》は何かというと、二〇一七年二月にまず森友学園問題が朝日のスクープから始まった。そして、五月十七日に加計学園問題に関して例の「総理のご意向」文書が一面トップで報じられた。

二つの問題に共通するのは、朝日新聞が「安倍疑惑」を書き立てたという点です。「双方の関係者と総理夫妻は懇意だったのではないか」「安倍総理がお友達を優遇したのではないか」と、五カ月にわたって朝日新聞が主導し続けたのは間違いない。

そして内閣支持率はこの間、平均六〇％前後だったのが、三〇％を切るまでに落ち込んだ。「モリカケ問題で安倍総理は説明責任を果たしていない」という理由です。これが「大事件」で、ロッキード事件などのような金銭の絡《から》む国際スキャンダルで一国の総理が失脚すると言うならわかる。しかし、「モリカケ」はそうではない。全くの嘘によって内閣が倒されようとしていたわけです。

これは問題だと思った私は、昨年の朝日新聞の一連の「モリカケ」報道を六百本以上、すべて読みました。読んでみた結果、「なにも分からない」（笑）。どういう経緯で事件が起き、何が問題とされ、朝日はどこまでを把握して記事にしているのか、全く分からなかったんです。

そこで森友学園が小学校新設を申請していた大阪府や、加計学園の獣医学部新設のために国家戦略特区申請を行っていた愛媛県今治《いまばり》市、日本獣医師会などの議事録を読むと、途端に全体像が見えた。朝日が一所懸命、安倍総理や官邸と関係があるかのように報じてきたことが、全くのデタラメだったことが分かったんです。これを「創作」「捏造」と評して、何の問題があるのでしょうか。
花田　訴状は、全文を「朝日新聞コーポレートサイト」で読むことができるので皆さんにもぜひ読んでいただきたいのですが、その訴状の三ページ目には、なんとこう書いてある。
〈原告は上記両問題（注・森友、加計問題）について安倍晋三首相が関与したとは報じていない。安倍首相が関与していないことを知っていたこともない〉
須田　本当にそんなこと書いてあるの？　それこそ捏造じゃないんですか？（笑）
花田　訴状にそう書いてあるんです（笑）。とんでもないことですよ。昨年来、六百数十件も「総理の関与」を疑わせる紙面を作っておいて、この言いぐさはないでしょう。
小川　朝日の記事は、特に見出しが問題なんです。五月十七日の一面の見出しは〈新学部「総理の意向」〉。これは常識的に考えて、総理が関与したと断定して報じているに等しい。こんなことを半年以上にもわたって毎日報道し続けたら、朝日の読者は「モリカケはやっぱり安倍さんが悪いんだ。それなのに説明責任を果たしていない」と思い込まされてしまいます。

恐ろしいテレビの印象操作

須田　東島は朝のラジオニュース番組をやっているよね。毎週金曜から月曜まで。その感触として、森友・加計問題には安倍総理が関与したと思ってるんじゃない？
東島　うーん……。断言するのは難しいのですが、一夜明けて「ニュースがこんなに変わるんだ」ってことは、全紙を読むなかで毎日体感していたんですよ。だからどこを判断基準にしていけばいいのかは、こちらもそうだし、リスナーのほうも迷っておられたのではないかと思います。
須田　世の中の大半の人たちは、あれだけ毎日報道されていたら、総理が関与していたと受け止めますよね。
花田　『月刊Hanada』の三月号で、元官房副長官の萩生田《はぎうだ》光一議員がこんな話をされています。二〇一七年十月末の衆院選の際、地元で街頭演説をしていたところ、「加計問題を説明しろ！」というヤジが飛んだ。
　萩生田さんは安倍総理、加計学園理事長の加計孝太郎さんと一緒にバーベキューを楽しんだ際の写真が問題視され、加計学園問題への関与が指摘されていたのです。実際には全く関与はなかったのですが、新聞だけでなく、もちろんテレビでも「萩生田文書」なるものが取り沙汰されていたので、こんなヤジが飛んだのでしょう。
　萩生田さんは演説後、わざわざヤジを飛ばした人のところまで行き、「何を説明したらいいんですか。分からない点を教えてください。なんでも説明します」と言ったという。するとその人は、「『何か』なんて俺は知らない。でもあんたは何か悪いことをしたんだろう、テレビで観たぞ」と言っていたと。

朝日が〝隠した〟一文

門田　大量報道をやられると、知らず知らずのうちに世論が一方向に持っていかれてしまう。一つの話題に報道が集中し始めたら、視聴者、購読者としては一度頭をリセットして、先入観を捨てて報道を振り返ってみたほうがいい。そうでないと、情報洪水の渦に巻き込まれて冷静な判断ができなくなります。

　たとえば先ほども出た、五月十七日の「総理のご意向」文書報道。朝日新聞が文書に影を付けて、〈国家戦略特区諮問《しもん》会議決定」という形にすれば、総理が議長なので、総理からの指示に見えるのではないか〉という部分を見せない形で報じた。これがおかしいと、小川さんをはじめ多くの方々が指摘してきた。
　これを素直に読めば、実際には総理の指示がなかったけれど、特区での獣医学部新設に反対する文科省内を納得させるために「こうすれば総理の意向だったように見えるからやらざるを得ないだろう」という方便で説得しようとしたことは明らかです。

須田　要は、獣医学部新設に反対していた文科省は、議論に負けて方針を受け入れざるを得なくなった。それを文科省に持ち帰るときに、「なんて言い訳しようか」「どうすればみんな納得するだろうか」と考えて、「総理の意向があったと言えば、文科省内では問題にならないだろう」と考えたということですよね。

門田　そうです。ところが朝日新聞は、加計問題の疑惑を報じるなかで一度たりともこの部分を引用しなかった。一度もですよ。

花田　編集部が新聞記事検索データベース（ニフティ提供）で調べたところ、この一文が初めて朝日新聞の紙面に掲載されたのは、小川さんと飛鳥新社に対する提訴の記事です。そこにはこうあります。
〈小川氏は著書で、「総理のご意向」と記された文書に『国家戦略特区諮問会議決定』という形にすれば、総理が議長なので、総理からの指示に見えるのではないか」との文言《もんごん》もあることを挙げ、「（総理の）指示がなかったからこそ『総理からの指示に見え

る』ような操作が必要だ――この文書はそう読める」と言及。朝日新聞がその箇所を隠して報道を続けたと主張している〉

この記事で掲載されたのが最初で最後。朝日新聞しか読んでいない読者は、この提訴の記事を読んでも意味が分からなかったんじゃないですか。

小川 この部分は訴状の一番の醍醐《だいご》味《み》ですよね（笑）。しかも朝日新聞は文書に影を落とす手法を、「新聞に広く見られる一般的手法」だと言っています。六百字程度しかない文書なのだから、全文を公開すればいいいんですよ。

阿比留 〝スクープ文書〟だというならなおさらですよね。

「モリカケ」に疑惑なし

門田 少し時間が経ってから、もう一度、冷静に振り返ってみることも必要です。たとえば、森友報道が始まってからもう一年経っています。いま、もう一度、そもそものところから考えてみれば、森友学園問題というのは、籠池泰典《かごいけやすのり》という理事長が、国有地売買の経緯で廃棄物処理などを理由に土地の値段を八億円も値下げさせたという話です。

森友学園問題というのは、大阪府の小学校新設認可の問題や、財務省の近畿財務局などが話の中心であって、安倍総理は全く関係ない。ただ、交渉のなかで、籠池さんが安倍総理や総理夫人の名前を出しただけの話なんです。

何より最も重要なのは、森友学園が購入しようとしていた土地は、「大阪空港騒音訴訟」の現場だったという点。上空を飛行機が飛ぶ騒音のある場所だったため、国が買い取らざるを得なくなり、国有地にしていた。

一方、豊中市は、近くに大阪音大もできていたので、この周辺を文教地区にしたかった。そのため、森友が買った土地の隣を公園にすべく、国から買い取ったのです。この土地は、なんと国が十四億円の補助金を投入し、実質九八・八％値下げの二千万円で豊中市が購入しているのです。さらには付近の土地を、豊中市は補助金で相殺《そうさい》、つまり一〇〇％値下げしてタダで購入し、現在、給食センターにしています。

こういう土地の性質を籠池さんが知っていたのか、もっと安くしてくれと交渉していて、八六％値下げした段階で、朝日新聞が「不自然に値引きしている」と報じた。しかし、安倍さんはこの一連の経過にまったく何の関係もない。この経緯自体、安倍さんは全く知らなかったのではないでしょうか。

須田　それでも、今年に入ってからもまだ国会ではモリカケに関する追及が続いていて、特に森友学園問題では近畿財務局が悪いとか、元理財局長の佐川宣寿《のぶひさ》さんが悪いとかいった問題に飛び火していますよね。もちろん、朝日もこれに追随しています。こういった姿勢を曲げない朝日新聞と、小川さんはどう戦っていくんでしょうか。

小川　訴状では、私の本によって朝日の名誉が毀損されたという摘示《てきし》事実が十三カ所あります。ところが、その十三カ所は「事実」で争っていないんです。

須田　どういうことですか？

小川　私の「表現」を批判しているんです。たとえば、朝日の記事を読んだ感想として、「……以上のように二カ月半にわたって朝日新聞は前川一人の証言をもとに報じ続けたのである」と書きました。誰が読んでも分かるように、これは「ほとんど前川一人の証言で紙面を持たせていたようなものだ」という要約的表現ですよね。

ところが朝日新聞はこれに対し、「前川一人の証言に拠《よ》って報道した事実はない」と言ってくる。「あの人にも聞いた、この人の証言も載っている」と列挙するわけです。そりゃそうでしょう。前川一人で二カ月半にもわたって紙面を作るなんてこと、世の中にあり得るわけがない。

普通の読解力があれば、「ことさらに前川証言に拠っていた」ことを指摘したことくらい、分かりますよね。しかし、朝日はこういう言いがかりをつけてくるんです。

花田　例の「安倍叩きは朝日の社是」という言葉もそうです。朝日新聞はこれに対し、「そのような事実はない。社是に『安倍叩き』は入っていない」と言ってきた。

須田　そりゃ入ってないでしょう（笑）。

花田　言わなくても分かると思いますが、「そう言われても仕方がないくらい朝日は安倍総理を叩いている」という話です。

「朝日、やっちまったな」

須田　阿比留さんは『月刊Hanada』三月号で、「朝日新聞、やっちまったな」とお書きになっていましたね。

阿比留　朝日新聞は、もう言論機関としての存在意義を自己否定してしまったとしか思えません。

須田　同業者の言葉としては過激すぎやしませんか。

阿比留　全然。同じ原稿で書きましたが、朝日って以前、「私たちは信じている、言葉のチカラを」「言葉に背

会場は大盛り上がり！

中を押された」「言葉に涙を流した」なんて大々的にコマーシャルキャンペーンを張っていたんですよね。要は、言論機関として言葉の力を重んじている、と自ら言って、「ジャーナリスト宣言」なんてやっていた。

　ところが今回、朝日新聞は「言葉のチカラ」ではなく、司法の場に逃げ込んだ。言葉を全然信用していなかったんだ、と今回の件でよくわかりました。産経新聞の何倍も部数を持っている朝日新聞が、無力であることを自ら露呈してしまった。なんだか哀れというか、もはや「かわいそう」の域に入っていますよね。

小川　そもそも裁判というのは、不名誉なことを書き立てられても釈明もできない、名誉回復も難しいという人が、司法に判断を仰ごうと言って裁判所に訴えるんです。いわば弱者が、その手段しか残されていないからと法的手段に訴える。

　しかし朝日新聞は、私とは比較にならない発信力を持っている。社会的信用も持っている。世界的にも知られたクオリティペーパーなんですよ。これだけの社会的信用と情報発信力があれば、紙面を三回くらい使って私の本を批判するだけで、私はボコボコにやっつけられてしまう。彼らの言い分に説得力があるなら、それが可能なのになぜやらないのか。

言論封殺を企図

門田　朝日新聞がやっているのはスラップ訴訟、そのものです。裁判に訴えなくても反論できる大企業や大新聞が一個人を訴え、言論を萎縮《いしゅく》させる「恫喝的訴訟」です。

阿比留　当の朝日自身、かつては「言論の問題を法的に処理するのはおかしい」と言っているんですよね。

　菅野完《すがのたもつ》氏の『日本会議の研究』（扶桑社新書）という本が大ベストセラーになりましたが、関係者から百カ所以上の間違いを指摘され、東京地裁が販売差し止めの仮処分を下した件についてですが、二〇一七年一月十二日に〈出版差し止め　表現の自由の理解欠く〉と題する社説でこう書いています。

〈本の販売を許さない措置は、著者や出版社に損害を与え、萎縮を招くだけではない。人々はその本に書かれている内容を知ることができなくなり、それをもとに考えを深めたり議論したりする機会を失ってしまう。民主的な社会を築いていくうえで、極めて大切な表現の自由を損なう行いであり、差し止めには十分に慎重であるべきだ〉

花田　販売差し止めとは異なるけれど、提訴によって小川さんと飛鳥新社は、「モリカケ」本の販売機会を著《いちじる》しく奪われているんです。

　提訴されたことによって、小川さんの本は新聞広告を掲載できなくなりました。各新聞社には広告掲載基準というのがある。そのなかで、係争中の本の広告は掲載しないことになっているという。本来なら、「これが問題の本だ」「朝日の言い分と読み比べてください」と宣伝したいところなのだけれど、各社から掲載を拒否されてしまうんです。

須田　もしかして、それが狙いだったんじゃないんですか？

花田　朝日新聞がこういった掲載基準を知らないはずがないので、それを狙ったんだろうと言われても仕方がないと思います。

実態なき騒動で一年無駄に

須田　一年の間に森友、加計ときて、今度は「スパ」まで加わった。スーパーコンピュータ開発の補助金不正受給疑惑ですが、東京地検特捜部に詐欺容疑で逮捕されたペジーコンピューティング社代表取締役の齊藤元章《もとあき》容疑者が政界人脈をもっていたことから、「また安倍さんや麻生さんのお友達の事件なのでは」といわれていましたよね。

阿比留　スパコンについては、私が聞いている範囲では、やはり安倍さん自身は全くかかわりがないようですが、周囲の人々の影がちらついてくると野党は追及すると思う。

　しかし、そんなことばかりやっていていいのかなと思いますよね。二〇一七年もそうですが、北朝鮮情勢が切迫しているさなかに、メディアの議論もさることながら、国会までもが「モリカケ」で一年を費やしてしまった。こういう政治の在り方は非常に疑問です。

小川　いや、大問題でしょう。安倍総理の二〇一八年一月二十二日の施政方針演説を読めば、北朝鮮情勢と内政の問題に比重を置いているのは明らかです。特に人口減少の問題は、実は二〇一六年からつるべ落としが始まっていて、このままの出生率で百年経てば、日本人は四千万人まで人口が減ってしまい、二百年後には日本人は消滅の危機に晒《さら》されることになります。

そうなると「移民社会にしよう」という方向が打ち出されるのですが、安倍総理はそれを必死に抑えている。しかし、抑えるためには人口増加政策を取らなければなりません。

人口が減ると何が起こるか。自衛官は足りない。老人の孤独死は急増する。介護どころか、死体回収業者を増やさなければならないかもしれない。こういうことを真面目に考えなければならない未来がすぐそこまできている。そういう時に何が倒閣運動なのか。倒閣どころか、国家破壊運動に等しいですよ。

日本の未来をどうすべきかという時に、虚報で始まった、全く中身のないモリカケ問題で騒いでいる人たちには、私は殺意さえ覚えます。

報道の「単細胞化」は深刻

門田　今年もまだ「モリ・カケ・スパ」なのかと思うと、本当に目の前が暗くなる。皆さんに国会の状況を思い出してほしいのですが、あの安保法制の時もそうだったように、いまの国会では自民党が出した法案が何の修正も加えられずにただ通ってしまう状況になっているんです。

野党はきちんとした議論をせず、ただただテレビに向かって「強行採決反対！」「戦争法！」『アベ政治を許さない』なんてプラカードを掲げるだけ。これを見て怒りが湧きませんか。

昔の野党だったら、表ではもちろん論戦して、裏でも戦って、仮に法案が通るとしても、自分たちの修正案を少しでも反映させようと努力したものです。ところが、いまの野党はそういった努力を一切せず、テレビに向かってアピールすることばかり考えている。暗澹《あんたん》たる気持ちにならざるを得ない。

特に二〇一七年は、まさに朝鮮半島有事が顕在化するかと言われていたさなかです。どのように法整備をすれば、有事の際に自衛隊が在韓邦人を救出できるのかなど、考えなければならないことは山ほどあった。

にもかかわらず、メディアも野党も「昭恵夫人を国会招致しろ」と叫ぶだけ。こういう状況を見ていると、日本人は本当にバカになってしまったんじゃないかと思います。

阿比留　物事を多面的に見ることができなくなっているのかもしれません。「事実に基づいた報道を」ということ一つとっても、たとえば『世論』を書いたウォルター・リップマンは「事実とは、複雑な形をした多面体」という趣旨のことを書いています。新聞やテレビがそれに対してできることは、複数のサーチライトを多面体に当てて、なるべく実態の形を浮かび上がらせることであり、それが「事実の発掘」に近い作業なんですよね。

　左派系のジャーナリストは「マスコミは真実を追求するんだ」なんてことを臆面もなく言うわけですが、真実というのはおおよそ文学や比喩でしか語れない。それを「取材によって追求できる」と思っている人は、取材をしたことがない人なのではないかと思ってしまいます。

吉田調書問題の裏

門田　朝日新聞が問題なのは、ストレートニュースと評論をごちゃまぜにしている点です。産経新聞や読売新聞は、ストレートニュースと論評部分がはっきり分かれているので、論評に同意するかどうかは読者次第としても、ストレートニュースそのものは事実として受け取っていい。

　ところが、朝日新聞を中心とするリベラルメディアはそうではない。まず「このように報じたい」という主義主張が先に立って、それに基づいてストレートニュースすら捻《ね》じ曲げてしまう。

　その最たるものが、いわゆる「吉田調書」問題です。二〇一四年に、当時の木村伊量《ただかず》社長が辞任しましたが、これはいわゆる「従軍慰安婦問題における吉田清治証言問題」と、「福島第一原発の吉田調書問題」報道の責任を取った形でした。

　このうち、「吉田調書問題」に関しては、私はいわば当事者です。二〇一四年の五月二十日に、朝日が一面で「所長命令に違反、原発撤退」「福島第一所員の9割」との見出しで報じました。

　しかし私は『死の淵を見た男――吉田昌郎と福島第一原発の五〇〇日』（ＰＨＰ）という本を書くために、福島第一原発の所員百名近くに実際の話を聞いています。その話は、朝日の報道とは全く違うものだったので驚き、「（その時点で調書は見ていないものの）朝日の報道は事実と異なっている」と指摘するブログ記事を書きました。すると大騒ぎになり、『週刊ポスト』でも「朝日新聞　吉田調書スクープは慰安婦誤報と同じだ」という記事を書いた（百七十八ページに再録）。

　そうしたら朝日新聞から、「朝日新聞の報道機関としての名誉信用を著しく毀損する。謝罪のうえ訂正せよ。それをしない場合は法的措置を検討する」という、内容証明が飛んできたんです。

のちに産経新聞が吉田調書を入手し、私も読ませてもらいましたが、朝日の記事のトーンとは全く違うことが書いてある。しかし朝日新聞は、そう取れなくもないような言葉尻をピックアップし、繋ぎ合わせて、あたかも「所員の九割が所長命令に反して逃げた」かのように印象づけられるような記事を掲載していたことがわかりました。

結局、この記事には問題があったことを朝日新聞も認め、社長の辞任にまで至ったのです。

朝日の動機は何か

須田　朝日新聞は何のために吉田調書の内容を捻じ曲げた記事を書いたのでしょう。

門田　「吉田調書報道」が一面に掲載された二〇一四年の五月二十日の朝日新聞紙面を見ると、社会面に〈東海第二、きょう審査申請　日本原電、再稼働に向け〉という記事が掲載されている。つまり、再稼働を阻止したいがためにこの記事を作ったのです。

須田　朝日新聞は、「再稼働阻止」という彼らの思う社会正義のためなら偏向・捏造もやむなしと考えて、「吉田調書」記事を掲載したということですね。

門田　翌五月二十一日の一面コラム「天声人語」でも、吉田調書記事について〈所員の九割にあたる約六百五十人が、所長命令に反して約十キロ離れた福島第二原発へ退避していたという。事故への対応が不十分になった可能性があるそうだ〉としたうえで、文章をこう締めくくっています。

〈事故から3年。のど元を過ぎて「2度目はなかろう」という新しい安全神話が広まってはいないか。古い時代の中国では、進軍は太鼓を、退却にはドラを鳴らしたそうだ。政官財の再稼働の太鼓に抗して、脱原発のドラは鳴り続けている。忘れてはいけない〉

私自身は、原発に関しては推進派でも反原発派でもどちらでもありません。どちらにも一理ありますから。ただし、いずれの論調を後押ししたいにしても、事実に基づいていなければならないというのは鉄則です。しかし、朝日は目的のためには、事実そのものを変えてしまうのです。

阿比留　「どうしてそこまでやるんだろう」と思うでしょう。しかし、朝日の動機は終始一貫しているんです。慰安婦問題も、KYサンゴ事件も、そして吉田調書問題も、動機は同じ。日本を貶《おとし》めたいから。

吉田調書問題も、福島第一原発の所員たちは逃げずに原発事故に立ち向かった姿勢が評価され、海外メディアからも「フクシマ・フィフティー」と称賛されていました。それが朝日は気に入らない。「本当は九割が撤退していたんだ！」となれば、日本を貶めることになるわけです。

先ほど門田さんが引いた天声人語も、〈危険な現場で苦闘する人たちは「最後の砦《とりで》」と称賛された。その裏に、もう一つ事実のあったことがわかった〉と書いています。では、日本を貶めて何がしたいのか。そこは極めて単純な心理で、「自分たちだけが良心的で立派な人物である」と言いたい、アピールしたいだけのことなのではないかという気がします。

事実の追求こそが仕事

小川　メディアというのは、何よりもファクトベースで報じることが重要です。国民としても、主権者たる自分たちの権力を代行してくれている政府がきちんとした政治を行っているかどうか、監視するのは当然のこととしても、その結果としてどう判断するかは国民がすべきであって、メディアではない。

だからメディアの役割は、きちっと国民に事実を伝えているかどうか、この一点なんです。ストレートニュースと論評を切り分けて、まず事実は事実として報じたうえで、「しかし私たちはこう思います」というのが当然の態度。ところが、朝日新聞は事実関係を歪《ゆが》めてストレートニュースを報じ、ほとんど捏造に近いことまでやって報道をリードした。

だから怒りをもって、私も『徹底検証「森友・加計事件」――朝日新聞による戦後最大級の報道犯罪』を書いたのです。本当はもっと考えなければならない問題が国内外に山積みで、はっきり言って朝日新聞とおままごとしている暇はない。

須田　朝日新聞が「反権力」とか「権力監視」を掲げているメディアだと言われますが、「権力べったり」と言われているであろう、産経新聞の阿比留さんとしてはどうですか。

阿比留　そんなこと言われてますかね（笑）。「メディアは権力監視が仕事だ」という人は多いのですが、私はメディアの仕事は事実の追求だと思います。事実を追うなかで、権力を監視することになったり、問題点を指摘することになるというまでのことで、「監視」や「批判」そのものが目的ではありません。

門田　ジャーナリズムの役割を「権力の監視」などという輩《やから》を、私は最も軽蔑しています。なぜなら、そういう連中にかぎって、自分の主義・主張でしか、物事を見ていないからです。たとえば、「では、朝日新聞は民主党政権時代に政権を監視していたのか」と訊きたい。監視どころか、朝日新聞の記事と論説の双方を統括する主幹が外務大臣に就任するのではないかとまで言われたことがあるくらい、「権力べったり」だった。

「権力の監視が仕事」だというような記者やジャーナリストは、「自己陶酔型ジャーナリズム」だと思ったほうがいい。「権力を監視して安倍を批判している」というだけで、自分に酔い、偉くなったような気になっている。世の中には、多くの権力が存在します。巨大な宗教団体をはじめ、権力そのもののような圧力団体が多数存在している。あらゆる権力を監視し、闘っていくならわかりますが、まったくそんなものには尻尾を巻いて逃げているジャーナリストにかぎって、「権力の監視」を声高《こわだか》に叫ぶわけです。彼らは、ただ「自己陶酔型シャッター症候群」にかかっているだけなのです。

メディア関係者の〝焦り〟

阿比留　メディアは「第四の権力」とも言われますが、それに対するメディア側の意識が足りないと思います。「権力監視をするメディアを誰が監視するのか」。となると、同業者や読者が監視するしかない。たしかに、ネットによって読者が「監視」するようになりました。安倍総理も、「以前と違い、ネットがあるから有権者がメディアの報道に惑わされず、政権が持ちこたえられているのだろう」と仰っています。

門田　朝日新聞の崩壊、焦りもインターネットが原因でしょう。私はインターネット時代を「情報ビッグバン」と表現しているのですが、これまでのような記者やジャーナリストだけでなく、常に情報の受け手だった読者の側も、リアルタイムで情報発信が可能になったんです。

朝日新聞などは、これまで情報を独占してきました。記者クラブを持っていて、そこで官庁などからの発表を独占し、自分たちの都合のいいような形に加工して、読者である私たちに下げ渡していたんです。

須田　そんなことが長く行われてきたわけですか。

門田　もはや伝統芸ですよ。朝日新聞は自分たちの主義・主張に沿って当事者の発言を捻じ曲げることを平気でやってきたんです。

ところが、ネットの登場でこの状況が大きく変化した。「加工」に問題があれば、当事者が「事実と異なります」と発信できるようになったし、読者も様々な情報を比較して、「下げ渡された情報は本当なのかどうか」を確認することができるようになった。要するに、いい加減な嘘を書くことはできなくなった。朝日新聞の「吉田調書」報道が瓦解《がかい》したのも、私がまずブログで告発したのが端緒《たんしょ》です。

須田　ちょっと私なりのメディア論をさせていただくと、ネットを使っていない人は、特に若い人のなかにはほとんどいないと思うんです。ニュースを読んでいない、新聞を読んでいないとは言っても、ネットで配信されるニュースには目を通しているはず。

ツイッターやフェイスブックなどのSNSも、ある意味でメディアの一つで、これも多くの人が使っている。これを通じて何か情報を得ることも多いと思いますが、さすがにツイッターで流れてきたものを全て本当の話だと思う人はいないですよね。そうすると、ツイッター上の議論も、新聞の御高説も、すべてが同列線上に置かれて読者の判断材料になっている。もうこれはメディアが溶け始めている、と言っていいんじゃないでしょうか。

新聞と違う雑誌の仕事

門田　私が生業《なりわい》としていた週刊誌で言えば、本来、新聞があれだけおかしな報道をしていたら、『週刊文春』や『週刊新潮』などが現地取材をして、裏を取って、「森友学園問題の真相はこれですよ」と読者に分かりやすく報じなければならなかった。ところが両誌とも、同じ情報洪水の渦に巻き込まれていただけでなく、不倫告発だのアイドルの恋愛問題などにうつつを抜かしている。

花田さんとの対談本、『「週刊文春」と「週刊新潮」――闘うメディアの全内幕』(PHP新書)でも述べましたが、週刊誌は一体何をやっているんだ、と。

花田　雑誌の役割というのは、大メディアの報道の流れに乗るのではなくて、「それってちょっと違うんじゃないの」「こういう疑問には誰も答えてくれていないよね」ということを提示するのが役割だと思っているんです。いわば「異議申し立て」するのが仕事というのでしょうか。

須田　そもそも花田さんは、『週刊文春』時代から、朝日新聞には一貫して厳しい立場をとられていましたね。

花田　私は編集者になって今年で五十年なのですが、そのうち四十五年くらい、朝日新聞批判を続けてきていまして、「朝日新聞の天敵」と言われたこともあります。朝日は最高で八百万部の発行部数を持つ大メディアですから、その報道に「本当にそうなの？」と疑問を投げかけるのは雑誌の仕事でもある。

　これまでは、いくら批判しても朝日新聞は揺るがなかったのですが、二〇一七年から一八年にかけてのモリカケ報道で、私は朝日新聞の「報道」が根底から揺らぎ始めたと感じています。

　平成元年にサンゴ事件というのがありました。沖縄のサンゴに朝日新聞のカメラマンが自分でサンゴに「KY」と刻んで撮影し、「こんなことをする日本人は愚かである」と嘆く記事を書いた。これが自作自演であることが判明し、当時の社長だった一《ひとつ》柳東一郎《やなぎとういちろう》氏が辞任。平成は三十一年で終わりますが、モリカケ虚報で朝日の渡辺社長が辞任すれば、平成の始まりと終わりの年に、朝日新聞の社長が辞任することになります。

「モリカケ」報道は、まさに〝戦後最大級の報道犯罪〟であり、朝日の上層部が責任を負うべき重大な問題ではないかと思います。

人を騙す新聞はいらない

阿比留　私は朝日新聞を、もうほとんど反社会勢力に近いものがあると思っているんです。「世の中に仇《あだ》なすもの」と言えばいいのでしょうか。

　歴史を振り返ってください。戦前は日本を戦争に無理矢理引っ張っていった。その後、反省することもなく、戦後は中国の文化大革命を礼賛《らいさん》し、カンボジアのポル・ポト政権を褒め称え、北朝鮮を「地上の楽園」と持て囃《はや》した。すべて嘘でした。

　挙句に従軍慰安婦問題を捏造し、南京大虐殺の嘘を広めたのも朝日新聞。靖國問題を国際問題化したのも朝日です。こんな新聞、日本に必要ですか？　私は、朝日新聞の記者の人が「朝日でござい」と名乗っているのを見ると、恥ずかしくないのかなと思ってしまうほどです。

小川　「嘘をついて人を騙す」という存在は、敵役《かたきやく》としても存在すべきではない。単なる社会の迷惑に過ぎない。朝日新聞の論調が悪いと言っているのではなくて、嘘つきが毎日、六百万部の新聞を売って平気な顔をしている――社会でそんなことが許されていいわけがない。「朝日新聞批判」というのはつまるところ、「嘘をついて人を騙す新聞があってはならない」と言っているまでのことなのです。

（本稿は二〇一八年一月二十八日公開収録、二月十日、十七日放送のニッポン放送「須田慎一郎のニュースアウトサイダー」を再構成したものです）

推論で国民を欺く新聞と野党議員

藤原かずえ
ブロガー

二〇一七年二月九日の朝日新聞による森友学園報道以来、政策を議論する場である国会が、政治家や官僚の責任を追及する場に化すという異常な状況が続いています。

このような状況が続くのは、主権者である国民の多くが、一部の政治家やマスメディアによってエンドレスに繰り返される不合理な言説に騙され、現況を結果的に容認しているためと考えられます。

なぜ大衆は、政治家・マスメディアの不合理な言説に繰り返し騙されるのでしょうか。それには大きく二つの要因があると私は考えます。

まず一つの要因は、不合理な言説に対してそれがなぜ不合理なのかを大衆が十分に認識できていない点です。もう一つの要因は、たとえ大衆が不合理な言説を認識できたとしても、それをパターンとして認識できていない点です。

このような状況を打破するにあたっては、不合理な言説中に認められる論理学的な誤りのパターンを国民の多くが体系的に理解し、社会共通の認識として共有することが極めて重要であると言えます。

たとえば、言説の論者の人格を根拠にしてその言説を否定することは**【人格に訴える論証 ad hominem】**と呼ばれる論理的な誤りですが、この基本知識さえ持ちあわせていれば、よく言われるような「安倍首相の人柄が信用できないから内閣は不支持」なる言説が明らかな暴論であることを即座に認識できるようになります。

本稿では、行政文書書き換え問題の初期の議論に認められた誤った言説をいくつか紹介し、その言説が誤っている理由を論理学で一般化されている**【用語】**を交えながら指摘したいと思います。

二〇一八年三月二日、朝日新聞が報じた「文書改竄《かいざん》問題」。森友問題に関する官僚の国会答弁に整合するように行政が行政文書を書き換えたことは、法に従う民主主義を脅《おびや》かす危険な行為です。

行政がこのようなケースを再発しないよう、司法と立法は、書き換えの時系列・関与した人物・指示命令系統等の事実関係およびその動機を徹底的に解明し、関係者に対して法的責任を問うとともに有効な防止策を講じる必要があると言えます。

特に、不正に関与した人物の責任を求めるにあたっては、合理的な仮説に立脚した事実の解明が大前提であり、事実から導き出される不正への関与の大きさに見合った必要十分な懲罰を科すことが重要です。

単なる吊し上げの会に終わった　（写真提供／アフロ）

国民を騙すには有効

さて、このような状況のなか、厳密な調査結果が得られる前から政治が関与した仮説を既成事実のように喧伝《けんでん》し、内閣総辞職・首相辞任・大臣辞任等の重い結果責任を政権に求めているのが、一部の野党議員とマスメディアです。

事案の解明にあたり、合理的な仮説を打ち立てて効率的に調査を実施することは重要ですが、その仮説を絶対視して、結果ありきで責任を問うことは厳に慎む必要があります。

これまでのところ、一部の野党議員は、行政が一部の過失を認めたことを口実にして、合理性を逸した主張や根拠のない憶測を認めるよう、官僚との会議で強要している場面が目立っています。

また朝日など一部のマスメディアも、連日のように社説で政府の責任論を展開し、政局を煽っています。

ここで重要なポイントは、たとえ野党議員とマスメディアの追及が不合理であっても、現在の状況では行政側の反論が極めて困難な状況に陥《おちい》っているということです。

実際、一部の野党議員やマスメディアの追及においては、行政側の反論に対してその信憑性《しんぴょうせい》を問題視して否定するというメソッド、すなわち「一度虚偽の答弁をした人物の主張は信じられない」という論法で反論を無力化しています。

このようなメソッドは**【毒の混入論法 poisoning the well】**と呼ばれる**【人格に訴える論証】**であり、明らかに不当なテクニックですが、過失を犯した行政に対して悪感情を持っている国民を一時的に騙すには有効であると言えます。

懸念されるのは、**【毒の混入論法】**で無敵状態となった野党・マスメディアの**【群集操作／アジテーション crowd manipulation】**により、いつものように国民が思考停止の**【集団ヒステリー mass hysteria】**に陥り、問題の本質よりも犯人捜しと懲罰の付与のみに過度の関心が向くことです。

このような事態を回避するにあたっては、国民が頭のなかを整理して、被疑者側のみならず追及側の主張についても注意深く論理チェックを行うことが求められます。

自殺者を利用した山井議員

ここで言う論理チェックとは、被疑者側・追及側の主張に論理的な誤りである**【誤謬《ごびゅう》 logical fallacy】**が存在するか否かを判定することです。

具体的には、各者の主張に含まれる演繹的《えんえきてき》推論、あるいは帰納的《きのうてき》推論における⑴論証構造⑵原理⑶概念・情報に対して、誤謬の有無をチェックすることになります。

この論理チェックの結果、各者の主張に誤謬が存在する場合には、事案の真偽を確定することができないと判定され、逆に主張に誤謬が存在しない場合には、事案の真偽が確定されるか、既出の証拠では真偽を確定できないことが確定されます。

このような論理チェックを常に繰り返すことで、被疑者側・追及側の詭弁《きべん》に騙されることなく、事案の真偽を把握できることになります。

以下、演繹的推論・帰納的推論の別に、過熱する追及側の主張に認められる誤謬の例を示しながら、⑴論証構造⑵原理⑶概念・情報に対する論理チェックのポイントを示したいと思います。

1・演繹的推論に対する論理チェック

演繹的推論とは、正しい論証構造の下で、普遍的な原理に従って、前提となる概念から結論となる概念を厳密に導くものです。

1・1　論証構造

演繹的推論では、事実のみを前提として結論を導く論証構造が要件となりますが、今回の野党の追及ではこの最低限の要件が確保されていない言説が散見されます。

「泣き落としのヤマ」こと山井和則議員
（写真提供／時事）

「財務省『森友文書』改ざん問題野党合同ヒアリング」において、希望の党の山井和則議員が、書き換えの目的について次のように主張しています。

［前提1］安倍総理は「私や妻が関係していたら総理も国会議員も辞める」と言った。

［前提2］財務省はこれに合わせるために改ざんして安倍昭恵夫人の発言を削除した。

［結論］財務省は安倍総理が主犯であることを隠ぺいしようとしている。

この主張は**【覆面男の誤謬 masked man fallacy】**と呼ばれる形式的誤謬であり、事実の証明になっていません。山井議員の主張のうち、［前提1］は事実ですが、［前提2］は個人の認識に過ぎず、山井議員は事実と個人の認識を混合させる誤った論証構造の下で［結論］を導いているわけです。

事実と、個人の認識を混合させた推論で得られるものは仮説に過ぎず、山井議員は財務省の役人に対して仮説を無理《むり》強いしているということになります。

1・2　原理

演繹的推論は普遍的な原理に基づいて結論を導きますが、今回の野党の追及では、その原理に誤りがある言説が散見されます。ここでも、上述した山井議員の主張を例として説明します。

「国民は誰一人として理財局の単独犯行だと思っていない。バレている。図星だと思うが、正直に言ってもらえないか」

この主張は、結論が含まれた前提によって結論を証明する**【先決問題要求 begging the question】**と呼ばれるものです。そもそも、「国民は誰一人として理財局の単独犯行だと思っていない」という前提も事実ではなく憶測に過ぎませんが、この主張では、そのことがバレているので「理財局の単独犯行ではない」という結論を暗示しています。

また、この主張では、「国民」の認識を勝手に決めつけて、それをある種の権威として用いて自説の根拠としています。これは権威者の言説を無批判に肯定して推論する**【権威に訴える論証 appeal to authority/ad verecundiam】**のヴァリエーションです。

さらに山井議員は、次のように続けます。

「職員の尊い命も失われている。いい加減、安倍総理のために財務省も日本の国もメチャクチャにするのは止めてもらいたい。職員の人が亡くなっているではないか」

これは、情報受信者に同情心を喚起させて自説に導く**【同情に訴える論証 appeal to pity/ad misericordiam】**という**【感情に訴える論証 appeal to emotion】**の一つです。感情を排除してありのままに発言を解釈すれば、「財務省の職員が自殺したから安倍総理が主犯である」とする何の脈絡《みゃくらく》もない原理となります、これは、自説を正当化するために明らかに自殺者を利用するものです。

毎日新聞 【新聞定価1ヵ月 4,037円(本体価格3,738円+消費税299円)】1部売り(消費税込み)朝刊140円 夕刊50円 (第3種郵便物認可)

麻生氏 頭下げぬ謝罪

改ざん調査

背信 森友文書

誰が、どのように決めたのか——。学校法人「森友学園」(大阪市)への国有地売却を巡り、財務省が契約に関する決裁文書を改ざんし、安倍晋三首相の妻昭恵氏に関する記述などを削除していたことが12日、明らかになった。調査結果は公表されたものの、問題の核心について財務省のトップは言葉を尽くさず、真相解明を求める人たちは憤りの声を上げた。

学校法人「森友学園」への国有地売却に関する決裁文書改ざんについて報道各社の取材に応じ、財務省を後にする麻生太郎財務相(中央)＝東京・霞が関で12日午後2時18分、西本勝撮影

毎日新聞、3月13日付

山井議員は二〇一八年二月二十八日、衆議院予算委員会において泣きながら質問を行いましたが、その内容も政策議論の本質とは直接関係しない**【感情に訴える論証】**に過ぎません。

また、「財務省と日本をメチャクチャにしているのは安倍総理のためである」とする明らかな**【ルサンチマン ressentiment】**の原理で結論を導いている点では、典型的な**【人格に訴える論証】**を展開していると言えます。

さらにこの問題の本質は、書き換えの事実関係について解明することであるにもかかわらず、わざわざ**【論点転換 diversion】**し、事実解明が前提となる責任追及を行っています。

いずれにしても、わずかな発言に

これだけ様々な原理不全が認められる山井議員は、言論の府の構成員として明らかに不適格と言えます。事実の解明を野党に期待するシチュエーションのなかで、このような不合理発言が頻繁に飛び出すようでは、野党は一層国民の信頼を失うことになるものと推察します。

議員として不適格な言動

【人格に訴える論証】と言えば、毎日新聞二〇一八年三月十三日記事も【集団ヒステリー】を誘発する稚拙な人格攻撃と言えます。

「すぐスゴむ」福山哲郎議員
（写真提供／時事）

〈毎日新聞「麻生氏の言動、反発増幅　陳謝で頭下げず」

……麻生太郎副総理兼財務相の尊大とも取れる態度が反発を招いている。麻生氏はこれまでも物議を醸《かも》す発言があったが、改ざん問題を巡る記者会見などでも不用意な発言が目立っており、世論の反発を増幅する一因となっている。（中略）

十二日に記者団の取材に応じた際には、「深くおわび申し上げる」と陳謝したが、頭を下げることはなかった。また、「佐川の国会答弁に合わせて書き換えたのが事実」などとして、国税庁長官を九日に辞任した前財務省理財局長の佐川宣寿《のぶひさ》氏を呼び捨てにした。そのため、野党からは「何回も呼び捨てにし、佐川さん一人を悪者にするかのような会見だ」（立憲民主党の福山哲郎幹事長）など、批判が出ている〉

毎日新聞が問題視する「頭を下げないこと」や「呼び捨てにすること」は、問題の本質とは全く関係がないことです。「呼び捨てにすると佐川氏一人が悪者になる」という原理は理解不能です。

1・3　概念

演繹的推論では前提となる概念から結論の概念を導きますが、今回の野党の追及では、その概念が曖昧《あいまい》であったり混同されていたりする言説が散見されます。

そもそも、今回の森友問題に一部の野党やマスメディアが飛びついたのは、二〇一七年二月十七日の衆議院予算委員会における安倍首相の発言中の「関係」という言葉の曖昧性に起因しています。

「私や妻が関係していたということになれば、これはまさに私は間違いなく総理大臣も国会議員も辞めるということははっきりと申し上げておきたい」

発言後に、一部野党やマスメディアは、安倍首相の関与を徹底的に追及して証拠がないとみると、他者から忖度《そんたく》を受けたことも「関係したことになる」と主張し、安倍首相に辞任を要求しています。これは、言葉の意味を自説に都合よく解釈する**【言葉曖昧の誤謬 verbal ambiguity】**というものであり、次の例と大差がない極めて低次元な主張と言えます(笑)。

例1)A「嘘をつけ!」
B「嘘をつけって言ったから嘘ついたんだよ~」
例2)A「なめるんじゃね~!」
B「なめてないし!」
例3)A「お前にそんなこと言う権利はない!」
B「言論の自由は憲法で保障されているよ」
例4)A「自分はアホか!」
B「そのとおり、テメーはアホだ」(Aは関西人、Bは関東人)
例5)A「お前、バカじゃないの!」
B「そのとおり、バカじゃないよ」

しかしながら、このことが行政のボーンヘッドを招き、行政文書の書き換えの主要因になった可能性もあります。

他者からの忖度は不可避であり、安倍首相の「関係していたら」の意味は、「首相あるいは国会議員としての権力を使っていたら」の意味であることは自明ですが、この意味を行政が誤解釈することも可能性としては十分あり得ると言えます。

野党議員の勘違い

ところで今回の議論では、「書き換え」と「改ざん(改竄)」を混同した主張も散見されます。この違いは行為者の悪意の有無によります。たとえば、「誤謬」という言葉は論理的誤りのことですが、そのうち言説の論者が悪意をもって誤ったものを「詭弁《きべん》」と言います。

また「誤報」という言葉は誤った報道のことですが、そのうちマスメディアが悪意を持って誤ったものを「虚報」と言います。このようなコンテクストと同様に、「書き換え」という言葉のうち悪意を持って行ったものを「改ざん」と定義することができます。

今回の事案においては、仮説において「改ざん」という言葉を用いることは妥当ですが、事実認定においては根拠が必要です。合同ヒアリングにおいて、野党議員が「改ざん」を事実として連発するのは、悪意を印象付けるための**【レッテル貼 labeling】**

である可能性があります。

「行政文書」とその一部である「決裁文書」という言葉についても混同して使われがちです。「行政文書」のうち「決裁文書」は、「行政機関の意思決定の権限を有する者が押印、署名又はこれらに類する行為を行うことにより、その内容を行政機関の意思として決定し、又は確認した行政文書」と定義されています。

さらに、「実行責任」と「結果責任」という言葉も分けて考える必要があります。たとえば、麻生大臣が書き換えの指示を行っている場合には、事案に関与しているので「実行責任」が問われ、事案に関与していなくても管理者としての「結果責任」が問われます。

このうち「結果責任」の認定は必ずしも簡単でなく、たとえば事象が予見困難で管理者としての事態回避が困難な場合には、懲罰を最小限に留める必要があります。日本社会にありがちな「黙って早く責任を取る」という行為は合理的でなく、社会をアンフェアにします。いずれにしても、議論では明確に定義された言葉を用いる必要があります。

2・帰納的推論に対する論理チェック

帰納的推論とは、正しい論証構造の下で、経験的な原理に従って、前提となる情報から結論となる概念を概略的に導くものです。

2・1　論証構造

帰納的推論は、客観的情報を前提として結論を導く論証構造が要件となりますが、今回の野党の追及では、この最低限の要件が確保されていない言説が散見されます。

二〇一八年三月十六日の参議院予算委員会において、民進党・杉尾秀《ひで》哉《や》議員は、次のような主張でヒステリックに麻生大臣を断罪しました。

「麻生大臣は『理財局の一部の職員によって行われた』と断言し、佐川長官に責任を押し付けている。マスコミ的に言うとトカゲのしっぽ切りだ」

調査の途中経過を基に「いまの段階で理財局の一部の職員が書き換えに関与したことは明確だ」と説明する麻生大臣に対して、杉尾議員は客観的情報なしに「麻生大臣は佐川長官に責任を押し付けている。トカゲのしっぽ切りだ」と断言しました。

これは、個人的確信を根拠として推論する**【個人的確信に訴える論証 personal assurance】**と呼ばれる誤謬です。事実がどうであれ、このような証拠のない決めつけが冤罪《えんざい》を生む素因となります。

2・2　原理

帰納的推論は経験的な原理に基づ

いて結論を導きますが、今回の野党の追及では、その原理を濫用《らんよう》する追及が散見されます（二〇一八年三月十五日記事）。

〈毎日新聞「来週にも証人喚問　やむなく『佐川カード』」

……野党は「官僚の判断だけで改ざんを指示することはありえない」と強く反発している〉

人間の行動に絶対はないので、この「ありえない」とする原理は、実質的には「多分ない」という言葉で置き換えられる帰納原理に他なりません。そして実際には、この帰納原理は「多分ない」というよりも「可能性としては小さい」という程度の推量に他ならないと言えます。

「可能性として小さい」という推量は、仮説設定に用いる分には合理性が高いと言えますが、事実確定に用いることはできません。事実を確定するには何らかの客観的な証拠が必要であり、その証拠を得ることが「追及」に他なりません。

このような状況のなかで、一部野党議員は、この「ありえない」という原理を何度も行政側につきつけて認めさせることを「追及」と勘違いしているフシがあります。

帰納的推論の論証構造の誤りとして位置づけられる**【悪魔の証明 proving non-existence】**を、これまで政府に繰り返し求めてきたのもこの勘違いのためと考えられます。

ちなみに、官房長官会見において、証拠を提示することなくヒステリックに同じ質問を何度も繰り返し、そのことを「追及」であると思っている新聞記者がいますが、同様の勘違いを犯しているものと推察されます。

この他に、山井和則議員がよく口にする「～するに決まっている」、報道ステーションの後藤謙次氏がよく口にする「～といわれても仕方がない」、サンデーモーニングの岸井成格《しげただ》氏がよく口にする「～と言わざるを得ない」、NEWS23の星浩氏がよく口にする「～という感じがする」を含む多くの言説は、いずれも**【偶然と必然の誤謬 secundum quid/a dicto simpliciter】**や**【単純化の誤謬 false simplification】**によって導かれた不当な帰納原理と言えます。

検証されていない帰納原理は、当然のことながら事実の認定には何の効力もありません。

日刊ゲンダイの誤解釈

2・3 情報

帰納的推論では前提となる情報から結論の概念を導きますが、今回の野党の追及では、その多分に特定の意図を含んだ情報や出所不明の情報を用いた言説が散見されます。日刊ゲンダイ二〇一八年三月十日の記事はその典型と言えます。

〈日刊ゲンダイ「自殺者が出て尻尾切り　悪魔のような政権を許していいのか」

……安倍夫妻が深く関わっている底ナシの「森友疑獄」。とうとう自殺者まで出てしまった。近畿財務局に勤務していたノンキャリアの男性職員が7日、神戸市の自宅で首をつり、搬送先の病院で死亡していたことが分かった。遺書もあり、兵庫県警は自殺と判断している。（中略）

朝日新聞が今月二日、近畿財務局が森友学園との取引に関する「決裁書」を書き換えていたと報じた後、再び職場に顔を出していた。遺書の中身は明らかにされていないが、森友疑惑の犠牲者なのは間違いない。（中略）

自殺した男性職員は、安倍夫妻の犠牲になったようなものだ。（中略）

近畿財務局の職員が自殺し、佐川長官が更迭《こうてつ》されたことで、さすがに国民も安倍政権の異常ぶりに気づいたはずだ。安倍首相は、国会を閉じる六月二十日以降「私は秋の総裁選には出馬しません」と宣言するのではないか、という見方が広がっている。支持率が急落したら、一気に党内政局が勃発《ぼっぱつ》する。国民はトドメを刺さないとダメだ〉

安倍政権を「悪魔化」

自殺した近畿財務局の職員の遺書が開示されていないなか、この記事は、遠因を過大評価することで原因と結果を誤解釈する**【直接原因と間接原因の混同 confusing remote cause with immediate cause】**によって安倍政権を断罪しています。

もしも、森友学園・籠池《かごいけ》理事長の標的にされた安倍夫妻の存在が自殺の原因として認められるのであれば、その安倍政権を問題視した報道で近畿財務局にプレッシャーを与えた日刊ゲンダイも自殺の原因であると言えますし、安倍政権を選挙で誕生させた国民も自殺の原因であるとすることもできます。

このようなハチャメチャな原理は2・2で説明した不当な帰納原理ですが、この不当な言説を根拠にして安倍政権を**【悪魔化 demonization】**する行為が、ここで取り扱う帰納的推論における情報不全であると言えます。

希望の党の柚木道義《ゆのきみちよし》議員は、この日刊ゲンダイの記事を紹介するツイートをリツイートしたうえで、自ら次のようにツイートしています。

〈明確なのは安倍夫妻の軽率な言動で、財務省近財局の職員が自殺までしたこと。昨日の読売みても今日の安倍総理答弁は死者への冒瀆《ぼうとく》。「書き換え前」の決裁文書までも嘘だったのか、安倍総理が嘘つき答弁してるのか〉

ここに歪曲《わいきょく》された情報の独り歩きが始まり、情報弱者がミスリードされていくことになります。人間の自殺は非常に重いことであり、故人のご不幸とご家族のご傷心を拝察し、心よりお悔やみ申し上げるものです。しかしながら、その結果は事実関係の事後に発生したものであり、事実関係の解明とは分けて考える必要があります。

このような人の死がもたらすセンティメントを**【アジテーション】**に利用するのは、厳に慎むべきであると考える次第です。

今回の事案で財務省が行政文書の書き換えを認めたのは、純粋な自浄作用に基づく**【内発的動機 intrinsic motivation】**というよりは、「行政文書を書き換えているか不明である」とするそれまでの説明が明確に反証されることを水面下で認識したことによる**【外発的動機 Extrinsic motivation】**によるものと考えられます。

具体的には、コントロール不能な外部集団から書き換えの証拠となる情報を提供されたことによるものと推論され、たとえば国交省や大阪地検による情報提供が考えられます。その意味で、朝日新聞二〇一八年三月二日の記事は、事実の解明に結果的に役立ったと言えます。

野党にも論理的な人材は存在し、そのような議員が徹底的な調査に基づいて論理的に事実解明を行うことを要望するところですが、前面にしゃしゃり出て倒閣を叫ぶ一部野党議員による不合理な追及を目の当たりにすると、極めて残念ながら今回も野党に期待することはできません。

やはり、政権の存亡に利害関係を持つステークホルダーの集団は、フェアな調査には不向きと言えます。このような状況のなかでは、与野党協議のうえ、政治的な背景を持たないメンバーによる第三者委員会を構成して事実解明に努めるのが妥当であると考えます。

いずれにしても国民に求められるのは、行政による説明と立法による追及に対して厳しく論理チェックを行い、行政が理不尽な追及逃れを行っていないか、立法が理不尽な追及を行っていないかを注意深く監視することであると考えます。

ふじわら かずえ
個人ブログ「マスメディア報道のメソドロジー」(Ameba)にて、論理学や心理学の定義に基づいた、メディアの報道・政治家の議論における論理的誤謬などの問題点を指摘。「ひるおび」「報道ステーション」「バイキング」などの具体的な放送内容や議員の答弁、記者の発言などを例示しての論理的な分析が話題を読んでいる。記事の一部を言論プラットフォーム「アゴラ」にも転載中。

「報道ステーション」の印象操作

藤原かずえ
ブロガー

「国民」とは誰か？

二〇一七年のテレビ報道において顕在化したのは、フェイクニュースを用いた不合理な政権攻撃であったと言えます。

例を挙げれば、TBS「ひるおび！」の東京都議会議長の握手拒否報道、フジテレビ「バイキング」の国会委員会における官僚の居眠り報道、そしてTBS「NEWS23」「サンデーモーニング」の二万二千リツイート報道、そしてテレビ朝日「報道ステーション」の安倍晋三記念小学院の黒塗り報道などなどです。

そんななかで見過ごされがちなのが、過去から脈々と続く「国民」の「民意」を都合よく語る、昔ながらの世論誘導です。私がウォッチしたところ、安倍首相が改憲の議論を始めた頃から、テレビでは「国民」という言葉を使った言説が極めて多く認められるようになりました。

なかでも「報道ステーション」は、スタジオトークで「国民」という言葉を頻出させ、「国民」の名の下に政権批判を繰り返しました。

メディアが客観的な根拠を基に政権批判を行うのは健全な姿であると考えますが、定義が曖昧《あいまい》なままに「国民」という言葉を濫用《らんよう》して政権批判を行うのは、健全な姿ではありません。

この記事では「報道ステーション」の事例を中心に、「国民」「民意」という言葉のテレビ報道での理不尽な用法について指摘してみたいと思います。

日本語において「国民」という言葉

「国民の総意」をどうやって知ったのか？

は、国籍を有する個々の構成員を表す**【普通名詞 common noun】**として用いられると同時に、構成員の集合体を意味する**【集合名詞 collective noun】**としても用いられています。

　このため、「国民」というだけでは、それが「個々の国民」であるのか、「一部の国民」であるのか、「全ての国民」であるのかを区別することはできません。ここに論理の**【曖昧性 ambiguity】**が発生します。

　論理における命題は、次の四つの形式のうち、いずれかの形をとります。

A〈全称肯定判断〉　全てのSはPである

E〈全称否定判断〉　全てのSはPでない

I〈特称肯定判断〉　一部のSはPである

O〈特称否定判断〉　一部のSはPでない

　当然のことながら、「国民は〜である」「国民は〜でない」という命題において、それが「全ての国民」を意味するか、「一部の国民」を意味するかによって、命題の真偽が変わることになります。

　マスメディア報道はこのトリックを利用して、実際には「一部の国民」を意味する「国民」という言葉を「全ての国民」を意味するかのように偽装し、狡猾《こうかつ》に印象報道を行っていると言えます。

　たとえば、一部の国民のみが国政のある課題に疑問を持っている場合に「国民は疑問を持っている」と報道しても、それは虚報ではありません。

　しかしながら、文脈を読めない視聴者は「全ての国民（自分以外のほとんど全ての国民の意味）が疑問を持っている」と誤解釈し、持論がその言説に反する場合にはそのことを公言することを控えるようになり、**【沈黙の螺旋《らせん》 spiral of silence】**に陥《おちい》ってしまう可能性があります。

ちなみに、**【同調圧力 peer pressure】**が欧米社会に比べて敏感に作用している日本においては、このような「自粛」は日常茶飯事《さはんじ》であると言えます。

また、一般に全称判断の命題については、煩雑を避けるため「全ての」という形容詞を省略可能とする約束があります。たとえば、「人間は考える葦《あし》である」という命題は「全ての人間は考える葦である」ことを意味しますが、通常は「全ての」という形容詞を省略します。

このような点でも、「一部の国民」のことを「国民」と呼ぶ場合に、それが「全ての国民」であるとミスリードされやすいと言えます。

なお、マスメディアがしばしば用いる「多くの国民」という言葉もプロブレマティックです。この言葉はほぼ全称表現であるかのように聞こえますが、明らかに「特称」表現です。場合によっては、全称に近い特称ではなく、0《ゼロ》に近い特称のケースがあります。

たとえば、マスメディアが「多くの国民」という枕詞《まくらことば》で紹介する「国会前の抗議デモ」に参加する百人程度の国民は、二〜三人の国民と比較すれば「多くの国民」ですが、日本人全体からすれば百万人に一人の存在に過ぎません。たとえ一万人集まったところで、一万人に一人の存在です。この百人をもって「多くの国民」というのは、あまりにも実態とかけ離れたミスリードであると言えます。

「国民」って誰ですか

二〇一七年五月以降において、「報道ステーション」が使った「国民」という言葉の一部を紹介します。番組中で「国民」という言葉が語られる際には「全ての」「一部の」という形容詞は報道では全く使われておらず、その判断は視聴者に委《ゆだ》ねられています。

ここで、いくつかの言説を例として詳しく分析してみたいと思います。

まず、報道ステーションでメインキャスターを務める富川悠太アナの「国民の意見が反映されているとは思えない」という言説は、明らかに「一部の国民の意見が反映されているとは思えない」ことを意味しますが、日本語の慣用的な表現で言えば「全ての国民の意見が反映されているとは思えない」とミスリードされます。

そもそも、一般的な政治のアジェンダにおいて、全ての国民の意見を反映することは不可能であると言えます。なぜなら、個々の国民の意見は多様であり、互いに対立するからです。

したがって、「国民の意見が反映さ

れているとは思えない」という言説は当然のことを言明しているに過ぎず、報道でアナウンサーが皮肉たっぷりに言明するような類《たぐい》の内容ではありません。

しかしながら、この言説に心理操作された一部大衆は疎外感を感じることになり、政府に対して不満を持つことになります。

コメンテーターの後藤謙次氏による「国民はそこを求めているのではなくて」という言説は、明らかに「一部の国民」の意見をもって、それがあたかも「全ての国民」の総意であるかのように主張しています。これは勝手に「国民」を語る印象操作であると言えます。

田原総一朗氏による誤報

また、ゲスト出演した田原総一朗氏による、テロ等準備罪に対しての「国民の皆がもっと審議をすべきだと言っている」(全称判断)、「国民のほとんどが無茶苦茶だと思っている」(全称判断を示唆させる特称判断)という言説のうち、一つ目の全称判断は明らかな誤報(少なくとも、国民の一人である私はそうは言っていません)であり、二つ目の判断を示すような世論調査結果(無茶苦茶だと思う)も見たことがありません。

このような悟性《ごせい》を欠いた無茶苦茶な言説がテレビ報道されているのは、非常に危険であると言えます。

富川悠太アナが、あたかも国民の一人の立場として発言している「国民は納得できるとは思えない」という言説も、勝手な推測に過ぎません。事実をアナウンスすると、情報弱者から認識されている**【漠然的権威 vague authority】**であるアナウンサーの感想よりも影響が及ぶことに注意する必要があります。

なお、番組中の富川アナの発言は、たとえ個人的発言のように感じられても、実際には富川アナ個人の発言ではなく、番組スタッフから指示された台詞《せりふ》であると考えるのが合理的です。厳しく時間管理されているニュース番組で、個人的見解を述べているような時間はないからです。

組織人である富川悠太アナと小川彩佳《あやか》アナは、番組で富川悠太アナと小川彩佳アナというキャラを演じているに過ぎないものと推察されます。これは、過去に高額ギャラを支給されていた古舘伊知郎キャスターにも共通することです。

優秀なアナウンサーであればある

ほど、番組の論調を自然に表現することになり、番組の論調に不満を持つ視聴者からめちゃくちゃ嫌われることになります(笑)。

「民意」の嘘

「報道ステーション」がなぜ「国民」を語るのかと言えば、持論が「国民」の「民意」に合致していることを根拠に「リアルな国民」を心理操作することで、一定の方向性を持つ社会の形成を目指しているためと考えられます。そして、その社会の方向性とは「反自民」の社会です。

過去から現在に至るまで、「報道ステーション」は極めてあからさまに、一貫して自民勝利の選挙結果を否定し、自民敗北の選挙結果を肯定してきました。

自民党が選挙で大勝利しても、「それは民意ではない」と主張して公約の履行にストップをかける一方で、翁長《おなが》氏や小池氏といった反自民党勢力が勝利すると、「それはハッキリとした本物の民意である」として公約の履行を促進する報道を行ってきました。報道の内容を簡潔に示すと、次のようになります。

●二〇一四年、東京都知事選／舛添氏(自民推薦)勝利

「舛添氏の勝利によって、自民政権が原発回帰にお墨付きを得たとは言えない」

●二〇一四年、山口・石川・福島県知事選(原発関連県)／自民(推薦、支援含む)勝利

選挙前に「民意が問われる」としていたにもかかわらず、結果が出ると無視

●二〇一四年、衆院補選&沖縄市長選／自民勝利

「自民が信任を得たとは言えない選挙だ」

●二〇一四年、沖縄県知事選／翁長氏(反自民)勝利

「沖縄県民の強い意志がハッキリした。移設中止を進めていくことが必要」

●二〇一四年、衆院選／自民大勝利(沖縄のみ自民敗北)

「本土のオボロゲな民意が、沖縄のハッキリとした民意を包み込んでいいのか」

「史上最低の投票率だった」

「民主党に大敗した時よりも、自民の得票が少なかった」

「自民党の得票率は四八%に過ぎない」

「投票率が五二%なので、有権者全体の得票率で見ると二五%だ」

「原発・集団的自衛権をめぐっては、世論調査で反対の民意が示された」

「沖縄で辺野古《へのこ》移設反対の民意がはっきり示された」

●二〇一六年、参院選／自民大勝利

「十二の激戦区で自民党は一勝十一敗であり、政権に非常に厳しい審判を下した」

●二〇一六年、東京都知事選／小池氏（反自民）勝利

「小池氏は民意を追い風に、次々と政策を進めていくべきだ」

●二〇一七年、東京都議選／自民大惨敗

「今回の大敗は、自民が負けた選挙だ」

●二〇一七年、衆院選／自民大勝利

「野党の混乱で自民に勝利が転げ込んだだけで、本物の勝利ではない」

「比例代表の得票率で三三％しかなかった自民党が、六〇％強の議席を得た」

「世論調査で内閣支持率は高くないのに、選挙では自民党が勝った」

「一体、民意が反映されているのか」

これらのコメントは、まるで負けず嫌いの子供が、勝負に勝った場合には自慢し、負けた場合には負け惜しみを言うような低次元な内容で構成されていることがわかります。

おバカすぎるコメント

ここで、主要な国政選挙に対する論調について、もう少し詳しく見ていきたいと思います。

二〇一四年の衆院選では自民党が大勝利したにもかかわらず、低投票率で自民党の有権者得票率が二五％であったことを根拠に、自民党の大勝利を「オボロゲな民意」と否定し、一方で沖縄選挙区での反自民候補の勝利を「ハッキリとした民意」と大絶賛しました。

ただし、実際に沖縄選挙区で勝利した候補者の有権者得票率を調べてみると平均二七％に過ぎず、一方を「オボロゲ」とし、他方を「ハッキリ」とするのは極めて不公正であると言えます。

しかも、有権者のわずか〇・〇〇一％（一千人程度）に実施したアンケート調査に過ぎない世論調査の結果をもって、有権者得票率二五％（すなわち二千五百万人）の「リアルな国民」が自民党に投票した民意を否定しているのですから、あまりにもおバカすぎると言えます。

二〇一六年の参院選においては自民党が大勝利したにもかかわらず、「十二の激戦区」という野党有利の選挙区だけを番組が勝手にピックアップして、挙句の果てに、それらの選

挙区において自民党は一勝十一敗であったことから、「(国民は)政権に非常に厳しい審判を下した」と結論付けました。これも、普通の感覚では考えられないおバカすぎるコメントです。

二〇一七年の衆院選でも、自民党の大勝利は「本物の勝利ではない」と断じました。後藤謙次氏は「比例代表の得票率で三三%しかなかった自民党が、六〇%強の議席を得た」とコメントしましたが、これも不合理な印象操作です。

自民党の比例区の得票率は、公明党との選挙協力のために三三%という低い値をとり、比例区の議席占有率は三七・五%の結果に終わりました。一方、選挙区の得票率は四八%であり、議席占有率は七五%でした。これらの結果は、選挙制度の狙いに整合する至極まともな結果であると言えます。

このような状況のなかで、「報道ステーション」は比例代表得票率の低い数字だけを視聴者に示して、自民党の全体の議席占有率が大きすぎるような印象報道を行ったと言えます。

さらに、二〇一四年の衆院選と同じように、一千人程度に実施した世論調査における内閣支持率が低いことを理由に、五千万人のリアルな国民が投票した選挙の民意を否定しました。これこそが、二〇一七年最大の印象報道と言えるかもしれません。

世論調査の危うさ

世論調査は、公正な質問に対して【被験者 participants】から真摯《しんし》な回答が得られた場合に有効であると考えられますが、数回にわたる私の被験体験から考察する限りでは、大きな問題を内在した調査方法であると考える次第です。

世論調査では、突然かかってきた予定外の電話に対して、十分に考える暇もなく即座に回答することが求められます。時間に追われている被験者が反射的に回答する場合、基本的に【ヒューリスティック heuristic】という脳の近似アルゴリズムを使って回答が行われることになります。代表的な【ヒューリスティック】には次のようなものがあります。

【係留と調整のヒューリスティック anchoring and adjustment heuristic】

人間は、意思決定にあたって、先《せん》験《けん》情報による基礎認識を事後情報で修正することによって得られた認識を重視する傾向がある。

【利用可能性ヒューリスティック availability heuristic】

人間は、意思決定にあたって、想起しやすい記憶を重視する傾向がある。

【感情ヒューリスティック affect heuristic】

人間は、意思決定にあたって、その時点の感情を重視する傾向がある。

このうち、世論調査に影響を与えやすいアルゴリズムが**【利用可能性ヒューリスティック】**と**【感情ヒューリスティック】**です。

世論調査の被験者が咄嗟《とっさ》に時事問題に回答しようとするとき、まずは情報の記憶を辿ることになります。

一般に人間には、**【画像優位性効果 picture superiority effect】**という認知バイアスがあり、文字による学習よりも画像による学習のほうが内容を想起しやすい傾向があるため、新聞報道を介して記銘した情報よりは、テレビ報道を介して記銘した情報に大きな影響を受けることになります。

特に、センセーショナルなプレゼンテーションで印象操作を行う「報道ステーション」やワイドショーの論調の影響は少なくないものと考えられます。

いずれにしても、各報道機関は調査の具体的な方法について詳細を公表していないため、その調査結果には大きな疑問が残ります。あえて言わせていただければ、世論調査で国政選挙結果を否定するなど言語道断であり、特定勢力による国民主権の否定であると考えます。

ふじわら　かずえ
個人ブログ「マスメディア報道のメソドロジー」(Ameba)にて、論理学や心理学の定義に基づき、メディアの報道・政治家の議論における論理的誤謬などの問題点を指摘。「ひるおび」「報道ステーション」「バイキング」などの具体的な放送内容や議員の答弁、記者の発言などを例示しての論理的な分析が話題を呼んでいる。記事の一部を言論プラットフォーム「アゴラ」にも転載中。

決裁書〝改竄〟は官僚一人でできる

石川和男
政策アナリスト

一切報じられない事実

「テレビはどうしても大事《おおごと》にしたいんだな……」

財務省の公文書書き換え問題で地上波のテレビ番組に出演し、コメントを求められるたびにしみじみとこう感じます。新聞を読んでもそのような印象を受けます。

元官僚の感覚から言わせていただくと、今回の件は九九％、官僚の世界で閉じている話です。

ところが、なんとしてもこの問題を大事にしたい人たちと、はじめから何を言っても聞く耳を持たない人たちがいて、彼らは「安倍首相や昭恵夫人、菅《すが》官房長官、麻生財務大臣が絡《から》んでいるに違いない！」と決めつけてしまっている印象を受けます。

「官僚が一人で改竄《かいざん》などできるわけがない。政治家の関与があった！」と主張する人が大勢いますが、現場感覚からすると、まずあり得ません。そもそもテレビや新聞では一切報じられませんが、官僚が一人で決裁文書の改竄を行うことは可能です。

順を追って説明しましょう。

これは大企業でも同じようなことがあると思うのですが、役所という巨大組織では、隣の部屋で誰がどのような仕事をしているのか分からない、といったことが往々にしてあります。

極端な話に聞こえるかもしれませんが、隣の机で仕事をしている人の顔も年齢も知っているけど、どんな仕事をしているのかよくわからないことが多々ある。それほど役所は縦割りなのです。

「縦割りだから大臣と繋がっているじゃないか。やっぱり、麻生大臣なり安倍首相の指示があったのではないか！」と、どうしても政局に結びつけたがる人があとを絶ちませんが、少し冷静に考えていただきたい。

証人喚問での証言は重い　（写真提供／共同通信社）

たしかに大臣といえば組織の長であり、官僚を使う立場にいますが、言うまでもなく財務省という巨大な組織で大臣は一人です。しかも財務省には、予算を決める主計局や税金を決める主税局、あるいは関税局、国際局などいくつもの局があり、麻生大臣は主税局長の上にいる大臣であり、理財局長の上にいる大臣であり、関税局長の……と、あらゆる局の上に立つ。

さらに今回問題となっている理財局一つとっても、財政投融資総括課、国債企画課、国庫課などこれまた数多くの課に分かれ、国有財産を扱う国有財産課はそのなかの一部に過ぎません。

しかも、ここが重要なのですが、大臣と局長の間には「政と官」という、いかんともし難い壁があり、国会答弁で大臣に発言してもらうとか、釈明会見を開いてもらうといった余程のことでもない限り、この壁を越えて大臣にまで個別の案件が全て届くことはまずありません。

まして今回の問題が大事になる以前に、一つの局のさらに一部の課の決裁文書に添付されていた「調書」に対して、巨大組織の長である大臣が「あの文章は削除しろ、あそこはマズイから削れ」などと指示を出すなど到底あり得ない話です。

一、二年程度で官僚を辞めた人は分からないと思いますが、十年、二十年と役所勤めをした人なら皆さん同じ感覚で「あり得ない」というのが普通ですが、なぜかマスコミなどではそうした常識的な感覚がほとんど報じられません。

事細かな記述の謎を解く

私が勤めていた経済産業省も、おそらく財務省もそうだと思うのですが、稟議書《りんぎしょ》を通す時、下から上にあげていき、五人、十人と判子を押していきます。ただこの時、役所ではしっかりと稟議書の中身までを吟味《ぎんみ》するのは起案者とその次の担当者ぐらいまでで、それ以降の人は概ね《おおむ》「はい」「はい」「はい」と流れ作業のように判子を押していく。多くの大企業でも同じような感じかもしれません。

案件ごとにその都度、説明をしていたら、局長の時間がいくらあっても足りず、またそもそも全ての案件で局長の指示を仰いでいたら物事が一向に前に進まないからです。

私は経済産業省と内閣官房を合わせると十九年間、霞が関で働きましたが、局長室で稟議書を見せて局長本人から判子を押してもらったことは、後にも先にも一度だけでした。十九年でわずか一度です。局長も関心を示していた非常に大きな案件で、あの時は局長が直筆でサインまでしたのを鮮明に覚えています。と同時に、「こんなこと、もうないだろうな」と思ったものです。

つまり、多くが実質、課長決裁、課長補佐決裁と言えるのです。したがって、先述したように「政治家が関与しないで一人で改竄などできるわけがない」という人がいますが、それは間違いで、一人でできてしまう。しかし、普通は改竄など絶対にやりません。

では、なぜ今回行ったのか。

まず注意すべきは、いわゆる「改竄」と言われているものは、公開された「改竄」前の調書を読むと分かるのですが、白を黒、一を二に書き換えたのではなく、あくまでも細かく書かれた内容から、国会対策上あるいは佐川前理財局長の国会答弁と整合性が合わない箇所を削っていることがわかります。決して事実を曲げたり嘘を書いたわけではない。この点は冷静に見る必要があると思います。

そして、私が何より驚いたのは「改竄」前の内容の細かさです。

たとえば、「昭恵夫人から、『いい土地ですから前に進めてください』とのお言葉をいただいたと、森友側が発言していた」といったことまで詳細に書かれています。通常、このようなことまで事細かに決裁書には書きません。

では、なぜ書いたのか。

担当者の気持ちを慮《おもんぱか》って考える

と、ずばり、リスクシェアにあったと私は思っています。

交渉相手の籠池《かごいけ》氏から、あとになって「俺はあの時、担当者にしっかりと言った」などと、その場で言っていないことまで言われるのを恐れたのではないか。だから発言を逐一記録して、課全体としてこの案件の情報共有を図った。

「籠池氏から様々な政治家の名前を出されて色々と要求されたが、しっかりとゼロ回答をして突っぱねましたよ」という証拠をきちんと残した。決裁書の異例ともいえる事細かな記述の背景には、このような理由があったと推測されます。

政治家名を削除した背景

そもそも調書を読むとわかるのですが、本来ならこのまま出しても何ら問題がない内容です。

ところが、佐川前局長が国会答弁で「森友学園との事前の価格交渉はなかった」などと言ってしまい、調書との整合性が取れなくなってしまったことに加え、鴻池祥肇《こうのいけよしただ》氏や平沼赳夫氏、麻生太郎氏、安倍昭恵夫人などの名前が書かれた文書を見た時、「政治家の関与があった！」と朝日新聞のように先走って、そこだけを都合よく切り取って倒閣運動に使われてしまうことを嫌ったのではないか。

佐川前局長の「政治家の関与はない」という答弁と、鴻池氏や平沼氏、麻生氏、昭恵夫人などが「こう言った」「講演をした」という記述には矛盾も何もないのですが、政治家の名前を削除した背景には、財務省が誤解を招くことを極端に恐れたということがあったのではないか、と私は見ています。

したがって、本来であれば、佐川前局長が「私の国会答弁が大変誤解を与えてしまいました。ご批判を承知でここに釈明とお詫びを申し上げたいと思います」と一言謝罪して訂正すれば済む話でした。そうしたら二日で終わっていた話です。

実は、私は佐川さんとは平成七年の予算要求でやり合った過去があります。当時、通産省だった私が予算を要求する側、佐川さんは大蔵省主計局予算通産第一係主査という、いわば課長補佐で、実質予算額を決める役割を担《にな》っていました。ちなみに、私は要求側の課長補佐で、実質要求額を決める役割を担っていました。

何度も佐川さんと予算交渉をして最終的には私の要求額が通りましたが、あの時、佐川さんには「厳格かつ実直で、予算には非常に厳しい人」という印象を受けました。厳しいことで知られた財務省主計局主査のなかでも特に切れ者だった佐川さんが、今回、「記憶にございません」という答弁をしているのを聞いて、佐川さんらしくないその対応のまずさを思いました。

やはり一言、正直に謝ればよかった。繰り返しますが、そうしていればこんな大事にはなっていなかった。二日で終わっていた問題なのです。

財務省職員とのやり取り

今回の〝事後的な書き換え〟は、言うまでもなく重大なことです。財務省理財局だけでなく、財務省の他局はもちろん、他省庁も徹底的に調査し、政府全体としての再発防止策を早期に実施すべきです。

ただ先述したように、財務省には様々な局があるので、今回の問題に関しては、他局の人から言わせれば、財務省全体の話ではなく、あくまでも「財務省理財局の話」との認識でしょう。しかも理財局にも様々な課がありますから、他の課からすれば、「あれは理財局の話ではなく、理財局国有財産課の話だ」となっていることでしょう。

近畿財務局の男性職員が亡くなる不幸な話があった週に、私は仕事で財務省の別の局の担当者と打ち合わせをしていたのですが、森友学園の〝モ〟の字も、理財局の〝リ〟の字も、ましてや佐川さんの〝サ〟の字も一切出ませんでした。私が「いま、理財局大変ですね」と世間話のように話題を振ったとしたら、おそらく「ええ、大変なんじゃないですかね」といった返答があった程度でしょう。

同じ庁舎でもフロアが違い、仕事も全く違うので「他の省庁」という感じなのは、財務省に限らず官庁のカルチャーと言えます。

いま「財務省解体」「国税庁を分離させて歳入庁を創設」といった議論が出ていますが、果たしてそこまでいくかどうか。

遡《さかのぼ》ってみますと、旧大蔵省解体（財政と金融の分離）の契機は、一九九〇年代の「ノーパンしゃぶしゃぶ接待」など大蔵官僚の不祥事でした。当時も歳入と歳出、すなわち主計と主税を分離しようという話は出ていたのですが、金融不祥事ということで主計と主税の分離まで話がいかなかった経緯があります。金融不祥事だから、金融部門が分離されて金融庁が作られたのは周知のとおりです。

では、今回の件を見るとどうか。せいぜい国有財産課という一つの課の不祥事ですから、「国有財産管理室」とでもして分離させる――というのが霞が関の論理です。

怒り心頭の主計局と主税局

ところが、永田町の論理は違います。特に今回は与党が財務省に対して怒り心頭ですから、これは財務省からすれば大事になりかねない事態です。

昨年の衆議院総選挙では、消費増税分の使途を変更して教育無償化に充《あ》てるという話で、与党が三分の二の議席を得ました。ところが、今回の書き換え問題で必ず言われるのが、「財務省は税収も書き換えているのではないか」「財政危機も嘘なのではないか」といったことです。「消費増税しても本当に教育無償化に使うのかあやしい」「またどうせ数字を書き換えるんじゃないか」と、官僚はそんなことを行いませんが、そう言われてしまう可能性がある。

消費税引き上げによる景気への影響といったことではなく、「そもそも財務省は信用できない」と政策論争以前の議論になり、それこそ「書き換えていない証拠を出せ！」などと言われたら、財務省は反論のしようがありません。

現状は二〇一九年十月に消費増税を行うことになっていますが、財務省はいま真剣に増税した場合の予算枠組みとは別に、増税できないことを前提とした予算枠組みも考え始めていると私は見ています。

日本経済や国民生活にとって消費増税の良し悪しは措《お》くとして、いずれにしても選挙で三分の二を獲得した「公約」であり、財務省悲願の増税が今回の書き換え問題でできなくなったとすれば、理財局の罪は物凄く重い。

今回の問題で一番怒っているのは、政治家でもマスコミでもなく、近親憎悪で財務省の他局の人たち、とりわけ主計局と主税局は怒り心頭のはずです。

マスコミや野党は「改竄」ばかりに焦点を当て、政権批判を連日連夜繰り返していますが、すでに事態は与党と財務省の攻防という次の局面に進んでいるとも言えるのです。

いしかわ かずお
一九六五年生まれ。一九八九年、東京大学工学部卒、通商産業省（現経済産業省）入省。エネルギー政策、産業保安政策、産業金融、割賦販売・消費者信用、中小企業、行政改革など各般の政策に従事し、二〇〇七年退官。二〇〇八年、内閣官房企画官。規制改革会議WG委員、専修大学客員教授、政策研究大学院大学客員教授、東京財団上席研究員などを歴任。著書に『原発の正しい「やめさせ方」』（PHP新書）、『多重債務者を救え！-貸金業市場健全化への処方箋』（PHP研究所）など。

朝日新聞、読者はこう考える

「言葉のチカラ」を信じていない

京都府　鈴木俊司（28歳・公務員）

私の家庭では、長年、朝日新聞を購読していた。朝日新聞の記事は、受験等の問題で取り上げられることも多く、私と兄の勉学のためというのが購読理由だったそうだ。

テレビ報道も、目の前にある紙面も、同じような論調のなかで育ったので、違和感なく生きてきた。天声人語が特に好きで、図書館で天声人語をまとめた本を読んだりもした。

「私はあなたの意見には反対だ、だがあなたがそれを主張する権利は命をかけて守る」

朝日新聞が慰安婦報道を検証した特集に対し、「朝日は謝罪すべきだ」との趣旨を池上彰氏が朝日新聞紙面で自身が持つコラムに掲載しようとしたところ、朝日新聞がそれを断った。そのことについて、ヴォルテール（仏・哲学者）の言葉が紹介され、天声人語にて自社批判が書かれた。

しかしながら、小川榮太郎氏の著書を朝日新聞が訴えた件については、朝日新聞のダブルスタンダードが明確に示された。

先のヴォルテールの言葉を真っ向から否定する行為であり、新聞としての姿勢だけでなく、言論の自由さえ殺す暴挙だ。文書での応酬も拝読したが、とても「言葉のチカラ」を信じ掲げるような新聞の対応とは思えなかった。形だけで、熱も誠実さも感じられない反論を行っていた。まるで訴訟へのプロセス、対外的な言い訳のためのような内容だった。

　そもそものモリカケ報道だが、無理矢理政権批判に結び付ける記事の構成は、意図的なものと感じざるを得ない。また、特定秘密保護法、テロ等準備罪、安保法制――いつも紙面に躍っていたのは安倍政権を危険視するもので、背景や利点を全く無視し、最悪のケースだけを前に押し出した扇動のオンパレード。「戦争する国になる」なんて言葉が横行していた時期もある。

　ただ煽るだけで、「国民の知る権利」に寄与する報道機関とはとても言えない存在となっていた。

　そして朝日に顕著なのは、日本の国防や国内の安心安全の強化を否定的に見る動きだ。局所的な議論しかせず、改善ではなく廃止を求める論調ばかりが目立った。まるで、「機密情報の漏洩《ろうえい》を防ぐな、海外から危険人物が簡単に入り込めるようにしろ」「テロがしやすい環境を守れ」「日米同盟を強化するな。日本は攻め込まれやすい国のままで防衛力を高めるな」と主張しているようにすら感じた。

　いま現在、私の実家に朝日新聞はない。

私の朝日人体験記

兵庫県　廣瀬公彦（61歳・会社員）

　私は数十年前、朝日新聞の子会社であるスポーツ新聞（大阪日刊スポーツ）に就職しました。編集局採用者は、最初は校閲《こうえつ》部に配属されます。そこで、まず一人目の朝日人体験をしました。

　朝日校閲部を定年退職したAさんが嘱託《しょくたく》として働いておられ、新人の私たちを捕まえては「朝日では……」という枕詞《まくらことば》とともに、朝日自慢をされるのが日課でした。頼みもしないのに、『朝日新聞用語集』を新人の人数分買ってきて、私たちに売りつけました。『共同用語集』を社からもらっているからいらんのになあ、と思いつつ、仕方なく購入すると、Aさんはとても満足そうでした。

　二人目の朝日人体験は、労務担当役員のSさんでした。三十代になっていた私は、労働組合の委員長を仰せつかり、労使交渉に臨みました。Sさんはなぜか椅子に歪《ゆが》んで腰をかけ、ぐにゃりと胴をひねり、顔は常に斜め上方を向いておられました。何十回も交渉しましたが、最後まで一度も私たちと目を合わせることはありませんでした。

三人目の朝日人体験は、M社長です。諸先輩方は弊社を「朝日の植民地」と普段から言っており、社長は朝日から天下りしてきます。大半の社長はスポーツに明るくないので、あまり口を出しませんが、この方は違いました。まず、自分に意見を言うし、イエスマンで周りを固めました。編集局長、総務部長を即座に左遷《させん》しました。そして毎晩、社用車で乗り付けたスナックから「きょうはこれで一面を作れ」と電話してきます。そのたびに紙面構成がむちゃくちゃになり、編集局は大騒動となりました。

常に若い女連れだと噂されていましたが、ある日、社の近くの喫茶店に入ったところ、M社長が若い女の腰に手をまわして座っているのに出くわしました。噂は本当だったのです。

四人目の朝日人体験は、社の駐車場でありました。当時、弊社では、社の横に駐車できる空き地があり、車通勤が可能でした。しかし時間帯によっては満車になり、やむなく他の車の前に横付けして駐車することになります。他の車が邪魔で出られない場合は、総務部に電話して車を移動してもらいます。

ある日、降版《こうはん》時間間際《まぎわ》に、私に移動依頼の電話が入りました。当時、私の所属部署は編集局整理部でしたが、当然、すぐに部署を離れることはできません。担当紙面を降版し、十五分ほど遅れて移動させに行くと、太ったおっさんが傘で私の車をバンバン叩いて、「来るのが遅い！私を待たせるとは！　社長に言うぞ！」とえらい剣幕で怒鳴っていました。社長とは、先のM社長のことです。どうやら、M社長のお友達だったようです。

五人目の朝日人体験は、間接的です。私の親しくしていた先輩で文化部デスクのKさんが、ある日の紙面で「横田めぐみちゃん拉致《らち》疑惑」の記事を掲載したところ、翌日、朝日から叱責《しっせき》の電話があり、激しくなじられたということでした。これは小泉訪朝の前の出来事です。

さて、社を離れた立場でも、数人の朝日人の知己《ちき》を得、彼らを長年観察してきた結果、私が得た感想は「夜郎自大《やろうじだい》」という言葉でした。しかし、これは私の勤務していた会社も含めて、マスコミ人に共通する特徴でもあり、朝日人特有とは言えません。ただ朝日人は他社に比較して、これを濃縮した形で身に着けているということでありましょう。

かつて尊大だった国鉄や郵便局の職員が、民営化することによって客に対する態度がまともになりましたが、もともと民営である朝日新聞には、この変身の機会はありません。部数が激減することによって欠点がますます先鋭化され、「民主主義の敵・朝日」「虚偽報道の朝日」としての名声を、より一層確固たるものにされんことを願ってやみません。

朝日新聞と聞いて思いつく言葉

神奈川県　安達吉輔（65歳・無職）

朝日新聞と聞いて思いつく言葉を書き出してみた。一番はやはり、「捏《ねつ》造《ぞう》記事」、次いで「慰安婦問題」、それから「思い上がり、上から目線、偽善者、偉そう、反日、親韓国、親中国、親北朝鮮」——次々浮かんでくる。

朝日の主張がどれほど偏っていようが、主義・主張はそれぞれで構わない。しかし、最近の朝日の報道は真っ当な主義主張からかけ離れてしまった。捏造してまで世論を誘導したり、自社に対して気に喰わないことを書いたからと言論機関にもかかわらず法廷闘争に持ち込んだり、それも組織をあげて行う。この組織はどこかおかしい。

なぜこんな組織になったのか。それは記者の資質にあるのではないか。朝日の記者は、おそらく多くが偏差値の高い大学を出て、優秀な頭脳の持ち主なのだろう。だからか、世間ではよく「優秀な朝日の記者」が、と朝日記者を持ち上げる。

だが、朝日流に言うならば、「ちょっと待ってほしい」だ。もう朝日の記者は優秀であるという幻想を捨てなければ、日本人はいつまでも騙され続けることになる。

「優秀な朝日の記者」が多数いるはずの社内から、捏造記事は止めようという声は一向に聞こえてこない。揃って左向け左である。反権力を言いながら、社内では上司の言いなり。

しかし、国民には常に上から目線。国民をバカにしていることに気づきもしない。独善的で朝日新聞的な偽善者思考を押し付ける。朝日新聞とは、こうした記者たちの跋扈《ばっこ》する組織としか言いようがない。

朝日新聞には多様な人材はいないのだろう。こんな状況で、企業の運営がうまくいくのだろうか。

高校の授業で朝日新聞を

千葉県　吉田健太郎（17歳・学生）

衰えたとはいえ、まだ朝日の記事

は多くで参照され、用いられる。私の通っていた高校でも、情報の授業でタイピング練習があった。記事はもちろん朝日新聞。安保法案は憲法違反であるという内容だ。本来、政治的中立性が求められる学校で、なぜこれを選んだのかは謎だが、教職員たちの間でも朝日は良質なものだという共通認識があるのだろう。

朝日を取っていなくとも、身近に朝日の影響を受けていることがある。公正公平な報道なら問題はないが、朝日は明らかに偏向しており、その多くが政権批判、日本を貶《おとし》めようとするもの。

昨年、足立康史衆議院議員が「朝日新聞、死ね」と自身のツイッターに書いたが、表現の問題はあったにせよ、正論だと思った。

これに対して、朝日は「記事や社説などへの意見や批判は、もちろん真摯《しんし》に受け止める。だが、『死ね』という言葉には、感情的な敵意のほかにくみ取るものはない」と反論した。これを読んだ時、朝日は事の重大さを理解していないのではないかと感じた。

「死ね」という言葉を、ましてや現職の国会議員に使われ、非難されるのには、それ相応の理由があるからだ。実際、ネット上や私の周りでも、多くの人がこの発言を支持している。

私も声を大にして、足立議員と同じことを言いたい。

販売代理店員に告げた購読停止

千葉県　田村慶一（66歳）

つい先だって、購読契約の更新時に、販売代理店員へ更新しない旨《むね》の通知をした。

「では、どこか別の新聞に替えられるのですか?」と訊くので、「年金生活者となったので、二紙を一紙に減らすためです」と答えた。

担当者はさらに食い下がって、「ちなみに、もう一紙はどちらの新聞で、どうして朝日を更新されないのですか?」と訊いてきた。少し執拗《しつよう》な感じもしたが、次のように二点答えた。

まず、「新聞朝刊四十ページほどのおおよそ半分程度が宣伝広告で、一件当たりがやたらと大きくなっていること。スポーツ欄にもやたらとスペースを割《さ》いている。朝日は広告宣伝・スポーツ・テレビ欄を主とした情報誌のように思える」点。

二点目は、「政治欄の記事について、朝日は安倍首相・安倍政権を褒めること、あるんですかねえ。読んでいても、安倍首相・安倍政権のすべてが気に入らず、〝坊主憎けりゃ袈《け》裟《さ》まで憎し〟に近い内容になっており、あまりに一方的な論調となっている気がする。中立性・公正性・客観性とはほど遠い感じがする。要は読んでいて気分が悪くなるので、月額四千円も払って読む気がしなくなった」と。

私自身は現在、サラリーマンを引退して四年が経過する身であるが、現役時代と同様に、朝日と経済紙の二紙を引き続き購読してきた。しかし引退後は、ネットからの情報あるいは関連書籍にも接する機会も増え、新聞報道のみならずメディア全体のあり方にも考えさせられることも多くなった。

ネットの情報で特に参考になるのは、過去の発言であったり新聞情報だ。主張の一貫性、正当性が検証できるからだ。昨今、朝日の社説等を読んでいると、〝良く言うなあ!! あんたが言うか?〟ほとんどがブーメラン状態であると思う。執筆者は書いていて恥ずかしいと感じることもないのだろうか。

朝日は高邁《こうまい》な思想を持つ、知的レベルの高い社員からなる組織と自任し、自らが専断する方向へと国民を啓蒙《けいもう》することが自分たちの役割・責務と考えているようだ。朝日社員のこの選民・エリートとの誤った自惚《うぬぼ》れ意識がもたらす偏向・傲慢《ごうまん》・偽善という悪徳が、言論空間を通じて社会へ拡散されている危険性は、いまや放置できない状況となっている。

安倍辞めさせて、国滅ぶ

滋賀県　小菅一彦（85歳・医師）

連日の新聞、テレビの森友問題での安倍下ろしに虫唾《むしず》が走る思いです。そもそもの火付け役、朝日新聞社が戦争反対、平和憲法護持を社是としていることは自由でありますが、本論から外れた問題の情報を野党に提供し、それに便乗する野党の議員が、朝日新聞の記事で政府や財務省の役人を吊るし上げる。

熱弁をふるって議会を唸《うな》らせた憲政の神様・尾崎行雄先輩があの世で、国会もここまで落ちぶれたかと涙を流しているでしょう。

日本国憲法の前文を読めば、相手も平和愛好者で武器を持って戦う意思はないことを、と信じたうえで、第九条の戦争放棄の状況の内容を憲法の骨子としている。しかし現在の世界情勢を眺めると、お隣の中国は経済発展にまかせて膨大な国家予算を組み、原子力空母建造の予定もあり、尖閣列島、南沙《なんさ》諸島の軍事行動に拍車をかける勢いです。

北朝鮮の金正恩《キムジョンウン》は、日本にミサイ

ルを撃ち込むぞと公言しています。このような世界情勢のなかで、安倍総理がこのままではいけない、憲法を世界情勢に対応できるよう改正しなければと考えるのは、一国を率いる責任者として当然の義務と考えます。

それに反対する朝日新聞も、野党の議員諸君も、我々はこのような理由で憲法の改正に反対し、中国や北朝鮮の脅威にも専守防衛で対応できますよ、と納得のいく議論で国民を安心させていただきたい。現在の自衛隊は鎖に繋《つな》がれた番犬と同じで、周りを猫がからかいながら走り回っているようなものです。

これらの問題を、政府も反対する野党も論戦を交わす国会中継を国民は望んでいます。双方理論を尽くして論争したうえで、憲法はこのままでよいのか、自衛隊はこれでしっかりと国土防衛できるのか、と国民を納得させたうえで、憲法改正の可否を問う国民投票が実施されるべきです。

北朝鮮を巡る世界情勢が米朝首脳会談で新しい局面を迎えようとする大事な時期に、中国もロシアも元首が長期政権を目指す体制を築きました。トランプ、プーチン、習近平と対等に渡り合えるのは、安倍総理以外に誰がいましょうか。

森友問題などつまらぬ問題で足を引っ張り、退陣に追い込もうとする野党諸君のなかに、安倍総理に代わり得る人材はおりますか。国政を与《あずか》る国会議員は国益第一に考えて行動し、正々堂々と論戦すべきと考えます。本来の議論を避け、つまらぬ問題で貴重な時間を費やしている現状の国会を眺めると、「安倍辞めさせて、国滅ぶ」事態にならないかと心配です。

BARで感じた凋落の前兆

大阪府　森田規代子（47歳・バーテンダー）

「カメラマンの仕事は新聞社が頂点ですよ。物撮りカメラマンは下の下の仕事です」

彼が放ったこの言葉が忘れられない。

私は大阪市内で、十坪程度のBARを夫婦で経営している。もうじき開店から二十三周年となる。彼は以前の常連客で、朝日新聞社の報道カメラマンであった。店に通いだしたのは、「西鉄バスジャック事件」「附属池田小学校事件」「明石花火大会歩道橋事故」から「JR尼崎《あまがさき》脱線事故」くらいまでだったと記憶する。関西で痛ましい事件事故が続いた時期だった。

ウイスキーの酔いとともに毎度饒舌《じょうぜつ》となり、撮影現場での苦労話が話題となっていた。

当時はまだ、朝日新聞社に勤めているることがブランドであったのである。そしてカメラマンという職業に対しても、私からも他のお客様からも興味のまなざしを彼は浴びていた。

カウンターのなかから彼の話を聞き、屋外でのいつ来るかわからないシャッターチャンスを待たねばならない仕事は、肉体的にかなりの重労働であろうと想像はつく。

私は今回、特定のお客様について暴露をするつもりではない。我々の仕事はお酒を提供する以外に、世間話や悩みや愚痴などをお聞きすることも業務の一環である。ただ、転勤とともに店には訪れなくなったが、彼の朝日新聞社の社員であるという自慢は、いまから思えば異常であった。あの頃の関西は、思い出すだけでも胸が痛くなる事件・事故が重なっていた。事件は残虐で、事故は人災でもあり、これらは関西人にとって鈍い痛みとなり、心に残っている。

ところが、彼から事故を憂い、事件に憤《いきどお》りを感じるとの言葉はなかった。ただ、社員であればどれだけ優遇されているかに始まり、文化部は泥水をすすっている部署だ、他社との差などなど。朝日新聞のブランドが自らの存在価値であるかのようであった。

不思議だったのは、記事のことや論説のことなど紙面や中身に対しての発言もなかった。悲惨な現場を眺め、レンズを通し、傍観していただけだったのか。いや、すでに朝日の人材力の低下は始まっていたのだ。

私の店は十坪程度の場末のＢＡＲだ。店内で社の自慢をせずとも、このなかでは十分勝ち組ではないのか。私は、平社員の彼から朝日新聞のその後の凋落《ちょうらく》を危惧《きぐ》していた。

件《くだん》の彼は、現在も朝日新聞社の話に華を咲かせているだろうか。いや、いまはとてもそんなことはできないであろう。部数、広告収入の激減、集配所の統廃合。そして今日のバッシングなど、一般庶民も十分に理解している。そして、朝日新聞社員であることがすでにブランドではないのだ。手元のスマホで「朝日社員うぜぇ」とつぶやく程度かもしれない。

●六月号にも引き続き、読者投稿を掲載します。

朝日新聞は〝アッキーストーカー〟だ

岩瀬　朗
ジャーナリスト

「いいね！」まで追跡

朝日新聞デジタルというウェブ限定の記事とはいえ、この日の朝日の報道には脱力せざるを得なかった。

〈昭恵氏、「野党のバカげた質問ばかり」に「いいね！」

安倍晋三首相の妻昭恵氏のフェイスブック（FB）に「野党のバカげた質問ばかりで、旦那さんは毎日大変ですね。国会には、世間には先を読めない人間が多過ぎますね」などと記した投稿があり、昭恵氏のアカウントから「いいね！」ボタンが押されていることが十三日、分かった。

投稿があったのは十一日夜。この投稿主は「野党のバカげた質問」と記すと同時に、「与党とか野党とかそんなケチなことを言わず、これからは皆のために、物の本質を見た政策、制度をどんどん実現すべき」とも書き込み、学費や医療費の無料化などに取り組むべきだと主張していた〉（二〇一八年三月十三日）

担当記者は、「昭恵叩き」に興じる自社の紙面（社論）や上司の意向を忖度《そんたく》して書いたのか。あるいは本当に、「こんな投稿に『いいね！』を押すなんて許せない」と怒りを込めて書いたのか。あるいはもっとビジネスライクに、「閲覧数が増えるだろう」と考えたのか。

いずれにしろ、ご苦労なことだ。

朝日新聞は二〇一七年七月八日にも、「昭恵氏がフェイスブックで『いいね！』を押した、というニュースを紙面にまで掲載している。

〈FBで昭恵氏「いいね！」「やめろ」コールは「プロの活動家による妨

害」

安倍晋三首相が東京都議選で応援演説する最中に街頭で起きた「やめろ」コールについて、「プロの活動家による妨害」とするフェイスブック（ＦＢ）の投稿に対し、首相の妻昭恵氏のアカウントから「いいね！」ボタンが押されていたことが七日、分かった〉

昔は取材に行かずに記事を書く記者を「コタツ記者」と呼んだが、いまは「スマホ記者」と呼ぶべきかもしれない。ネットで騒ぎになっている話題について、ちゃちゃっと書いた記事が紙面に載る。「昭恵叩きの材料になるなら、『コタツ記事』でも『スマホ記事』でもＯＫ」ということか。

昭恵氏、「野党のバカげた質問ばかり」に「いいね！」

2018年3月13日15時34分

シェア 11686　ツイート　ブックマーク 612　スクラップ　メール　印刷

プレミアムフライデーのイベントに登場した安倍晋三首相の妻昭恵氏＝昨年２月、東京都中央区、坂本進撮影

安倍晋三首相の妻 昭恵氏 のフェイスブック（ＦＢ）に「野党のバカげた質問ばかりで、旦那さんは毎日大変ですね。国会には、世間には先を読めない人間が多過ぎますね」などと記した投稿があり、昭恵氏のアカウントから「いいね！」ボタンが押されていることが１３日、分かった。

安倍昭恵氏 →

森友学園問題 →

投稿があったのは１１日夜。この投稿主は「野党のバカげた質問」と記すと同時に、「与党とか野党とかそんなケチなことを言わず、これからは皆のために、物の本質を見た政策、制度をどんどん実現すべき」とも書き込み、学費や 医療費 の無料化などに取り組むべきだと主張していた。

同日は、財務省 が学校法人・森友学園（大阪市）との国有地取引に関する決裁文書の書き換えを認める前日。与野党から書き換え疑惑に対する 財務省 の対応に対して批判が強まっていた。

だからどうした、という記事（朝日新聞デジタル、3月13日付）

しかし、そんな「スマホ記事」に野党も乗っかり、「なぜ『いいね！』を押したのか、昭恵氏を国会招致して聞くべし」と息巻く野党議員もいる。三月二十八日には参院財政金融委員会で、民進党の大塚耕平代表がこの件について質問し、安倍総理は「妻の『いいね！』は慎重さを欠いていた」と答弁するに至った。国際的には米朝会談が決まり、中朝会談が実現しているさなかでのこのやりとりである。脱力するよりほかないだろう。

思想にまで踏み込む

朝日新聞は、二〇一七年二月九日の「森友学園問題」報道開始以降、安倍総理夫人である昭恵氏の動向をこれでもかと追跡し、記事にしてきた。森友学園の前理事長・籠池《かごいけ》泰典氏や夫人である諄子氏が昭恵氏との関係を口にした情報をそのまま見出しに打つなど、「森友問題」を報じる記事では再三にわたり、「昭恵氏」の名が登場。

本誌五月号で、有本香さんが「昭恵夫人叩きは現代の魔女狩り」という記事を寄稿されている。特に、籠池氏の証人喚問翌日の紙面の激しさは指摘されているとおりである。その執拗《しつよう》さ、見出しの打ち方、言挙《ことあ》げぶりは、まさに「魔女狩り」だ。

二〇一七年の朝日は異常だった。昭恵氏がイベント出席を取りやめたと報じ〈昭恵氏、会議参加中止〉二〇一七年三月二十八日)、首相夫人付き職員の随行先について〈「昭恵農場」にも同行〉(二〇一七年四月十九日)などと小言を言い、そして先のようにフェイスブックで「いいね!」を押したと小突きまわし、ついには思想信条にまで踏み込んだ。

〈安倍昭恵氏の思想とは　スピリチュアルへの関心、論壇も注目

学校法人「森友学園」への関与で注目される首相夫人の安倍昭恵氏。論壇ではこの間、「家庭内野党」と称されてきた昭恵氏の思想に新たな角度から光が当てられている。焦点は、スピリチュアルへの傾斜と国粋的な傾向とが共存しているように見える点だ〉(二〇一七年四月六日)

かつての首相夫人・鳩山幸《みゆき》氏は、「UFOに乗って金星に行った」「私は太陽をパクパク食べている」などという発言が、ロイターやAPなど大手海外メディアでも報じられた。首相夫人がどんな思想であろうと勝手だろうが、比べるまでもなく「太陽パクパク」のほうがよほど恥ずかしい。

「首相夫人付き職員」の動向が問題になると、「首相夫人は私人か、公人か」という議論が沸き起こった。二〇一七年三月十四日には、民進党の逢坂《おおさか》誠二衆院議員の質問主意書に対する答弁書として「首相夫人は私人」という閣議決定がなされた。

この「私人か、公人か」「活動に公務員を随行させるのはどうか」という問題は、一年以上に及ぶ森友騒動のごく初期の段階で火が付いた問題だった。その扱いや活動範囲等について議論を深めることは、これからの時代の新しいファーストレディの在り方という点で必要ではあった。

だが朝日新聞は、単に「昭恵が悪い」「その昭恵を管理できない総理が悪い」「森友問題でも夫人の言動によって何かが動いたのではないか」式に叩くばかりで、議論を深める気などさらさらなかった。

「家庭内野党」は支持

そもそも脱原発や防潮堤反対などの「家庭内野党」的スタンスを持ち上げていたのは、他でもない、朝日新聞である。むしろ、安倍総理を支持する層は、「昭恵さんを自由にさせていて大丈夫なのか」と苦言を呈していたくらいだ。

朝日新聞は〈原発輸出、首相の妻「心痛む」　講演で「私は家庭内野

党」〉(二〇一三年六月十一日)という記事に続いて、二〇一四年一月八日には〈「家庭内野党」か、夫の「理解者」か　安倍昭恵・首相夫人に聞く〉というう昭恵氏の一千七百字を超えるインタビューを掲載。

〈昭恵さんは二〇〇六~〇七年の第一次政権では「自分らしさがなかった」と振り返る。その後、地元・山口で稲作に挑戦したり、都内に居酒屋をオープンしたりといった試みを始めた。政権は原発再稼働に前向きだが、昭恵さんは「事故が起きると影響が大きい」と否定的で、再生可能エネルギーの新技術を研究する施設を新設するよう首相に提案した。講演では「私は家庭内野党」と語り、政権の原発輸出に苦言を呈す〉

「首相との役割分担」という主なコメントを取り上げる欄でも、こんな昭恵氏の談話を紹介している。

〈主人には理想的なこの国のビジョンがある。「家庭内野党」と言うが、役割分担のようなもの。主人の意見に反発する人もたくさんいるが、そういう人たちと、どうネットワークをつないでいくかだ〉

自分の夫を袋叩きにする報道を展開してきた朝日新聞が、自分の意見を肯定的に紹介してくれる。夫との関係や、表からでは見えない夫の一面を紹介することで、夫を嫌いな人にもいい印象や影響を与えられるかもしれない——。

朝日だけでなく、『週刊朝日』など週刊誌がこぞって昭恵氏を取り上げたことで、昭恵氏がこのように思ったとしても不思議はない。一部には批判があろうとも、自分が積極的に動くことで「夫の意見に反発する人ともネットワークを作っていく」ことの重要性も感じたに違いない。

しかし朝日にとっては、昭恵氏について肯定的な報道をするのは「安倍総理批判」ができる場合、という条件付きだったのだ。

「昭恵叩き」社説四十本！

二〇一七年二月に森友学園問題で昭恵氏の「関与」が浮上して以降、朝日が連日、「昭恵」「昭恵」と見出しを打ったのはご存じのとおり。なかでも驚くべきは社説だ。有本さんも書かれたとおり、この十四カ月あまりで、「昭恵」という単語が含まれる朝日の社説は、実に四十本に上る(二〇一八年三月二十六日現在)。一部を紹介しよう。

●二〇一七年三月七日社説「安倍昭恵氏　公的立場の説明責任を」

〈公的立場にある者として、昭恵氏には「私人」を盾にすることなく、国民が納得できる説明をする責任がある〉
●同年三月二十四日社説「籠池氏の喚問　昭恵氏の招致が必要だ」
〈もちろん、籠池氏の一連の証言が事実だとは限らない。解明するには、昭恵氏本人の公の場での証言が不可欠だ〉
●同年三月二十五日社説「森友学園問題　説得力ない首相の説明」
〈昭恵氏も自ら国会で説明すべき〉
●同年四月八日社説「『首相夫人付』　誰のための奉仕者か」
〈まず昭恵氏が説明責任を果たすことが、その第一歩だ〉
●同年五月十二日社説「森友学園問題　昭恵氏に聞きたいこと」
〈昭恵氏本人が説明し、疑惑が解明されない限り、追及は終わらない〉
●同年六月二十一日社説「加計《かけ》、森友問題　疑惑の全容を解明せよ」
〈学園が強制捜査を受けた今、昭恵氏は説明責任を果たすべきだ〉
●同年八月一日社説「籠池夫妻逮捕　国有地問題を忘れるな」
〈昭恵氏の招致を含め、国会は独自に事実関係を明らかにするために動き出すべきだ〉
●同年八月二十三日社説「森友学園問題　これで適正な処理か」
〈学園の小学校の名誉校長を務めた首相の妻の昭恵氏らを招致すべき〉
●同年九月二十一日社説「森友・加計　どこが『小さな問題』か」
〈真相解明の鍵を握るとみられながら口を閉ざしたままの人がまだまだいる。（中略）森友学園の小学校の名誉校長を引き受け、講演もしてきた首相の妻昭恵氏らだ。国会で話を聴く必要がある〉
●同年十月十二日社説「衆院選　安倍首相　説明になっていない」
〈事実関係の解明にはやはり、昭恵氏自身が語るべきだ〉
●二〇一八年一月三十一日社説「『森友』論戦　かわす政権、募る不信」
〈首相はこれまで「（昭恵氏については）私がすべて知る立場だ」と、昭恵氏に対する国会招致要求を拒んできた。あの発言は何だったのか〉
●同年三月十三日社説「財務省の文書改ざん　民主主義の根幹が壊れる」
〈佐川氏と昭恵氏の国会招致が欠かせないのは言うまでもない〉
●同年三月十五日社説『森友』問題　与党は責任を自覚せよ」
〈国有地売却問題では、昭恵氏自身

はもちろん、首相夫人付として学園や財務省との連絡役をつとめた政府職員からも、話を聴く必要がある〉

　ここまでくると、もはや呪詛《じゅそ》に近い。朝日新聞は「安倍叩きを社是としたことはない」としているが、社説でここまで執拗に昭恵氏を取り上げている以上、「昭恵叩き」は社論と言われても仕方がないのではないか。

「事実の解明よりも倒閣」

　昭恵氏は森友学園の教育理念に共鳴して講演に訪れ、名誉校長を引き受けはしたが、土地購入までの経緯を詳述した財務省の「改竄《かいざん》前決裁文書」でも、昭恵氏の交渉への直接の関与は読み取れない。

　あれだけ詳細な交渉記録が出てきたのに、交渉の場にいたこともない昭恵氏が、交渉の何を知っているというのか。

　朝日がこうまで「国会招致」を求めるのは、全容解明のためなどではない。「私や妻がかかわっていたら、総理も議員も辞める」と述べた安倍総理の言葉を捉《とら》えて、「一言でも昭恵氏が『関与』を臭わせれば安倍を討てる」とする、ただそれだけの目的である。そして、それは野党の思惑とも一致する。

　「事実の解明よりも倒閣」という新聞に、報道機関としての資格はない。野党にも野党たる資格はない。

　二〇一八年三月二日、朝日が「スクープ」した財務省文書改竄で、森友問題は息を吹き返した。これによって、朝日新聞は再び「昭恵氏を国会へ」との「社論」を前面に出すようになった。

　三月十五日、昭恵氏が経営する飲食店に昭恵氏を脅迫するはがきが届いた。翌十六日に産経と読売は記事にしたが、朝日は黙殺。二十二日に再度、今度は安倍総理と昭恵氏を脅迫するはがきが届き、朝日新聞は三月二十四日になってようやく記事にした。

　朝日新聞は以前、「ジャーナリスト宣言」と題する販促キャンペーンで、こんなコピーを使った。

「言葉は感情的で、残酷で、ときに無力だ。それでも私たちは信じている、言葉のチカラを」

　感情的で残酷な「昭恵叩き」はもうやめるべきだろう。「言葉のチカラ」を信じているのなら。

いわせ ろう
早稲田大学文学部中退。週刊誌記者を経てフリーライターに。

1989年4月20日

波及もとりざたされる中で長期化し、国会も審議再開の見通し

て「（安倍派の）村田敬次郎幹事長の話では、黄疸（おう

サンゴ汚した K・Yってだれだ

写'89 地球は何色？

これは一体なんのつもりだろう。沖縄・八重山群島西表島の西端、崎山湾へ、長径八㍍という巨大なアザミサンゴを撮影に行った私たちの同僚は、この「K・Y」のイニシアルを見つけたとき、しばし言葉を失った。

巨大サンゴの発見は、七年前。水深一五㍍のなだらかな斜面に、おわんを伏せたような形。高さ四㍍、周囲は二十㍍もあって、世界最大とギネスブックも認め、環境庁はその翌年、周辺を、人の手を加えてはならない海洋初の「自然環境保全地域」と「海中特別地区」に指定した。

たちまち有名になったことが、巨大サンゴを無残な姿にした。島を訪れるダイバーは年間三千人にも膨れあがって、よく見るとサンゴは、水中ナイフの傷やら、空気ボンベがぶつかった跡やらで、もはや満身傷だらけ。それもたやすく消えない傷なのだ。

日本人は、落書きにかけては今や世界に冠たる民族かもしれない。だけどこれは、将来の人たちが見たら、八〇年代日本人の記念碑になるに違いない。百年単位で育ってきたものを、瞬時に傷つけて恥じない、精神の貧しさの、すさんだ心の……。

にしても、一体「K・Y」ってだれだ。

1989年4月20日、KYサンゴ事件

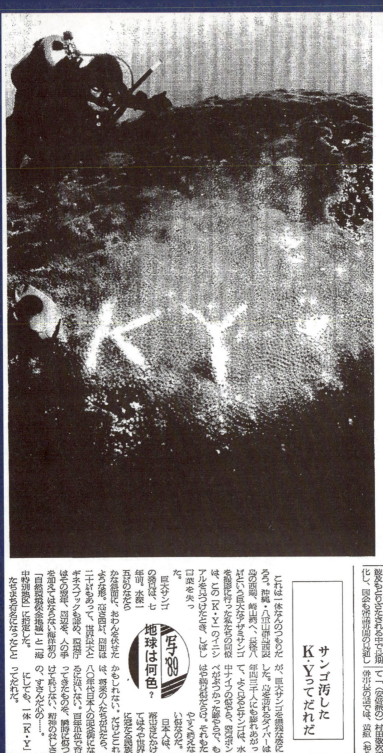

「よく言うよ」と言うしかない。

サンゴ汚した K・Yってだれだ

これは一体なんのつもりだろう。沖縄・八重山群島西表島《いりおもてじま》の西端、崎山《さきやま》湾へ、長径八メートルという巨大なアザミサンゴを撮影に行った私たちの同僚は、この「K・Y」のイニシアルを見つけたとき、しばし言葉を失った。

巨大サンゴの発見は、七年前。水深十五メートルのなだらかな斜面に、おわんを伏せたような形。高さ四メートル、周囲は二十メートルもあって、世界最大とギネスブックも認め、環境庁はその翌年、周辺を、人の手を加えてはならない海洋初の「自然環境保全地域」と「海中特別地区」に指定した。

たちまち有名になったことが、巨大サンゴを無残な姿にした。島を訪れるダイバーは年間三千人にも膨れあがって、よく見るとサンゴは、水中ナイフの傷やら、空気ボンベがぶつかった跡やらで、もはや満身傷だらけ。それもたやすく消えない傷なのだ。

日本人は、落書きにかけては今や世界に冠たる民族かもしれない。だけどこれは、将来の人たちが見たら、八〇年代日本人の記念碑になるに違いない。百年単位で育ってきたものを、瞬時に傷つけて恥じない、精神の貧しさの、すさんだ心の……。

にしても、一体「K・Y」ってだれだ。

夕刊一面の連載企画「写'89『地球は何色?』」で、大きさのギネス世界記録にもなったアザミサンゴが傷つけられたと、六段抜きの大きな写真とともに掲載された。

報道後、地元の沖縄県竹富町《たけとみちょう》ダイビング組合から「サンゴにこれまで傷は全くなかった」と疑問の声が寄せられる。朝日新聞社は、五月十五日に記者会見を行い、カメラマンの「こすっただけ」という釈明を信じている旨《むね》を発表。十六日の朝刊では、「撮影効果をあげるため、うっすらと残っていた部分をストロボの柄でこすった」と行き過ぎた報道があったと謝罪記事を掲載。その後の調査で「カメラマンがサンゴに文字を刻み付けた」と発覚し、虚偽報道であったことを認め、二十日の朝刊で再び謝罪。一柳東一郎《ひとつやなぎとういちろう》社長(当時)が辞任した。

2014年8月5日

読者の疑問に答えます

朝日新聞の慰安婦報道に寄せられた様々な疑問の声に答えるために、私たちはこれまでの報道を点検しました。その結果を読者の皆様に報告します。（慰安婦問題取材班）

＝文中の肩書は当時、記者の年齢は現在。記事は断りのないものは東京本社版

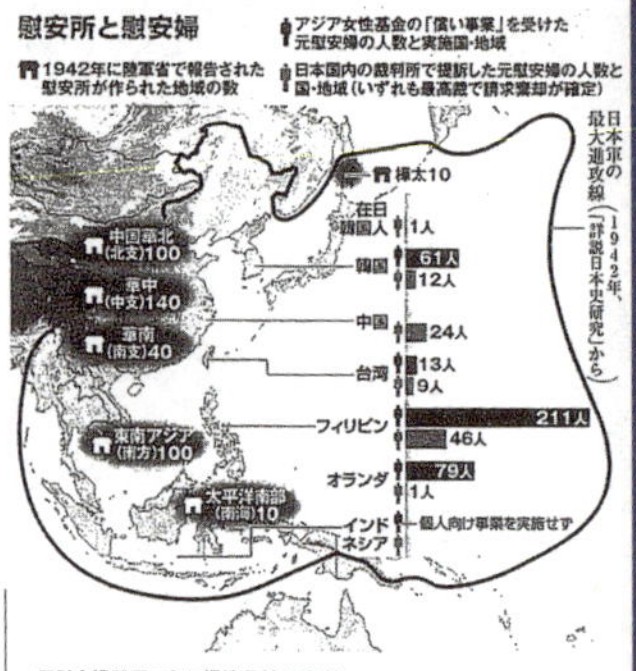

■慰安婦問題の主な経緯（肩書は当時）

1991年8月	韓国で元慰安婦が初めて名乗り出る
12月	元慰安婦が日本政府を提訴。政府が調査開始
92年1月	宮沢喜一首相が日韓首脳会談で謝罪
7月	政府が調査結果発表。政府の関与を認める
93年8月	河野洋平官房長官が談話で慰安婦の募集、移送、管理に強制性を認め「お詫（わ）びと反省」を表明（河野談話）
94年8月	村山富市首相が談話で慰安婦問題の解決策について「幅広い国民参加の道を探求したい」と表明
95年7月	政府主導で民間のアジア女性基金が発足。国民の寄付をもとに「償い金」を元慰安婦に支給するなどの「償い事業」を実施
2007年3月	基金が解散
7月	米下院、慰安婦問題で対日謝罪要求決議を採択
14年6月	政府が河野談話作成過程の検証結果を公表

慰安婦問題とは

Q　慰安婦とは何か。

A　戦時中、日本軍の関与の下で作られた慰安所で、将兵の性の相手を強いられた女性。政府は1993年8月に河野洋平官房長官が発表した談話（河野談話）で「当時の軍の関与の下に多数の女性の名誉と尊厳を深く傷つけた問題」と指摘した。

Q　どんな人々が慰安婦にされたのか。

A　日本本土（内地）の日本人のほか、日本の植民地だった朝鮮半島や台湾出身者も慰安婦にされた。日本軍の侵攻に伴い中国、フィリピン、ビルマ（現ミャンマー）、マレーシアなど各地で慰安所が作られ、現地女性も送り込まれた。オランダの植民地だったインドネシアでは現地女性のほか、現地在住のオランダ人も慰安婦とされた。政府は38年、日本女性が慰安婦として中国へ渡る場合は「売春婦である21歳以上の者」を対象とするよう通達した。21歳未満の女性や児童の人身売買や売春を禁じた「婦人及び児童の売買禁止条約」のためとみられる。ただ政府は25年に条約を批准した際、植民地を適用除外とした。このため植民地や占領地では売春婦でない未成年女子も対象となった。朝鮮からは17歳、台湾からは14歳の少女が慰安婦とされたとの記録がある。

Q　何人くらいいたのか。

A　総数を示す公式記録はなく、研究者の推計しかない。現代史家の秦郁彦氏は93年に6万～9万人と推計し、99年に2万人前後と修正。吉見義明・中央大教授（日本近現代史）は95年に5万～20万人と推計し、最近は5万人以上と改めた。韓国や中国ではさらに多い数字をあげる人もいる。

Q　慰安所はいつ、どんな経緯で作られたのか。

A　満州事変の翌年、32年の上海事変で日本兵が中国人女性を強姦する事件が起きたため、反日感情の高まりを防ぐためとして九州から軍人・軍属専用の慰安婦団を招いたとの記録がある。その後、性病蔓延による戦力低下や機密漏洩の防止、軍人の慰安のためなどの理由が加わった。

Q　どのようにして集められたのか。

A　多くの場合、軍の意向を受けた業者がまず日本国内で、さらに植民地の朝鮮や台湾で集めた。「仕事がある」とだまされたり、親に身売りされたりした場合も多いことがわかっている。

一方、フィリピンやインドネシアなど占領地では、日本軍が直接暴力的に連行したとの記録もある。フィリピン政府の2002年の報告書によると、同国で日本軍は、現地の女性を暴力的に拉致・連行して日本軍の兵営とされた教会や病院に監禁し、集団で強姦を続けた事例もあったという。

Q　慰安婦の暮らしは？

A　アジア女性基金のサイトでは「（慰安所で）兵士は代金を直接間接に払っていたのはたしかですが、慰安婦にされた人々にどのように渡されていたかははっきりしません」と記す。戦況や場所により処遇にばらつきもあったことが推定される。政府は93年、河野談話とあわせて調査結果を発表し「戦地では常時軍の管理下で軍とともに行動させられ、自由もない生活を強いられた」と説明している。

Q　慰安婦問題が国内で知られるようになった経緯は。

A　戦後まもない時期から兵士の体験談や手記で触れられていた。70年6月、作家の故千田夏光氏が週刊新潮で「慰安婦にさせられた」という女性や旧軍関係者の聞き取りを紹介。73年にルポ「従軍慰安婦」を刊行した。当時はまだ戦時下の秘史という扱いだった。

Q　日韓間の問題として認識されたいきさつは。

A　90年1月、尹貞玉《ユンジョンオク》・梨花女子大教授が韓国ハンギョレ新聞に「挺身隊『怨念の足跡』取材記」の題で慰安婦問題の記事を連載。5月の盧泰愚大統領訪日をきっかけに、植民地時代の朝鮮半島で日本の軍人・軍属とされた韓国人らから日本に謝罪と補償を求める声が高まった。

強制連行

疑問　政府は、軍隊や警察などに人さらいのように連れていかれて無理やり慰安婦にさせられた、いわゆる「強制連行」を直接裏付ける資料はないと説明しています。強制連行はなかったのですか。

自由を奪われた強制性あった

慰安婦問題に注目が集まった1991～92年、朝日新聞は朝鮮人慰安婦について、「強制連行された」と報じた。吉田清治氏の済州島での「慰安婦狩り」証言（次項で説明）を強制連行の事例として紹介したほか、宮沢喜一首相の訪韓直前の92年1月12日の社説「歴史から目をそむけまい」で「（慰安婦は）「挺身隊」の名で動員または強制連行され」たと表現した。

当時は慰安婦関係の資料発掘が進んでおらず、専門家らも裏付けを欠いたままこの語を使っていた。秦郁彦氏も80年代半ば、朝鮮人慰安婦について「強制連行に近い形で徴集された」と記した＝注①。

もともと「朝鮮人強制連行」は、一般的に、日本の植民地だった朝鮮の人々を戦時中、その意思とは関係なく、政府計画に基づき、日本内地や軍占領地の炭鉱や鉱山などに労働者として動員したことを指していた＝注②。60年代に実態を調べた在日朝鮮人の研究者が強制連行と呼び＝注③＝、メディアにも広がった経緯もあり、強制連行は使う人によって定義に幅がある。

こうした中、慰安婦の強制連行の定義も、「官憲の職権を発動した『慰安婦狩り』ないし『ひとさらい』的連行」に限定する見解＝注④＝と、「軍または総督府が選定した業者が、略取、誘拐や人身売買により連行」した場合も含むという考え方＝注⑤＝が研究者の間で今も対立する状況が続いている。

朝鮮半島でどのように慰安婦が集められたかという過程は、元慰安婦が名乗り出た91年以降、その証言を通して次第に明らかになっていく。

93年2月、「韓国挺身隊問題対策協議会」は、元慰安婦約40人のうち「信憑《しんぴょう》性に自信が持てる」（鄭鎮星《チョンジンソン》・挺身隊研究会会長）19人の聞き取りを編んだ証言集を刊行。「軍人や軍属らによる暴力」があったと語ったのは4人で、多くは民間業者が甘い言葉で誘ったり、だまして連れて行ったりする誘拐との内容だった。

慰安婦たちは、徴集の形にかかわらず、戦場で軍隊のために自由を奪われて性行為を強いられ、暴力や爆撃におびえ性病や不妊などの後遺症に苦しんだ経験を語っていた。

93年8月に発表された宮沢政権の河野洋平官房長官談話（河野談話）は、「慰安所の生活は強制的な状況で痛ましいものだった」「募集、移送、管理等も、甘言、強圧による等、総じて本人たちの意思に反して行われた」と認めた。関係省庁や米国立公文書館などで日本政府が行った調査では、朝鮮半島では軍の意思で組織的に有形力の行使が行われるといった「狭い意味の強制連行」は確認されなかったといい、談話は「強制連行」ではなく、戦場の慰安所で自由意思を奪われた「強制」性を問題とした。

談話発表に先立つ7月には、ソウルの太平洋戦争犠牲者遺族会事務所で、日本政府が元慰安婦たちに聞き取りをした。今年6月に発表された河野談話作成過程の検証チーム報告は、聞き取りの目的について「元慰安婦に寄り添い、気持ちを深く理解する」とし、裏付け調査などを行わなかったことを指摘した。

河野談話の発表を受け、朝日新聞は翌日の朝刊1面で「慰安婦『強制』認め謝罪『総じて意に反した』」の見出しで記事を報じた。読売、毎日、産経の各紙は、河野談話は「強制連行」を認めたと報じたが、朝日新聞は「強制連行」を使わなかった。

官房長官への取材を担当していた政治部記者(51)は、専門家の間でも解釈が分かれていることなどから「強制連行」とせず単に「強制」という言葉を使ったのだと思う、と振り返る。「談話や会見、それまでの取材から読み取れたのは、本人の意思に反する広い意味での強制連行を認めたということだった。しかし、強制連行という語を使うと読者の誤解を招くと考え、慎重な表現ぶりになった」

93年以降、朝日新聞は強制連行という言葉をなるべく使わないようにしてきた。

97年春に中学教科書に慰安婦の記述が登場するのを機に、朝日新聞は同年3月31日朝刊でこの問題を特集した。

日本の植民地下で、人々が大日本帝国の「臣民」とされた朝鮮や台湾では、軍による強制連行を直接示す公的文書は見つかっていない。貧困や家父長制を背景に売春業者が横行し、軍が直接介入しなくても、就労詐欺や人身売買などの方法で多くの女性を集められたという。一方、インドネシアや中国など日本軍の占領下にあった地域では、兵士が現地の女性を無理やり連行し、慰安婦にしたことを示す供述が、連合軍の戦犯裁判などの資料に記されている。インドネシアでは現地のオランダ人も慰安婦にされた。

97年の特集では「本人の意思に反して慰安所にとどまることを物理的に強いられたりした場合は強制があったといえる」と結論づけた。

河野談話が発表されて以降、現在の安倍内閣も含めて歴代の政権は談話を引き継いでいる。一方、日本軍などが慰安婦を直接連行したことを示す日本政府の公文書が見つかっていないことを根拠に、「強制連行はなかった」として、国の責任が全くなかったかのような主張を一部の政治家や識者が繰り返してきた。

朝鮮など各地で慰安婦がどのように集められたかについては、今後も研究を続ける必要がある。だが、問題の本質は、軍の関与がなければ成立しなかった慰安所で女性が自由を奪われ、尊厳が傷つけられたことにある。

これまで慰安婦問題を報じてきた朝日新聞の問題意識は、今も変わっていない。

注①　「従軍慰安婦（正続）」陸軍史研究会編「日本陸軍の本　総解説」（自由国民社、1985年）

注②　外村大「朝鮮人強制連行」（岩波新書、2012年）

注③　朴慶植「朝鮮人強制連行の記録」（未来社、1965年）

注④　秦郁彦「『慰安婦狩り』証言　検証・第三弾　ドイツの従軍慰安婦問題」「諸君！」1992年9月号

注⑤　吉見義明「『河野談話』をどう考えるか——その意義と問題点」「戦争と女性への暴力」リサーチ・アクションセンター編「『慰安婦』バッシングを越えて」（大月書店、2013年）

読者のみなさまへ

日本の植民地だった朝鮮や台湾では、軍の意向を受けた業者が「良い仕事がある」などとだまして多くの女性を集めることができ、軍などが組織的に人さらいのように連行した資料は見つかっていません。一方、インドネシアなど日本軍の占領下にあった地域では、軍が現地の女性を無理やり連行したことを示す資料が確認されています。共通するのは、女性たちが本人の意に反して慰安婦にされる強制性があったことです。

「済州島で連行」証言

疑問　日本の植民地だった朝鮮で戦争中、慰安婦にするため女性を暴力を使って無理やり連れ出したと著書や集会で証言した男性がいました。朝日新聞は80年代から90年代初めに記事で男性を取り上げましたが、証言は虚偽という指摘があります。

裏付け得られず虚偽と判断

男性は吉田清治氏。著書などでは日雇い労働者らを統制する組織である山口県労務報国会下関支部で動員部長をしていたと語っていた。

朝日新聞は吉田氏について確認できただけで16回、記事

日の大阪本社版朝刊社会面。大阪市内での講演内容として「済州島で200人の若い朝鮮人女性を『狩り出した』」と報じた。執筆した大阪社会部の記者(66)は「講演での話の内容は具体的かつ詳細で全

90年代初め、他の新聞社も集会などで証言する吉田氏を記事で取り上げていた。

92年4月30日、産経新聞は朝刊で、秦郁彦氏による済州島での調査結果を元に証言に疑問を投げかける記事を掲載。週刊誌も「『創作』の疑い」と報じ始めた。

東京社会部の記者(53)は産経新聞の記事の掲載直後、デスクの指示で吉田氏に会い、裏付けのための関係者の紹介

まれたという。

97年3月31日の特集記事のための取材の際、吉田氏は東京社会部記者(57)との面会を拒否。虚偽ではないかという報道があることを電話で問うと「体験をそのまま書いた」と答えた。済州島でも取材し裏付けは得られなかったが、吉田氏の証言が虚偽だという確証がなかったため、「真偽は確認できない」と表記した。その後、朝日新聞は吉田

しかし、自民党の安倍晋三総裁が2012年11月の日本記者クラブ主催の党首討論会で「朝日新聞の誤報による吉田清治という詐欺師のような男がつくった本がまるで事実かのように日本中に伝わって問題が大きくなった」と発言。一部の新聞や雑誌が朝日新聞批判を繰り返している。

注①　吉見義明・川田文子編「『従軍慰安婦』をめぐる30のウソと真実」（大月書店、1997年）

70代後半～90代の計約40人に話を聞いたが、強制連行したという吉田氏の記述を裏付ける証言は得られなかった。

干し魚の製造工場から数十人の女性を連れ去ったとされる北西部の町。魚を扱う工場は村で一つしかなく、経営に携わった地元男性（故人）の息子は「作っていたのは缶詰

れ去られたという話は聞いたことがない」と語った。「かやぶき」と記された工場の屋根は、韓国の当時の水産事業を研究する立命館大の河原典史教授（歴史地理学）が入手した当時の様子を記録した映像資料によると、トタンぶきとかわらぶきだった。

93年6月に、吉田氏の著書をもとに済州島を調べたという韓国挺身隊研究所元研究員の姜貞淑さんは「数カ所でそれぞれ数人の老人から話を聞いたが、記述にあるような証言は出なかった」と語った。

吉田氏は著書で、43年5月に西部軍の動員命令で済州島

記したものが妻（故人）の日記に残っていると書いていた。しかし、今回、吉田氏の長男(64)に取材したところ、妻は日記をつけていなかったことがわかった。吉田氏は00年7月に死去したという。

吉田氏は93年5月、吉見義明・中央大教授らと面会した際、「（強制連行した）日時や場所を変えた場合もある」と説明した上、動員命令書を写した日記の提示も拒んだといい、吉見氏は「証言としては使えないと確認するしかなかった」と指摘している＝注①。

戦時中の朝鮮半島の動員に

は、吉田氏が所属していたという労務報国会は厚生省と内務省の指示で作られた組織だとし、「指揮系統からして軍が動員命令を出すことも、職員が直接朝鮮に出向くことも考えづらい」と話す。

吉田氏はまた、強制連行したとする43年5月当時、済州島は「陸軍部隊本部」が「軍政を敷いていた」と説明していた。この点について、永井和・京都大教授（日本近現代史）は旧陸軍の資料から、済州島に陸軍の大部隊が集結するのは45年4月以降だと指摘。「記述内容は事実とは考えられない」と話した。

読者のみなさまへ

吉田氏が済州島で慰安婦を強制連行したとする証言は虚偽だと判断し、記事を取り消します。当時、虚偽の証言を見抜けませんでした。済州島を再取材しましたが、証言を裏付ける話は得られませんでした。研究者への取材でも証言の核心部分についての矛盾がいくつも明らかになりました。

2014年8月5日、これまでの自社の従軍慰安婦報道についてのお詫びと検証記事

慰安婦問題 どう伝えたか

「軍関与示す資料」

疑問　朝日新聞が1992年1月11日朝刊1面で報じた「慰安所　軍関与示す資料」の記事について、慰安婦問題を政治問題化するために、宮沢喜一首相が訪韓する直前のタイミングを狙った「意図的な報道」などという指摘があります。

本紙報道前に政府も存在把握

この記事は、防衛庁防衛研究所図書館所蔵の公文書に、旧日本軍が戦時中、慰安所の設置や慰安婦の募集を監督、統制していたことや、現地の部隊が慰安所を設置するよう命じたことを示す文書があったとの内容だった。

慰安婦問題は90年以来、国会で繰り返し質問された。政府は「全く状況がつかめない状況」と答弁し、関与を認めなかった。朝日新聞の報道後、加藤紘一官房長官は「かつての日本の軍が関係していたことは否定できない」と表明。5日後の1月16日、宮沢首相は訪韓し、盧泰愚大統領との首脳会談で「反省、謝罪」という言葉を8回使った（韓国側発表）。

文書は吉見義明・中央大教授が91年12月下旬、防衛研究所図書館で存在を確認し、面識があった朝日新聞の東京社会部記者(57)に概要を連絡した。記者は年末の記事化も検討したが、文書が手元になく、取材が足らないとして見送った。吉見教授は年末年始の休み明けの92年1月6日、図書館で別の文書も見つけ、記者に伝えた。記者は翌7日に図書館を訪れて文書を直接確認し、撮影。関係者や専門家に取材し、11日の紙面で掲載した。

政府の河野談話の作成過程の検証報告書によると、記者が図書館を訪れたのと同じ92年1月7日、軍関与を示す文書の存在が政府に報告されている。政府は91年12月以降、韓国側から「慰安婦問題が首相訪韓時に懸案化しないよう、事前に措置を講じるのが望ましい」と伝達され、関係省庁による調査を始めていた。

現代史家の秦郁彦氏は著書「慰安婦と戦場の性」で、この報道が首相訪韓直前の「奇襲」「不意打ち」だったと指摘。「情報を入手し、発表まで2週間以上も寝かされていたと推定される」と記している。一部新聞も、この報道が発端となり日韓間の外交問題に発展したと報じた。

しかし、記事が掲載されたのは、記者が詳しい情報を入手してから5日後だ。「国が関与を認めない中、軍の関与を示す資料の発見はニュースだと思い、取材してすぐ記事にした」と話す。また、政府は報道の前から文書の存在を把握し、慰安婦問題が訪韓時の懸案となる可能性についても対応を始めていた。

記事で紹介した文書の一つは、陸軍省副官名で38年に派遣軍に出された通達。日本国内で慰安婦を募集する際、業者が「軍部の了解がある」と言って軍の威信を傷つけ、警察に取り調べを受けたなどとして、業者を選ぶ際に、憲兵や警察と連絡を密にして軍の威信を守るよう求めていた。

西岡力・東京基督教大教授（韓国・北朝鮮地域研究）は著書「よくわかる慰安婦問題」で「業者に違法行為をやめさせようとしたもの。関与は関与でも『善意の関与』」との解釈を示した。

これに対し、永井和・京都大教授は「善意の関与」との見方を否定する。永井教授が着目するのは、同時期に内務省が警保局長名で出した文書。慰安婦の募集や渡航を認めたうえで、「軍の了解があるかのように言う者は厳重に取り締まること」という内容だった。永井教授は、業者が軍との[illegible]まることを警察に求めたもの」と指摘。そのうえで、朝日新聞が報じた陸軍省の文書については、著書「日中戦争から世界戦争へ」で「警察が打ち出した募集業者の規制方針、すなわち慰安所と軍＝国家の関係の隠蔽化方針を、軍司令部に周知徹底させる指示文書」との見方を示している。

92年1月11日の朝日新聞記事に関し、短文の用語説明[illegible]て朝鮮人女性を挺身《ていしん》隊の名で強制連行した。その人数は8万とも20万ともいわれる」と記述したことにも、「挺身隊」と「慰安婦」を混同した、などの批判がある（両者の混同については次の項で説明）。慰安婦の人数に関しても議論があるが、公式記録はなく、研究者の推計しかない（右ページの「慰安婦問題とは」の中で説明）。

読者のみなさまへ

記事は記者が情報の詳細を知った5日後に掲載され、宮沢首相の訪韓時期を狙ったわけではありません。政府は報道の前から資料の存在の報告を受けていました。韓国側からは91年12月以降、慰安婦問題が首相訪韓時に懸案化しないよう事前に措置を講じるのが望ましいと伝えられ、政府は検討を始めていました。

「挺身隊」との混同

疑問　朝鮮半島出身の慰安婦について朝日新聞が1990年代初めに書いた記事の一部に、「女子挺身《ていしん》隊」の名で戦場に動員された、という表現がありました。今では慰安婦と女子挺身隊が別だということは明らかですが、なぜ間違ったのですか。

当時は研究が乏しく同一視

「女子挺身隊」とは戦時下の日本内地や旧植民地の朝鮮・台湾で、女性を労働力として動員するために組織された「女子勤労挺身隊」を指す。44年8月の「女子挺身勤労令」で国家総動員法に基づく制度となったが、それまでも学校や地域で組織されていた。朝鮮では終戦までに、国民学校や高等女学校の生徒ら多くて約4千人が内地の軍需工場などに動員されたとされる＝注①。目的は労働力の利用であり、将兵の性の相手をさせられた慰安婦とは別だ。

だが、慰安婦問題がクローズアップされた91年当時、朝日新聞は朝鮮半島出身の慰安婦について「第2次大戦の直前から『女子挺身隊』などの名で前線に動員され、慰安所で日本軍人相手に売春させられた」（91年12月10日朝刊）、「太平洋戦争に入ると、主として朝鮮人女性を挺身隊の名で強制連行した。その人数は8万とも20万ともいわれる」（92年1月11日朝刊）と書くなど両者を混同した。

原因は研究の乏しさにあった。当時、慰安婦を研究する専門家はほとんどなく、歴史の掘り起こしが十分でなかった。朝日新聞は、国内の工場で働いた日本人の元挺身隊員を記事で取り上げたことはあったが、朝鮮半島の挺身隊の研究は進んでいなかった。

記者が参考文献の一つとした「朝鮮を知る事典」（平凡社、86年初版）は、慰安婦について「43年からは〈女子挺身隊〉の名の下に、約20万の朝鮮人女性が労務動員され、そのうち若くて未婚の5万～7万人が慰安婦にされた」と説明した。執筆者で朝鮮近代史研究者の宮田節子さんは「慰安婦の研究者は見あたらず、既刊の文献を引用するほかなかった」と振り返る。

宮田さんが引用した千田夏光氏の著書「従軍慰安婦」は「〝挺身隊〟という名のもとに彼女らは集められたのである（中略）総計二十万人（韓国側の推計）が集められたうち〝慰安婦〟にされたのは〝五万人ないし七万人〟とされている」と記述していた。

朝鮮で「挺身隊」という語を「慰安婦」の意味で使う事例は、46年の新聞記事にもみられる。44年7月に閣議決定された朝鮮総督府官制改正の説明資料には、未婚の女性が徴用で慰安婦にされるという「荒唐無稽なる流言」が拡散しているとの記述がある。

挺身隊員が組織的に慰安婦とされた事例は確認されていないが、日本の統治権力への不信から両者を同一視し、恐れる風潮が戦時期から広がっていたとの見方がある＝注②。元慰安婦の支援団体が「韓国挺身隊問題対策協議会」を名乗っており、混同が残っているとの指摘もある。

92年1月の宮沢首相の訪韓直前、韓国の通信社が国民学校に通う12歳の朝鮮人少女が挺身隊に動員されたことを示す学籍簿が見つかったとする記事を配信。「日本は小学生までを慰安婦にした」と誤解され、対日感情が悪化した。

朝日新聞は93年以降、両者を混同しないよう努めてきた。当時のソウル支局長(72)は「挺身隊として日本の軍需工場で働いた女性たちが『日本軍の性的慰みものになった』と誤解の目で見られて苦しんでいる実態が、市民団体の聞き取りで明らかになったという事情もあった」と話す。

注①　高崎宗司「『半島女子勤労挺身隊』について」デジタル記念館「慰安婦問題とアジア女性基金」

注②　藤永壮「戦時期朝鮮における『慰安婦』動員の『流言』『造言』をめぐって」松田利彦ほか編「地域社会から見る帝国日本と植民地　朝鮮・台湾・満洲」（思文閣出版、2013）

読者のみなさまへ

女子挺身隊は、戦時下で女性を軍需工場などに動員した「女子勤労挺身隊」を指し、慰安婦とはまったく別です。当時は、慰安婦問題に関する研究が進んでおらず、記者が参考にした資料などにも慰安婦と挺身隊の混同がみられたことから、誤用しました。

「元慰安婦　初の証言」

疑問　元朝日新聞記者の植村隆氏は、元慰安婦の証言を韓国メディアよりも早く報じました。これに対し、元慰安婦の裁判を支援する韓国人の義母との関係を利用して記事を作り、都合の悪い事実を意図的に隠したのではないかとの指摘があります。

記事に事実のねじ曲げない

問題とされる一つは、91年8月11日の朝日新聞大阪本社版の社会面トップに出た「思い出すと今も涙　元朝鮮人従軍慰安婦　戦後半世紀重い口開く」という記事だ。

元慰安婦の一人が、初めて自身の体験を「韓国挺身隊問題対策協議会」（挺対協）に証言し、それを録音したテープを10日に聞いたとして報じた。植村氏は当時、大阪社会部記者で、韓国に出張。元慰安婦の証言を匿名を条件に取材し、韓国メディアよりも先んじて伝えた。

批判する側の主な論点は、①元慰安婦の裁判支援をした団体の幹部である義母から便宜を図ってもらった②元慰安婦がキーセン（妓生）学校に通っていたことを隠し、人身売買であるのに強制連行されたように書いたという点だ。

植村氏によると、8月の記事が掲載される約半年前、「太平洋戦争犠牲者遺族会」（遺族会）の幹部梁順任氏の娘と結婚した。元慰安婦を支援するために女性研究者らが中心となってつくったのが挺対協。一方、遺族会は戦時中に徴兵、徴用などをされた被害者や遺族らで作る団体で挺対協とは異なる別の組織だ。

取材の経緯について、植村氏は「挺対協から元慰安婦の証言のことを聞いた、当時のソウル支局長からの連絡で韓国に向かった。義母からの情報提供はなかった」と話す。元慰安婦はその後、裁判の原告となるため梁氏が幹部を務める遺族会のメンバーとなったが、植村氏は「戦後補償問題の取材を続けており、元慰安婦の取材もその一つ。義母らを利する目的で報道をしたことはない」と説明する。

8月11日に記事が掲載された翌日、植村氏は帰国した。14日に北海道新聞のソウル特派員が元慰安婦の単独会見に成功し、金学順さんだと特報。韓国主要紙も15日の紙面で大きく報じた。

植村氏は前年の夏、元慰安婦の証言を得るため韓国を取材したが、話を聞けずに帰国した経緯もあり、詳しい取材のいきさつは、朝鮮半島問題を扱う月刊誌「ＭＩＬＥ」（91年11月号）に書いた。この時期、植村氏の記事への批判はまだ出ていなかった。

また、8月11日の記事で「『女子挺身隊』の名で戦場に連行され、日本軍人相手に売春行為を強いられた『朝鮮人従軍慰安婦』」などと記したことをめぐり、キーセンとして人身売買されたことを意図的に記事では触れず、挺身隊として国家によって強制連行されたかのように書いた――との批判がある。

慰安婦と挺身隊との混同については、前項でも触れたように、韓国でも当時慰安婦と挺身隊の混同がみられ、植村氏も誤用した。

元慰安婦の金さんが「14歳（数え）からキーセン学校に3年間通った」と明らかにしたのは、91年8月14日に北海道新聞や韓国メディアの取材に応じた際だった。キーセン学校は宴席での芸事を学ぶ施設だ。韓国での研究によると、学校を出て資格を得たキーセンと遊郭で働く遊女とは区別されていた。中には生活に困るなどして売春行為をしたキーセンもおり、日本では戦後、韓国での買春ツアーが「キーセン観光」と呼ばれて批判されたこともあった。

91年8月の記事でキーセンに触れなかった理由について、植村氏は「証言テープ中で金さんがキーセン学校について語るのを聞いていない」と話し、「そのことは知らなかった。意図的に触れなかったわけではない」と説明する。その後の各紙の報道などで把握したという。

金さんは同年12月6日、日本政府を相手に提訴し、訴状の中でキーセン学校に通ったと記している。植村氏は、提訴後の91年12月25日朝刊5面（大阪本社版）の記事で、金さんが慰安婦となった経緯やその後の苦労などを詳しく伝えたが、「キーセン」のくだりには触れなかった。

植村氏は「キーセンだから慰安婦にされても仕方ないというわけではないと考えた」と説明。「そもそも金さんはだまされて慰安婦にされたと語っていた」といい、8月の記事でもそのことを書いた。

金さんらが日本政府を相手に提訴した91年12月6日、別の記者が書いた記事が夕刊1面に掲載されたが、キーセンについては書いていない。その後も植村氏以外の記者が金さんを取り上げたが、キーセンの記述は出てこない。

読者のみなさまへ

植村氏の記事には、意図的な事実のねじ曲げなどはありません。91年8月の記事の取材のきっかけは、当時のソウル支局長からの情報提供でした。義母との縁戚関係を利用して特別な情報を得たことはありませんでした。

他紙の報道は

他の新聞社は慰安婦問題をどう報じてきたのか。国立国会図書館に所蔵されているマイクロフィルムや記事を検索できる各社のデータベースなどを参考に、特に1980年代後半以降の読売新聞、毎日新聞、産経新聞の記事を調べた。

論点は、朝日新聞が今回の特集で点検の対象とした、吉田清治《せいじ》氏（故人）をどう報じたか▽「慰安婦」と「女子挺身隊」を混同したか▽慰安婦問題を報じる際、「強制連行」という言葉を使ったか――の3点。

韓国・済州島での「慰安婦狩り」を証言していた吉田氏。同氏を取り上げた朝日新聞の過去の報道を批判してきた産経新聞は、大阪本社版の夕刊で1993年に「人権考」と題した連載で、吉田氏を大きく取り上げた。連載のテーマは、「最大の人権侵害である戦争を、『証言者たち』とともに考え、問い直す」というものだ。

同年9月1日の紙面で、「加害　終わらぬ謝罪行脚」の見出しで、吉田氏が元慰安婦の金学順さんに謝罪している写真を掲載。「韓国・済州島で約千人以上の女性を従軍慰安婦に連行したことを明らかにした『証言者』」だと紹介。「（証言の）信ぴょう性に疑問をとなえる声があがり始めた」としつつも、「『被害』証言がなくとも、それで強制連行がなかったともいえない。吉田さんが、証言者として重要なかぎを握っていることは確かだ」と報じた。

この連載は、関西を拠点とした優れた報道に与えられる「第1回坂田記念ジャーナリズム賞」を受賞。94年には解放出版社から書籍化されている。

読売新聞も92年8月15日の夕刊で吉田氏を取り上げている。「慰安婦問題がテーマ　『戦争犠牲者』考える集会」との見出しの記事。「山口県労務報国会下関支部の動員部長だった吉田清治さん」が、「『病院の洗濯や炊事など雑役婦の仕事で、いい給料になる』と言って、百人の朝鮮人女性を海南島に連行したことなどを話した」などと伝えている。

毎日新聞も吉田氏が92年8月に謝罪のために訪韓した様子を同年8月12日と13日の朝刊でそれぞれ報じた。

90年代初期には、「慰安婦」と「挺身隊」の混同もみられた。

朝日新聞の過去の記事に両者の混同があったことなどを批判した読売新聞は、91年8月26日朝刊の記事「『従軍慰安婦』に光を　日韓両国で運動活発に　資料集作成やシンポも」の中で、「太平洋戦争中、朝鮮人女性が『女子挺身隊』の名でかり出され、従軍慰安婦として前線に送られた。その数は二十万人ともいわれているが、実態は明らかではない」と記載している。

また、92年1月16日朝刊に掲載された宮沢喜一首相の訪韓を伝える記事でも、「戦時中、『挺身隊』の名目で強制連行された朝鮮人の従軍慰安婦は十万とも二十万人ともいわれる」と記述するなど、混同がみられた。

毎日新聞も、元慰安婦の金学順さんを取り上げた91年12月13日朝刊「ひと」欄の記事の中で、「十四歳以上の女性が挺身隊などの名で朝鮮半島から連行され、従軍慰安婦に。その数は二十万人ともいい、終戦後、戦場に置き去りにされた」と報じた。

◇

朝日新聞社は、ここで取り上げた記事について各社の現時点での認識を尋ねました。毎日新聞社と産経新聞社からは次の回答がありましたが、読売新聞社は回答しませんでした。

毎日新聞社社長室広報担当の話　いずれの記事も、その時点で起きた出来事を報道したものであり、現時点でコメントすることはありません。

産経新聞社広報部の話　当該記事では、吉田清治氏の証言と行動を紹介するとともに、その信ぴょう性に疑問の声があることを指摘しました。その後、取材や学者の調査を受け、証言は「虚構」「作り話」であると報じています。

思い出すと今も涙

元朝鮮人従軍慰安婦

戦後半世紀 重い口開く

韓国の団体聞き取り

【ソウル10日＝植村隆】日中戦争や第二次大戦の際、「女子挺（てい）身隊」の名で戦場に連行され、日本軍人相手に売春行為を強いられた「朝鮮人従軍慰安婦」のうち、一人がソウル市内に生存していることがわかり、「韓国挺身隊問題対策協議会」（尹貞玉・共同代表、十六団体約三十万人）が聞き取り作業を始めた。同協議会は十日、女性の話を録音したテープを朝日新聞記者に公開した。テープの中で女性は「思い出すと今でも身の毛がよだつ」と語っている。体験をひた隠しにしてきた彼女らの重い口が、戦後半世紀近くたって、やっと開き始めた。

尹代表らによると、この女性は六十八歳で、ソウル市内に一人で住んでいる。最近になって、知人から「体験を伝えるべきだ」と勧められ、「対策協議会」を訪れた。メンバーが聞き始めると、しばらく泣いた後で話し始めたという。

女性の話によると、中国東北部で生まれ、十七歳の時、だまされて慰安婦にされた。二、三百人の部隊がいる中国南部の慰安所に連れて行かれた。慰安所は民家を使っていた。五人の朝鮮人女性がおり、一人に一室が与えられた。女性は「春子」（仮名）と日本名を付けられた。一番年上の女性が日本語を話し、将校の相手をしていた。残りの四人が一般の兵士二、三百人を受け持ち、毎日三、四人の相手をさせられたという。

「監禁されて、逃げ出したいという思いしかなかった。相手が来ないように思いつづけた」という。また週に一回は軍医の検診があった。数カ月働かされたが、逃げることができ、戦後に

従軍慰安婦だった女性の録音テープを聞く尹代表(右)ら＝10日、ソウル市で植村隆写す

1991年8月11日、植村隆記者による金学順報道

一九八二年九月二日、朝日新聞大阪版が「済州島《チェジュド》で韓国人女性を強制連行した」という吉田清治を取りあげる。吉田は八三年七月に『私の戦争犯罪―朝鮮人強制連行』（三一書房）を出版。同年十二月に、天安《チョナン》市に私費で謝罪碑を建てるために訪韓し、土下座した。九二年に秦郁彦が済州島を調査、吉田の「体験談」が嘘であることを突き止め、吉田本人も虚偽を認めた。だが、朝日はその後も吉田の証言を取り上げ続けていた。

一九九一年八月十一日と十二月二十五日に、朝日新聞大阪社会部記者（当時）の植村隆が、元慰安婦・金学順《キムハクスン》の記事を掲載。慰安婦と女子勤労挺身隊を混同しており、二〇一四年十二月二十三日に朝日新聞社は「この女性が挺身隊の名で戦場に連行された事実はありません」「誤りとして、おわびして訂正します」と謝罪記事を掲載した。

虚言で日本を貶めた吉田清治　（写真提供／読売新聞／アフロ）

サハリン残留韓国人の遺家族を前に土下座する吉田清治さん＝韓国忠清南道天安市の望郷の丘で清田特派員写す

たった一人の謝罪

強制連行の吉田さん　韓国で「碑」除幕式

【ソウル二十三日＝清田特派員】第二次大戦中に起きた韓国・朝鮮人強制連行の全容は依然解明されていないが、当時山口県労務報国会動員部長として、その一端にかかわった体験を本に書いた吉田清治さん(七〇)＝東京都品川区上大崎二丁目、目黒西口マンション二号館一〇五号＝がその印税を投じて建てた「謝罪の碑」が韓国・天安市にでき、二十三日除幕式が行われた。式に出席した韓国人関係者は吉田さん個人の志は理解しながらも、責任を回避し続けている日本政府の姿勢に対するやり場のない怒りをぶつけた。日本に連行されたあとサハリンに連れていかれ今も無国籍のまま次々と死んでいっている、と涙で訴える家族もあった。

謝罪碑は韓国海外同胞のための国立墓地「望郷の丘」の最奥部に眠る無縁仏六千余柱の合葬墓団地の入り口につくられた。除幕式の司会は、東京地裁で進行中の樺太残留韓国人帰還訴訟の原告団が属す中ソ離散家族会（本部・大邱市、四万三千人）。

「私は戦前数多くのあなた方を強制連行した張本人です。すでに三十八年の歳月が流れ、私一人だけのおわびではありますが、自責の念で死ぬにも死ねない気持ちでやってまいりました」。祈りのあと、吉田さんは一語一語をかみしめ、建立の趣旨を話し、「あなたは日本の侵略戦争のために徴用され、強制連行されて、強制労働の屈辱と苦難のなかで家族を思い、望郷の念もむなしく尊い命を奪われました…」と碑文を読み上げた。

式のあと、参加者約三十人は無念の思いを口々に吉田さんに訴えた。「吉田さん。あなたの行為はよくわかります。勇気ある行為だと思います。でも日本政府は戦後三十八年間何をしてくれたのですか」

ソウルに引き揚げる途中、吉田さんは「韓国の皆さんの無念の気持ちが言葉に表現できないほど深いものであることを痛感させられました。戦争の加害責任をせめて自分の子どもや孫だけには語り継いでいただきたい」と語った。

吉田さんは、国家総動員体制の下で軍需工場や炭鉱などで働く労働力確保のためつくられた報国会の一員として、自分が指揮しただけで女子てい身隊九百五十人を含め六千人を徴用した。強制連行の実態を隠すため敗戦のとき関係書類は焼却命令が出されたが、吉田さんは謝罪の意を込めてその体験記を書いた。「朝鮮人慰安婦と日本人」

メモ　大韓赤十字社などの調べでは、一九三九年から四五年の敗戦までの間に日本が「徴用」「募集」名目で強制連行した韓国・朝鮮人は七十二万余人。うち「女子てい身隊」名目で前線に送られた慰安婦は五―七万人にのぼるといわれる。このうち約三分の一が敗戦までに死亡したと推定されている。現在、サハリンには四万三千人余りの韓国・朝鮮人が残留しており、韓国への帰国を「無国籍」で待ち望んでいる老人たちが二千数百人にのぼるとされている。

1983年12月24日、吉田清治、韓国で土下座

世界にまで"輸出される" 慰安婦少女像

韓国の丘に謝罪の碑

「徴用の鬼」いま建立

悔いる心、現地であかす

東京の吉田さん

十二月初め、韓国中西部の丘で、ひとつの石碑が除幕される。太平洋戦争中、六千人の朝鮮人を日本に強制連行し、「徴用の鬼」と呼ばれた元山口県労務報国会動員部長、吉田清治さん(70)＝東京都品川区上大崎二丁目＝が建立する。望郷の思いを抱いて死んで行った多くの人たちへの謝罪の気持ちが、碑文に込められている。

韓国からの励ましの手紙などを繰り返し読み、謝罪の碑への思いをはせる吉田清治さん＝東京都品川区上大崎2丁目の自宅で

「あなたは日本の侵略戦争のために徴用され強制連行されて、強制労働の屈辱と苦難の中で、家族を思い、望郷の念も空しく、貴い命を奪われました。私は徴用・強制連行を実行した日本人の一人として死後もあなたの墓の前に拝跪（はいき）謝罪を続けます　元労務報国会徴用隊長吉田清治」

現在、著述業をしている吉田さんは昭和十七年、旧山口県労務報国会下関支部の動員部長、後に県全体の動員部長になった。報国会は国家総動員本……務の飛行場建設現場で働く労働者の確保を目的にしていた。

徴用の対象は初めは日本人、次に「内地」にいる朝鮮人、十八年ごろからは朝鮮総督府だけにまかせずに、吉田さんらが直接、朝鮮へ出向いた。軍や警察の協力を得て、田んぼや工場、結婚式場にまで踏み込み、若者たちを木刀や銃剣で手当たり次第に駆り立てた。徴用した六千人のうち、約三分の一は病気などで祖国解放を見ずに死んだ、という。

敗戦直後に旧内務次官から、朝鮮人徴用に関する公式書類の焼却命令が出た。吉田さんも関係書類をすべて処分した。戦後は、サラリーマン、団体役員として、過去に目をつぶり生きようとした。が、脳裏に焼きついた記憶までは消せない。若い朝鮮人男女の泣き叫ぶ声、涙が、夢の中に繰り返し現れた。

せめて、わずかな記録と自分たちの記憶だけでも残そう、と心に決めた。昔の部下たちにも呼びかけたが、「国の命令に従っただけ」「寝た子を起こすことはない」と消極的で、匿名の証言の協力にとどまった。強制連行の過去を悔いた本を二冊出版。次に韓国への謝罪の旅と、「日本人の謝罪碑」建立を考えるようになった。

韓国側との橋渡しは、知り合いの……・在日本大韓民国居留民団中央本部会長らの協力で順調に進んだ。石碑は九月初めから、韓国忠清南道天安市近くの「望郷の丘」で建設が進められている。横一・二㍍、縦〇・八㍍。上にハングル、下に日本語で碑文が刻まれる。

韓国の新聞、テレビではこの話が大きく伝えられ、たどたどしい日本語でつづられた四十数通の手紙が吉田さんの手元に届いた。いずれも励ましたり、協力を申し出るものばかり。吉田さんの過去を責めるものは一通もなかった。

小6女子殺される

桐生　自宅から50㍍の河原

十九日午前八時十五分ごろ、群馬県桐生市梅田町五丁目の……中島祥作さんの長女で同市立梅田南小六年、……ていた。現場は、自宅とは道を隔てて約五十㍍の所で、日ごろ……

岩倉具視のひ孫が詐欺

宝石など1500万円

警視庁捜査二課と麻布署は十九日までに東京都大田区西蒲田七丁目、元宝石ブローカー岩倉……容疑者……を詐欺の疑いで逮捕し……

1983年10月19日、吉田清治、韓国に「謝罪の碑」を作る意思

朝鮮の女性　私も連行

元動員指揮者が証言

暴行加え無理やり

37年ぶり　危機感で沈黙破る

関東大震災の混乱の中で、多数の朝鮮人が虐殺されて五十九年目の一日夜、大阪で催された「旧日本軍の侵略を考える市民集会」で、かつて朝鮮人の強制連行の指揮に当たった元動員部長が、悲惨な「従軍慰安婦狩り」の実態を証言した。戦後もずっと語られることなく葬られてきた朝鮮人慰安婦の歴史。それをいま、「戦争で中国にいた日本軍兵士で朝鮮人慰安婦と接触しなかった人は一人もいなかったでしょう」と重い口を開く姿に、約五百人の参加者はしんとして聞き入った。

「日本軍が戦争中、犯したもっとも大きな罪は朝鮮人の慰安婦狩りだった」と話す吉田清治さん＝1日夜、大阪市浪速区の浪速解放会館で

この人は東京都文京区千石四丁目、吉田清治さん(68)。昭和十七年秋、朝鮮人の徴用を目的に設置された「山口県労務報国会下関支部」の動員部長に就任し、以後三年間、十数回にわたり朝鮮半島に行った。直接指揮して日本に強制連行した朝鮮人は約六千人、うち九百五十人が従軍慰安婦だったという。

この日、大阪・浪速解放会館での集会で演壇に立った吉田さんは「体験したことだけお話しします」といって切り出した。

「朝鮮人慰安婦は皇軍慰問女子挺（てい）身隊という名で戦線に送り出しました。当時、われわれは『徴用』といわず『狩り出し』という言葉を使っていました」。そして十八年の初夏の一週間に済州島で二百人の若い朝鮮人女性を「狩り出した」時の状況が再現された。

朝鮮人女性の抵抗に備えるため完全武装の日本兵十人が同行した。……兵士が包囲する。続いて吉田さんの部下九人が一斉に突入する。若い女性の手をねじあげ路地にひきずり出す。こうして女性たちはつぎつぎにホロのついたトラックに押し込められた。連行の途中、兵士たちがホロの中に飛び込んで集団暴行した。ボタン工場で働いていた女子工員、海岸でアワビを採っていた若い海女……。「狩り出し」が続いた。

約一時間、淡々と、ときに苦悩の色をにじませながら話す吉田さんは「かわいそうだ、という感情はなかった。徹底した忠君愛国の教育を受けていたわれわれには、当時、朝鮮民族に対する罪の意識を持っていなかった」と声をふるわせた。

教科書問題にも吉田さんは触れた。「戦後の日本の歴史教育はこうした事実がいっさい書かれてこなかった」……

大震災での朝鮮人虐殺

鎮魂へ遺骨を発掘

東京・荒川

関東大震災のときに殺され、東京の荒川河川敷に埋められたとみられる朝鮮人の遺骨を発掘し、供養しようという運動が……

1982年9月2日、吉田清治、朝日紙面に初登場

ひと

朝鮮人を強制連行した謝罪碑を韓国に建てる

吉《よし》田《だ》　清《せい》治《じ》さん

福岡県生まれ、法政大卒。昭和17年から敗戦まで山口県労務報国会動員部長。五年前、団体役員を退いた。著書に「私の戦争犯罪」（三一書房）など。70歳。

全国から励ましの手紙や電話が相次いでいる。同じ戦争加害の意識に悩んでいた人、「強制連行、初めて知りました」という中学三年生……。

「でもね、美談なんかではないんです。二人の息子が成人し、自分も社会の一線を退いた。もうそんなにダメージはないだろう、みたいなものを見定めて公表に踏み切ったんです」

大学卒業後、旧満州国吏員から中華航空に転じた。身元チェックの甘さから、朝鮮人の社会主義者を飛行機に乗せる結果になったことなどが利敵行為に問われる。軍法会議で懲役二年。出獄後、下関の親類宅に身を寄せると、特高警察から「罪のつぐないに、労務報国会で働け」と迫られた。

下関は関釜連絡船の玄関口。正規の徴用はもちろん、「炭鉱に仕送りができる」とブローカーにだまされた若者たちが次々に送り込まれてくる。しかし、内務省からは「人員払底の時局がら、取り締まるな」の密命。貨車で炭鉱や土木現場へ送り込んだ。炭鉱では、逃亡を図った主謀者が木刀でなぶり殺される現場に出くわした。

教科書問題で文部省は「当時は朝鮮半島は日本であり、国民徴用令に沿ったもの」と弁明。この春には旧朝鮮総督府の幹部らが当時のダム建設の記録をまとめた。大会社の重役などに収まるこの人たちは「日本は朝鮮の近代化に貢献した」と、吉田さんを前に胸を張った、という。

「国家による人狩り、としかいいようのない徴用が、わずか三十数年で、歴史のヤミに葬られようとしている。戦争責任を明確にしない民族は、再び同じ過ちを繰り返すのではないでしょうか」

（清田　治史記者）

1983年11月10日、朝刊3面「ひと」欄で吉田の謝罪碑活動を紹介

慰安所 軍関与示す資料

防衛庁図書館に旧日本軍の通達・日誌

部隊に設置指示

募集含め統制・監督

日中戦争や太平洋戦争中、日本軍が慰安所の設置や、従軍慰安婦の募集を監督、統制していたことを示す通達類や陣中日誌が、防衛庁の防衛研究所図書館に所蔵されていることが十日、明らかになった。朝鮮人慰安婦について、日本政府はこれまで国会答弁の中で「民間業者が連れて歩いていた」として、国としての関与を認めてこなかった。昨年十二月には、朝鮮人元慰安婦らが日本政府に補償を求める訴訟を起こし、韓国政府も真相究明を要求している。国の関与を示す資料が防衛庁にあったことで、これまでの日本政府の見解は大きく揺らぐことになる。政府として新たな対応を迫られるとともに、宮沢首相の十六日からの訪韓でも深刻な課題を背負わされたことになる。

(社会面に関係記事)

「民間任せ」政府見解揺らぐ

参謀長名で、次官印も

中央大学の吉見義明教授(日本現代史)が、防衛研究所図書館に保管されていた、陸軍省と中国に派遣されていた部隊との間で交わされた極秘文書をつづった「陸支密大日記」などの資料の中から見つけた。

中国大陸に慰安所が設けられたのは一九三八年(昭和十三年)とされるが、今回見つかった資料のうち一番古い資料は同年三月四日に作成され、陸支密大日記にとじ込まれていた「軍慰安所従業婦等募集に関する件」と題する「副官より北支方面軍および中支派遣軍参謀長あて通牒(つうちょう=現在の通達)案」。

日本国内で慰安婦を募集する際、業者などがトラブルを起こして警察ざたになるなどしたため、陸軍省兵務課が作成、派遣軍などに通達された。「募集などに当たっては、派遣軍が統制し、これに任ずる人物の選定を周到適切にし、実施に当たっては関係地方の憲兵および警察当局との連携を密にして軍の威信保持上ならびに社会問題上遺漏なきよう配慮」(カタカナ書きの原文を平がなにするなど現代文に直した)するよう指示、後に参謀総長になった梅津美治郎陸軍次官や高級副官の担当者が承認の印を押している。

さらに、同年七月に作成された歩兵第四十一連隊の陣中日誌には、B4判の用紙三枚に、各部隊に慰安所設置を求める北支那方面軍参謀長名の通牒の写しがつづられている。占領地域内で、交通網の破壊など治安回復が進まないのは、住民に対する強姦(ごうかん)事件などの不法行為が反日感情を高め、軍の作戦を阻害しているため、とし、「すみやかに性的慰安の設備を整え……」と慰安所の設置を指示している。

また、三九年の陸支密大

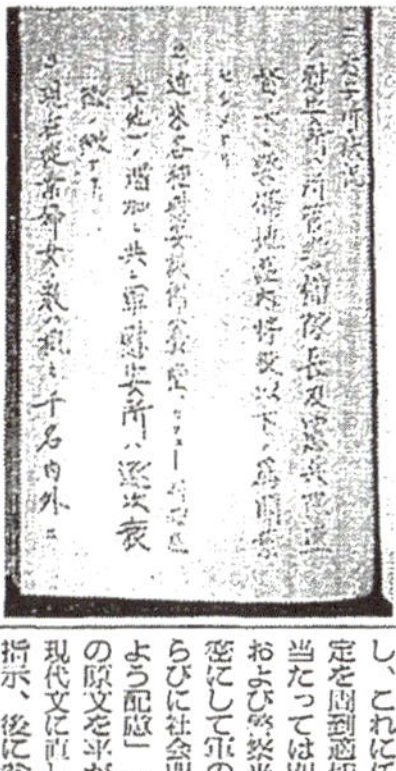

「軍慰安所」「軍ノ下ニ」「従業婦女」の文字が並ぶ戦時旬報 =防衛研究所図書館所蔵

1992年1月11日、1面トップで吉見義明中央大学教授の防衛研究所による資料発見を報じる

慰安婦問題

今こそ 自ら謝りたい

連行の証言者、7月訪韓

吉田 清治さん

「私が慰安婦たちを朝鮮半島から強制連行した」と証言している千葉県在住の吉田清治さん(七八)が七月、韓国に「謝罪の旅」に出る。韓国側から次々と起こされる訴訟、遅々として進まない日本側の補償に、いてもたってもいられなくなった、という。元慰安婦たちとも対面する予定で、「残虐行為に直接かかわった日本人が謝罪に来た、という歴史を残したい」と話している。

吉田さんによると、一九四二年(昭和十七年)、「山口県労務報国会下関支部」の動員部長になり、国家総動員体制の下、朝鮮人を軍需工場や炭鉱に送り込んだ。朝鮮半島に船で出かけては百人単位でトラックに詰め込んだ。三年間で連行、徴用した男女は約六千人にのぼり、その中には慰安婦約千人も含まれていた、という。

吉田さんは、こうした体験を「国会でもどこでも行って話す」つもりだが、参考人で呼ぼうとする動きが一時あったものの、いまだに実現しない。高齢で、今年しか謝罪のチャンスはないかも、という気持ちが、吉田さんを今回の旅へ駆り立てた。

吉田さんは、九年前にソウルの南、天安市にある海外同胞のための墓地、「望郷の丘」に碑を建てた。強制連行した朝鮮人へ謝罪の気持ちを込めたつもりだったが、一人だけの除幕式では、大勢の韓国人に囲ま

1992年5月24日、吉田清治、韓国への「謝罪の旅」を宣言

日本大使館前で抗議運動

2005年1月12日

NHK「慰安婦」番組改変

中川昭・安倍氏「内容偏り」

前日、幹部呼び指摘

01年1月、旧日本軍慰安婦制度の責任者を裁く民衆法廷を扱ったNHKの特集番組で、中川昭一・現経産相、安倍晋三・現自民党幹事長代理が放送前日にNHK幹部を呼んで「偏った内容だ」などと指摘していたことが分かった。NHKはその後、番組内容を変えて放送していた。番組制作にあたった現場責任者が昨年末、NHKの内部告発窓口である「コンプライアンス（法令順守）推進委員会」に「政治介入を許した」と訴え、調査を求めている。

（本田雅和、高田誠）＝34面に関係記事

2氏「公正求めただけ」

今回の事態は、番組編集についての外部からの干渉を排した放送法上、問題となる可能性がある。

番組は「戦争をどう裁くか」4回シリーズの第2回として、01年1月30日夜に教育テレビで放送された「問われる戦時性暴力」。00年12月に東京で市民団体が開いた「女性国際戦犯法廷」を素材に企画された。

ところが01年1月半ば以降、番組内容の一部を知った右翼団体などがNHKに放送中止を求め始めた。番組関係者によると、局内では「より客観的な内容にする作業」が進められた。放送2日前の1月28日夜には44分の番組が完成、教養番組部長が承認したという。

翌29日午後、当時の松尾武・放送総局長（現NHK出版社長）、国会対策担当の野島直樹・担当局長（現理事）らNHK幹部が、中川、安倍両氏に呼ばれ、議員会館などでそれぞれ面会した。

中川氏は当時、慰安婦問題などの教科書記述を調べる研究会「日本の前途と歴史教育を考える若手議員の会」代表、官房副長官でもあった安倍氏は同会元事務局長だった。

関係者によると、番組内容の一部を事前に知った両議員は「一方的な放送はするな」「公平で客観的な番組にするように」と求め、中川氏はやりとりの中で「それができないならやめてしまえ」などと放送中止を求める発言もしたという。NHK幹部の一人は「教養番組で事前に呼び出されたのは初めて。圧力と感じた」と話す。

同日夕、NHKの番組制作局長(当時)が「（国会でNHK予算が審議される）この時期に政治とは闘えない」などと伝えて番組内容の変更を指示したと関係者は証言。松尾、野島両氏も参加して「異例の局長試写」が行われた。

試写後、松尾氏らは①民衆法廷に批判的立場の専門家のインタビュー部分を増やす②「日本兵による強姦や慰安婦制度は『人道に対する罪』にあたり、天皇に責任がある」とした民衆法廷の結論部分などを大幅にカットすることを求めた。さらに放送当日夕には中国人元慰安婦の証言などのカットを指示。番組は40分の短縮版が放送された。

NHKで内部告発をしたのは、当時、同番組の担当デスクだった番組制作局のチーフ・プロデューサー。番組改変指示は、中川、安倍両議員の意向を受けたものだったと当時の上司から聞き、「放送内容への政治介入だ」と訴えている。

一方、中川氏は朝日新聞社の取材に対し、NHK幹部と面談したことを認めた上で「疑似裁判をやるのは勝手だが、それを公共放送がやるのは放送法上公正ではなく、当然のことを言った」と説明。「やめてしまえ」という言葉も「NHK側があれこれ直すと説明し、それでもやるというから『だめだ』と言った。まあそういう（放送中止の）意味だ」と語った。

安倍氏は「偏った報道と知り、NHKから話を聞いた。中立的な立場で報道されねばならず、反対側の意見も紹介しなければならないし、時間的配分も中立性が必要だと言った。国会議員として言うべき意見を言った。政治的圧力をかけたこととは違う」としている。

番組内容を事前に知った経緯について両議員は「仲間から伝わってきた」などとし、具体的には明らかにしていない。

NHK広報局は「（内部告発に関しては）守秘義務がありコメントできない。番組は、NHKの編集責任者が自主的な判断に基づいて編集したものだ」としている。

2005年1月12日、NHK番組改変報道

NHKは二〇〇一年一月三十日にETV特集「戦争をどう裁くか」で、女性国際戦犯法廷という民間団体の「民衆法廷」を放送。これについて、朝日新聞は〇五年一月十二日に「NHK『慰安婦』番組改変　中川昭・安倍氏『内容偏り』前日、幹部呼び指摘」との見出しで、中川昭一経済産業相と安倍晋三内閣官房副長官（ともに当時）からNHK上層部に圧力があった、と報じた。

NHKは調査を行い、圧力はなかったことを主張。二〇〇五年九月三十日、朝日新聞が検証を委託した『「NHK報道」委員会』が「（記者が疑惑を）真実と信じた相当の理由はあるにせよ、取材が十分であったとは言えない」との見解を出し、これを受けて朝日新聞社長が記者会見を開き、取材の不十分さを認めたが、記事の訂正や謝罪はなかった。

天声人語

戦艦大和が沖縄へ向けて出撃する日、吉田満少尉は遺書をしたためた。「私ノモノハスベテ処分シテ下サイ　皆様マスマスオ元気デ、ドコマデモ生キ抜イテ下サイ」▼その翌日、1945年、昭和20年4月7日、大和は九州沖で米軍機の猛襲を受け沈没した。世界の列強と競って建造した軍艦の象徴だった巨艦の最期は、軍国・日本の敗北をも象徴していた▼奇跡的に生き残った吉田氏が、終戦直後にてんまつを記した『戦艦大和ノ最期』は、時を超えて読み継がれてきた。大学を出たての青年の記述は、今も鮮烈だ▼「時ニ『大和』ノ傾斜、九十度ニナンナントス……アナヤ覆ラントシテ赤腹ヲアラハシ……火ノ巨柱ヲ暗天マデ深ク突キ上ゲ……全艦ノ細片コトゴトク舞ヒ散ル」。漂流中、一本の縄ばしごをつかみ助け上げられた▼漂流者で満杯の救助艇では、こんなこともあったという。「船べリニカカル手ハイヨイヨ多ク、ソノ力激シク……ココニ艇指揮オヨビ乗組下士官、用意ノ日本刀ノ鞘《さや》ヲ払ヒ、閃《ひら》メク腕ヲ、手首ヨリバッサ、……敢ヘナクノケゾッテ堕チユク、ソノ顔、ソノ眼光、瞼ヨリ終生消エ難カラン」▼吉田氏は戦後日本銀行に入り、支店長や監事を務めた。『吉田満著作集』の年譜を見る。詳細な記述の中で、あの4月はこう記されている。「沖縄特攻作戦に参加。生還」。参加と生還の間に一文字もない。しかしその字間に、どれほどおびただしい修羅があったことか。大和の最期に限らず、あらゆる戦場で命を奪われ、また命を削られた人たちの慟哭《どうこく》を思った。

2005年4月7日

2005年4月7日、天声人語が吉田満『戦艦大和ノ最期』にある手首斬りを史実のように記述

あくまで小説。ノンフィクションではない
講談社文芸文庫　1015円（税込）

吉田満
（写真提供／毎日新聞社）

（『WiLL』二〇〇六年一月号、粟野仁雄「吉田満『戦艦大和ノ最期』の嘘」より抜粋）

「戦艦大和の語り部」として知られる福山市在住の八杉康夫氏は「這い上がってくる仲間の兵隊の手首を軍刀で切るなど絶対にありえません」と断言する。（略）

「（吉田氏と会って問いただしたら）吉田氏はこの作品をノンフィクションと言った覚えはありません、と言った。ではどうして、実在人物が特定されるようにお書きになったのですか、と私が畳み掛けると吉田さんは黙ってしまいました」（略）

実は『戦艦大和ノ最期』が『サロン』という雑誌に初めて掲載された時、タイトルは「小説・軍艦大和」となっていた。あくまで小説だったのである。

海軍下士官は日本刀を持って乗船することなどないから、下士官が日本刀で手首を切るなどということはあり得ない。

2014年5月20日

政府事故調の「吉田調書」入手

所長命令に違反 原発撤退

東京電力福島第一原発所長で事故対応の責任者だった吉田昌郎《まさお》氏（2013年死去）が、政府事故調査・検証委員会の調べに答えた「聴取結果書」（吉田調書＝🔑）を朝日新聞は入手した。それによると、東日本大震災4日後の11年3月15日朝、第一原発にいた所員の9割にあたる約650人が吉田氏の待機命令に違反し、10キロ南の福島第二原発へ撤退していた。その後、放射線量は急上昇しており、事故対応が不十分になった可能性がある。東電はこの命令違反による現場離脱を3年以上伏せてきた。▼2面＝葬られた命令違反

デジタル版に特集「吉田調書」

福島第一原発所長だった吉田昌郎氏＝2011年11月

吉田調書 政府事故調が吉田氏を聴取した内容を一問一答方式で残した記録。聴取時間は29時間16分（休憩1時間8分を含む）。11年7月22日から11月6日にかけ計13回。そのうち事故原因や初期対応を巡る聴取は11回で、事務局に出向していた検事が聴取役を務めた。場所はサッカー施設Jヴィレッジと免震重要棟。政府事故調が聴取したのは772人で計1479時間。1人あたり約1・9時間。原本は内閣官房に保管されている。

福島第一 所員の9割

福島第一原発の緊急時対策室＝11年4月、東電提供

震災4日後、福島第二へ

吉田調書や東電の内部資料によると、15日午前6時15分ごろ、吉田氏が指揮をとる第一原発免震重要棟2階の緊急時対策室に重大な報告が届いた。2号機方向から衝撃音がし、原子炉圧力抑制室の圧力がゼロになったというものだ。2号機の格納容器が破壊され、所員約720人が大量被曝《ひばく》するかもしれないという危機感に現場は包まれた。

とはいえ、緊急時対策室内の放射線量はほとんど上昇していなかった。この時点で格納容器は破損していないと吉田氏は判断した。

午前6時42分、吉田氏は前夜に想定した「第二原発への撤退」ではなく、「高線量の場所から一時退避し、すぐに現場に戻れる第一原発構内での待機」を社内のテレビ会議で命令した。「構内の線量の低いエリアで退避すること。その後異常でないことを確認できたら戻ってきてもらう」

待機場所は「南側でも北側でも線量が落ち着いているところ」と調書には記録されている。安全を確認次

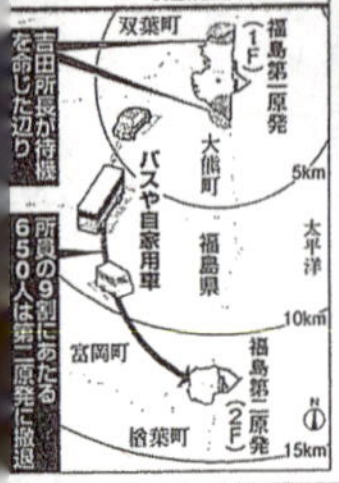

2011年3月15日朝の命令違反 吉田調書と東電の事故調査報告書をもとに作製

全資料 公表すべきだ

《解説》吉田氏が死去した今、「吉田調書」は原発事故直後の現場指揮官が語る唯一の公式調書だ。肉声がそのまま書き残され、やりとりは録音されている。分量はA4判で400㌻超。事故対応を検証し、今後の安全対策にいかす一級の歴史的資料だ。

ところが、政府事故調は報告書に一部を紹介するだけで、多くの重要な事実を公表しなかった。中でも重要な「9割の所員が待機命令に違反して撤退した」という事実も伏せられた。

事故の本質をつかむには一つひとつの場面を具体的な証言から再現・検証する必要がある。国は原発再稼働を急ぐ前に、政府事故調が集めた資料をすべて公表し、「福島の教訓」を安全対策や避難計画にいかすべきだろう。

吉田調書にはこのほかにも国や東電が隠している事実が多く含まれ、反省材料が凝縮されている。私たちは国や東電の事故対応の検証を続けていく。（宮崎知己）

集団的自衛権の国会

来春以降に先

政府・自民党は19日、自衛隊が武力を使って他国を守る集団的自衛権に関する法案の国会審議を、来年春の統一地方選挙以降に先送りする方針を固めた。20日から与党協議を始めるにあたり、公明党に配慮を見せる狙いがあるが、公明党は集団的自衛権行使容認への反対を崩していない。▼3面＝首相の狙い、4面＝自民に警戒感

政府・自民党は、今年秋の臨時国会では、憲法解釈の変更を伴わず、公明党も法整備に一定の理解を示す「グレーゾーン事態」＝🔑＝の法案審議を先行させる方針だ。集団的自衛権に関する法案を先送りするのは、自公の選挙協力が必要な統一地方選でこの問題に焦点があたれば、公明党の協力

グレーゾーン事態 有事とまでは言えないが、警察権では対応できないおそれがある事態を指す。政府が問題にしているのは、尖閣諸島への武装集団の上陸や、領海で潜没する潜水艦が退去要請に応じない事例。海上保安庁の装備や、今の自衛隊の権限では強制的に排除できない可能性がある。

2014年5月20日、「吉田調書」

二〇一四年五月二十日、朝日新聞は福島第一原子力発電所事故における日本国政府事故調査報告書の「吉田調書」を入手、「震災四日後には（吉田昌郎《まさお》）所長命令を無視し、福島第一所員は九割が逃げ出した」と報じた。

門田隆将が『週刊ポスト』（二〇一四年六月二十日号）で、「吉田調書」には「九割の所員が逃げ出した」という記述は存在せず、朝日の報道は誤報であると批判するが、「記事は確かな取材に基づいている」と主張、逆に門田に訂正および謝罪記事の掲載を要求する文書を送付した。

八月十八日に産経新聞が、二十四日にNHKが吉田調書を入手。「現場関係者が吉田所長の命令に背いて撤退したとの記載はない」と報じた。

九月十一日、木村伊量《ただかず》社長（当時）が記者会見を行い、誤報であったことを認め、謝罪した。

葬られた命令違反

公開を覚悟し証言

東京電力福島第一原発の9割もの所員がなぜ、所長の待機命令に違反して現場を離脱したのか。「吉田調書」などをもとに当時を再現する。
▼1面参照

「吉田調書」から当時を再現

吉田調書には、第一原発所長だった吉田昌郎氏が第1回聴取で「お話しいただいた言葉はほぼそのままの形で公にされる可能性がある」と通告され、「結構でございます」と即答したことが記録されている。吉田氏は自らの発言が公になることを覚悟していたのだ。

2011年3月14日午後6時28分、吉田氏は免震重要棟の緊急時対策室にある円卓の自席で、2号機への注水に使っていた消防車が燃料切れで動かなくなったという報告を聞いた。原子炉の圧力がやっと下がり、冷却水が入れられるようになった矢先のトラブル。原子炉格納容器が壊れる恐れがあり、吉田氏は「1秒1秒胸が締め付けられるような感じ」と聴取で振り返っている。廊下に出て誰もいないことを確認し、PHSの番号を押した。

「9109……」。一番つながりやすかった東電本店経由でかける方法だ。本店の頭越しにかけた電話の先は、細野豪志首相補佐官だった。

「炉心が溶けてチャイナシンドロームになる」

チャイナシンドロームとは高温で溶けてどろどろになった核燃料が鋼鉄製の格納容器に穴を開けることで、全てを溶かして地球の裏側へ進む架空の事故を題材にした映画の題名が由来だ。

吉田氏は続けた。

「水が入るか入らないか賭けるしかないですけども、やります。ただ、関係ない人は退避させる必要があると私は考えています」

「1号、3号と水がなくなる。同じようなプラントが三つでき、すさまじい惨事ですよ」

細野氏は「所長の言う緊急事態というのはよく分かりました。ただ、まだあきらめないで頑張って下さい」と言った。

吉田氏は「退避を考えた方がいい」と東電本店にも電話で伝えた。

ト（炉心溶融）する」

「放射能が第二原発に流れ、作業できなくなる」

吉田氏からの深刻な報告に、東電本店は撤退準備を急いだ。福島第二原発への撤退のタイミングなどを盛り込んだ「退避基準」の作成や、緊急時対策室を第二原発へ移す検討を始めた。

吉田氏は聴取で「清水（正孝）社長が撤退させてくれと菅（直人）さんに言ったという話も聞いている」と証言している。

吉田氏も事故対応とかかわりの少ない人の撤退には動いた。下請け作業員を帰らせ、第二原発に移動するバスを手配した。「樋口君という総務の人員」を呼び「運転手は大丈夫か」「（バスを）表に待機させろ」と指示したという証言が吉田調書にある。

福島第二への撤退準備は着実に進んでいた。後はタイミングだった。

線量上昇せず 待機命令

翌15日も事態は好転しなかった。2号機の核燃料が壊れているという試算も伝えられた。午前3時12分には中央制御室の伊沢郁夫当直長から「炉への注水はできていないと推測している」と報告が届いた。

そして、午前6時すぎ。衝撃音が緊急時対策室に響いた。吉田氏は白い防災ヘルメットをかぶった。

2号機の格納容器下部の圧力抑制室の圧力が「ゼロになったという情報」と「ぽんと音がしたという情報」が、中央制御室からほぼ同時に入ってきた。

2号機格納容器の爆発が疑われる事態だった。

計器を確認させると、格納容器の上部側の圧力は残っていた。吉田氏は「（格納容器が）爆発したということはないだろうな」と思ったが、圧力計が壊れている可能性は残るため、「より安全側に判断すれば、それなりのブレーク（破損）して、放射能が出てくる可能性が高い」と考えた。

吉田氏は一方で、構内や緊急時対策室内の放射線量はほとんど上昇していないという事実を重くみた。様々な情報を総合し、格納容器は壊れていないと判断。

現場へすぐに引き返せない第二原発への撤退ではなく、第一原発構内かその付近の比較的線量の低い場所に待機して様子を見ることを決断し、命令した。

ところが待機命令に反して所員の9割が第二原発へ撤退。吉田氏は「次の指示を待てと言ったつもりなんですが、2F（第二原発）に行ってしまいましたと言うんで、しょうがないなと思った」とも聴取で語っている。

吉田氏が驚いたのは、第二原発に離れた中にGMと呼ばれる幹部がいたことだ。東電の社内規則は過酷事故発生時に当直 する支援組織を立 部長級やGMが入 いる。そのメンバ していれば規則違

吉田氏は連絡をと う命じた。

「まずGMから帰 てくれ」

公式見解、切り張り

吉田調書に基づく当時の再現は、東電の公式見解が都合の悪い事実に触れていないことを示している。

朝日新聞が入手した東電の内部資料には「6：42 構内の線量の低いエリアで退避すること。その後本部で異常でないことを確認できたら戻ってきてもらう（所長）」と記載がある。吉田調書と同じ内容だ。命令の少し前に「6：34 TSC（緊急時対策室）内線量変化なし」と報告があったとの記載もあった。

東電は自らの事故調査報告書で、同じ内部資料から「一旦退避してパラメーターを確認する（吉田所長）」「最低限の人間を除き、退避すること（清水社長）」「必要な人間は班長が指名（吉田所長）」という部分だけを引用し、次のような公式見解を示した。

〈吉田氏が一部退避を決断→清水社長が確認・了解→約650人が第二原発へ退避し、約70人が残留〉

これは、適正な手続きで第二原発へ撤退したという印象を与えるものだ。

しかし、吉田氏が最終的に「すぐに現場に戻れる第一原発構内へ一時退避して待機する」よう命じたことを、東電は報告書に記さなかった。幹部社員を含む所員9割の「命令違反」の事実は葬られたのだ。

東電、調書と食い違い

「第二も視野に入れた指示」

東電広報部は、第二原発に撤退した中にGMがいたことを認めた上で「一時退避した所員の具体的な内訳は集約していない」とし役職など詳細は明らかにしなかった。吉田氏の待 に違反したことには 所長の指示は、構内 の低いエリアがなけ 二原発も視野に入れ せよというもので、 発への一時退避は 反していない」と

政府事故調の畑 調書と異なる回答を ・元委員長は「外に出 ものは報告書にみん たつもりだ。報告書 たこと以外は口外し が約束だ」と取材に

福島第一原発での命令違反の経緯と1時間あたりの放射線量（肩書は当時）		
11年3/14	18:28	2号機に海水注入している消防車が燃料切れとの一報
	19:21	第一原発技術班「2号機は18時22分くらいに核燃料がむき出しと想定」
	20:17	福島第二原発所長が緊急時対策室を第二原発内に用意したと発言
	21:45	原子力安全・保安院が会見で「2号機は炉心損傷の可能性が高い」
3/15	0:16〜1:11	2号機の原子炉内圧力が上昇を続ける
	5:35	菅直人首相、東電本店に到着。政府と東電の対策統合本部立ち上げ
	6:00過ぎ	衝撃音があり、2号機圧力抑制室の圧力がゼロになったと報告
	6:42	吉田所長が第一原発近場での待機を命令。9割の所員は福島第二へ
	8:25	2号機から白いもや状のものが噴出
	9:00	第一原発正門付近の放射線量が最高値を記録
	9:38	4号機で火災発生の一報
	10:22	3号機付近で毎時400ミリシーベルトを観測
	昼頃	第二原発に撤退した所員が第一原発に戻り始める

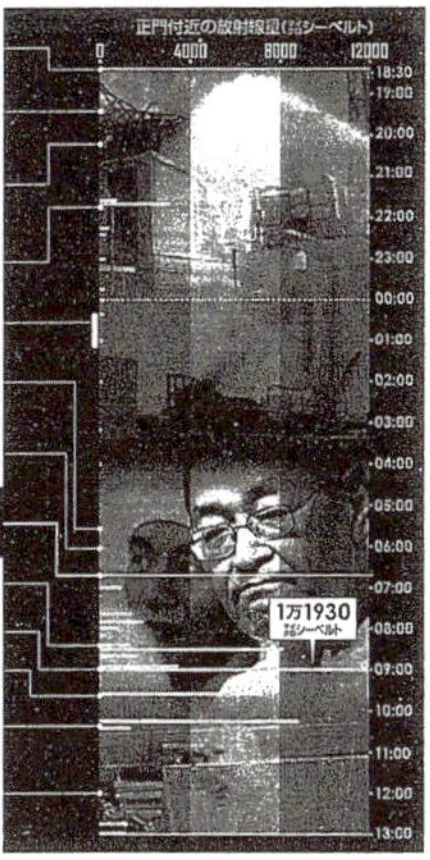

「タイムライン2011-2012」（岩波書店）と東電の資料をもとに作製

再稼働論議 現実直視を

担当記者はこう見た

暴走する原子炉を残し、福島第一原発の所員の9割が現場を離脱したという事実をどう受け止めたら良いのか。吉田調書が突きつける現実は、重い課題を投げかけてくる。

吉田氏は所員の9割が自らの待機命令に違反したことを知った時、「しょうがないな」と思ったと率直に語っている。残り1割の所員も原子炉爆発の場合の大量被曝を避けるため、原子炉を運転・制御する中央制御室でなく、免震重要棟2階の緊急時対策室にほぼ詰めており、圧力や水位な 炉の状態を監視できない時 いた。

吉田調書が残した教訓は、過酷事故のもとでは原子炉を制御する電力会社の社員が現場から離脱する事態が十分に起こりうるということだ。その時、誰が対処するのか。当事者ではない消防 隊か。特殊部隊を創設するのか。それとも米国に頼るのか。

現実を直視した議論はほ 行われていない。自治体は 用して避難計画を作れば か。その問いに答えを出 ま、原発を再稼働して良い ない。（木

ひと

LGBTの若者支援に取り組む

遠藤《えんどう》 まめた さん(27)

た17日、神奈川県横須賀市で多様性を象徴する虹色の旗を振り、全国から集めたメッセージを読んだ。同性愛が国際疾病分類から外され、治療の対象でないと認められたことを祝う国際的記念日だ。「遠い話ではないと気づいて欲しい」。2007年に始めたアクションは全国15カ所に広がった。

名だ。両親は女の子向きの つけてくれたが、幼い頃か への違和感は募るばかりだ 母が用意するスカートを でズボンにはき替え、小学 った。修学旅行では女子 雄で、入浴時間に姿を消

1998年、埼玉医科大 初の性別適合手術——。 を11歳の自分に重ねるこ った。大人になれば男に じていたからだ。しかし、 胸が膨らみ始め「間違い た」と混乱した。高1の冬 ターネットで性同一性障害 づき、やっと人生が広がった。

子どもたちに「大丈夫 伝えたい。18歳から、性同 害や同性愛などの性的少数 GBT」の若者支援に取り 今月、その7割が小中高時 じめられていた、との調査 発表した。自殺の危険性が 支援が必要だ。自ら命を絶 人を思い、「同じことを 繰り返すのか」と問いかけ

文・二階堂友紀 写

2014年5月20日、2面「葬られた命令違反」

福島第1原発（写真提供／共同通信社）

2014年9月12日

吉田調書「命令違反し撤退」報道

本社、記事取り消し謝罪

朝日新聞社の木村伊量《ただかず》社長は11日、記者会見を開き、東京電力福島第一原発事故の政府事故調査・検証委員会が作成した、吉田昌郎《まさお》所長（昨年7月死去）に対する「聴取結果書」（吉田調書）について、5月20日付朝刊で報じた記事を取り消し、読者と東京電力の関係者に謝罪した。杉浦信之取締役の編集担当の職を解き、木村社長は改革と再生に向けた道筋をつけた上で進退を決める。

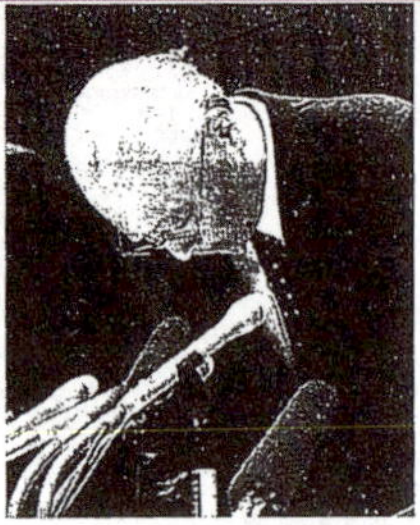

記者会見で頭を下げる木村伊量・朝日新聞社社長＝11日午後、東京・築地

慰安婦巡る記事撤回遅れを謝罪

朝日新聞社は、「信頼回復と再生のための委員会」（仮称）を立ち上げ、取材・報道上の問題点を点検、検証し、将来の紙面づくりにいかす。

本社は政府が非公開としていた吉田調書を入手し、5月20日付紙面で「東電社員らの9割にあたる約650人が吉田所長の待機命令に違反し、10キロ南の福島第二原発に撤退した」と報じた。しかし、吉田所長の発言を聞いていなかった所員らがいるなか、「命令に違反 撤退」という記述と見出しは、多くの所員らが所長の命令を知りながら第一原発から逃げ出したような印象を与える間違った表現のため、記事を削除した。

調書を読み解く過程での評価を誤り、十分なチェックが働かなかったことなどが原因と判断した。問題点や記事の影響などについて、朝日新聞社の第三者機関「報道と人権委員会」に審理を申し立てた。

朝日新聞社が、韓国・済州島で慰安婦を強制連行したとする吉田清治氏（故人）の証言を虚偽と判断し、関連記事を取り消したこと、その訂正が遅きに失したことについて、木村社長は「おわびすべきだった」と謝罪した。元名古屋高裁長官の中込秀樹氏を委員長とする第三者委員会を立ち上げ、過去の報道の経緯、国際社会に与えた影響、特集紙面の妥当性などの検証を求める。

信頼回復へ検証委

■本社の報道を審理・検証する各委員会
- 「吉田調書」報道／報道と人権委員会（PRC）
- 慰安婦報道／有識者による第三者委員会
- 信頼回復／信頼回復と再生のための委員会（仮称）

池上氏連載判断「責任を痛感」

木村社長は、慰安婦特集について論評した池上彰氏の連載コラムの掲載を見合わせた判断については、「言論の自由の封殺であるという思いもよらぬ批判があった」「責任を痛感している」とした。

吉田調書 政府が公開

政府は11日、東京電力福島第一原発事故に関して、政府の事故調査・検証委員会が関係者から当時の状況を聞いた「聴取結果書」（調書）のうち、吉田昌郎元所長ら計19人分を公開した。

この日開示されたのは吉田氏のほか、菅直人元首相、枝野幸男元官房長官ら事故発生当時の民主党政権幹部らの調書。菅義偉官房長官は11日の記者会見で「吉田元所長のヒアリング記録の一部のみ、断片的に取り上げられた記事が複数の新聞に掲載され、独り歩きとの本人の懸念が顕在化した」と公開した理由を述べた。

吉田氏の調書によると、吉田氏は2011年3月14日夕から翌朝の第一原発2号機について、「完全に燃料露出しているにもかかわらず、減圧もできない、水も入らない」状態と説明。「このまま水が入らないでメルトして、完全に格納容器の圧力をぶち破って燃料が全部出ていってしまう。そうすると、その分の放射能が全部外にまき散らされる最悪の事故」「我々のイメージは東日本壊滅」と当時の危機的状態を振り返っている。

15日朝、吉田氏は収束作業に必要な人員を残して免震重要棟からの退避を指示した。多くの所員は第二原発（2F）に退避したが、吉田氏は「本当は私、2Fに行けと言っていない」「福島第一の近辺で、所内に関わらず、線量の低いようなところに一回退避して次の指示を待てと言ったつもり」と明かしている。

ただ、指示通りに第一原発近辺に退避すれば「みんな全面マスクしているわけです。それで何時間も退避していて、死んでしまう」と指摘。「よく考えれば2Fに行った方がはるかに正しいと思った」と所員の行動を評価した。

みなさまに深くおわびします

朝日新聞社社長 木村 伊量

朝日新聞は、東京電力福島第一原発事故の政府事故調査・検証委員会が作成した、いわゆる「吉田調書」を、政府が非公開としていた段階で独自に入手し、今年5月20日付朝刊で第一報を報じました。その内容は「東日本大震災4日後の2011年3月15日朝、福島第一原発にいた東電社員らの9割にあたる、およそ650人が吉田昌郎所長の待機命令に違反し、10キロ南の福島第二原発に撤退した」というものでした。吉田所長の発言を紹介して過酷な事故の教訓を引き出し、政府に全文公開を求める内容でした。

しかし、その後の社内での精査の結果、吉田調書を読み解く過程で評価を誤り、「命令違反で撤退」という表現を使ったため、多くの東電社員の方々がその場から逃げ出したかのような印象を与える間違った記事になったと判断しました。「命令違反で撤退」の記事を取り消すとともに、読者及び東電福島第一原発で働いていた所員の方々をはじめ、みなさまに深くおわびいたします。

これに伴い、報道部門の最高責任者である杉浦信之編集担当の職を解き、関係者を厳正に処分します。むろん、経営トップとしての私の責任も免れません。この報道にとどまらず朝日新聞に対する読者の信頼を大きく傷つけた危機だと重く受け止めており、私が先頭に立って編集部門を中心とする抜本改革など再生に向けておおよその道筋をつけた上で、すみやかに進退について決断します。その間は社長報酬を全額返上いたします。

吉田調書は、朝日新聞が独自取材に基づいて報道することがなければ、その内容が世に知らされることがなかったかもしれません。世に問うことの意義を大きく感じていたものであるだけに、誤った内容の報道となったことは痛恨の極みでございます。

現時点では、思い込みや記事のチェック不足などが重なったことが原因と考えておりますが、新しい編集担当を中心に「信頼回復と再生のための委員会」（仮称）を早急に立ち上げ、あらゆる観点から取材・報道上で浮かび上がった問題点をえぐりだし、読者のみなさまの信頼回復のために今何が必要なのか、ゼロから再スタートを切る決意で検討してもらいます。

同時に、誤った記事がもたらした影響などについて、朝日新聞社の第三者機関である「報道と人権委員会（PRC）」に審理を申し立てました。すみやかな審理をお願いし、その結果は紙面でお知らせいたします。

様々な批判、指摘を頂いている慰安婦報道についても説明します。朝日新聞は8月5日付朝刊の特集「慰安婦問題を考える」で、韓国・済州島で慰安婦を強制連行したとする吉田清治氏（故人）の証言に基づく記事について、証言は虚偽と判断して取り消しました。戦時の女性の尊厳と人権、過去の歴史の克服と和解をテーマとする慰安婦問題を直視するためには、この問題に関する過去の朝日新聞報道の誤りを認め、そのうえでアジアの近隣諸国との相互信頼関係の構築をめざす私たちの元来の主張を展開していくべきだと考えたからです。この立場はいささかも揺らぎません。

ただ、記事を取り消しながら謝罪の言葉がなかったことで、批判を頂きました。「裏付け取材が不十分だった点は反省します」としましたが、事実に基づく報道を旨とするジャーナリズムとして、より謙虚であるべきであったと痛感しています。吉田氏に関する誤った記事を掲載したこと、そしてその訂正が遅きに失したことについて読者のみなさまにおわびいたします。

慰安婦報道については、PRCとは別に社外の弁護士や歴史学者、ジャーナリストら有識者に依頼して第三者委員会を新たに立ち上げ、寄せられた疑問の声をもとに、過去の記事の作成や訂正にいたる経緯、今回の特集紙面の妥当性、そして朝日新聞の慰安婦報道が日韓関係をはじめ国際社会に与えた影響などについて、徹底して検証して頂きます。こちらもすみやかな検証をお願いし、その結果は紙面でお知らせします。

吉田調書のような調査報道も、慰安婦問題のような過去の歴史の負の部分に迫る報道も、すべては朝日新聞の記事に対する読者のみなさまの厚い信頼があってこそ成り立つものです。

わたしたちは今回の事態を大きな教訓としつつ、さまざまなご意見やご批判に謙虚に耳を澄まします。そして初心に帰って、何よりも記事の正確さを重んじる報道姿勢を再構築いたします。そうした弊社の今後の取り組みを厳しく見守って頂きますよう、みなさまにお願い申し上げます。

2014年9月12日、「吉田調書」報道取り消し

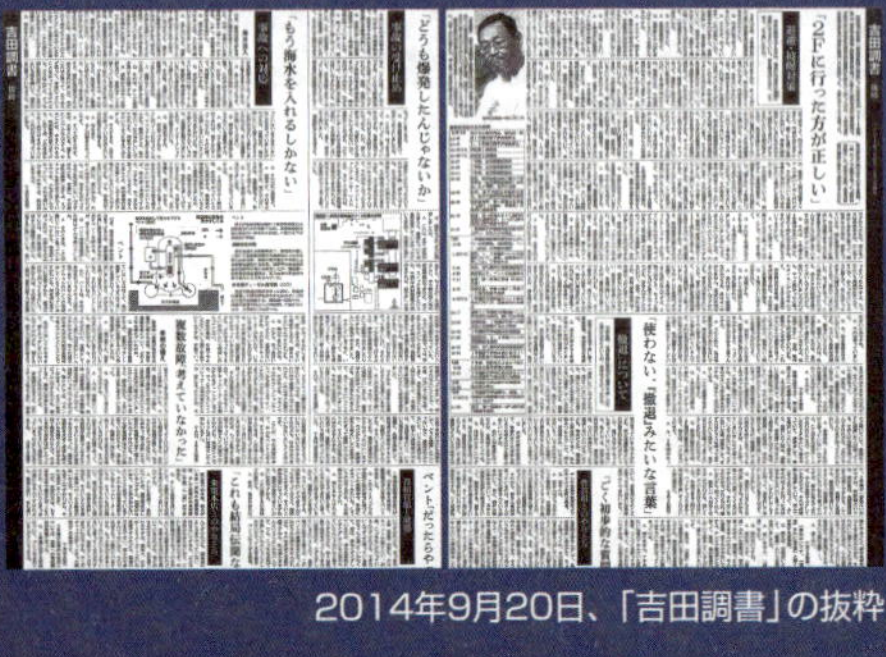

2014年9月20日、「吉田調書」の抜粋

記者会見の冒頭で頭を下げる朝日新聞社の木村伊量社長（中央）、杉浦信之取締役編集担当（右）　（写真提供／共同通信社）

2014年9月11日

← どこまで続く
ぬかるみぞ

「言論の矜持」はいずこへ

グサリと本質をついた痛烈極まる朝日批判

櫻井よしこ
ジャーナリスト

朝日は裁判を選んだ

朝日新聞はついに、言論機関としての矜持《きょうじ》と資格を失ったのか。

二〇一七年十二月二十五日、朝日新聞社は『徹底検証「森友・加計《かけ》事件」朝日新聞による戦後最大級の報道犯罪』の筆者である文芸評論家の小川榮太郎氏と、出版元である飛鳥新社を提訴した。紙面での論争を避けただけでなく、五千万円もの損害賠償と謝罪広告の掲載を要求したことは、言論機関としてあるまじき行為である。

改めて訴訟に至るまでの経緯を振り返っておこう。小川氏の書籍が発刊されたのが二〇一七年十月十八日である。そのひと月後の十一月二十一日、朝日新聞社は小川氏と飛鳥新社に「申入書」を送付した。「事実に反し名誉・信用を毀損《きそん》する主な箇所」として十六点を挙げ、〈本書面受領後2週間以内に、書面にて真摯《しんし》にお答えください〉と要求した。

これに対し、小川氏と飛鳥新社は二週間後の十二月六日、朝日に対する回答を朝日側に送付し、公表した。特に飛鳥新社は、回答文のなかで次のように述べていた。

〈御社（注・朝日新聞社）側がある

森友・加計著書巡り
本社が評論家提訴
「名誉を著しく傷つけた」

朝日新聞社は25日、文芸評論家・小川栄太郎氏の著書「徹底検証『森友・加計事件』 朝日新聞による戦後最大級の報道犯罪」が、事実に基づかない内容で本社の名誉や信用を著しく傷つけたとして、小川氏と出版元の飛鳥新社に5千万円の損害賠償と謝罪広告の掲載を求める訴えを東京地裁に起こした。

小川氏は同書で、森友学園への国有地売却問題や加計学園の獣医学部新設問題の本社の報道について「朝日新聞自身が、どちらも安倍（晋三首相）の関与などないことを知りながらひたすら『安倍叩き』のみを目的として、疑惑を『創作』した」と記した。

また、加計学園の問題をめぐり、「全編仕掛けと捏造で意図的に作り出された虚報である」と言及。本社が「総理のご意向」などと書かれた文部科学省の文書の存在を報じたことについて、「『総理の意向』でないことが分かってしまう部分を全て隠蔽して報道し続けた」などと記述した。

「ある人物が朝日新聞とNHKの人間と一堂に会し、相談の結果、（中略）報道することを共謀したとみる他ない」とも書いた。

本社は訴状で、「一連の報道に捏造や虚報はない」と主張。「安倍叩き」を目的として報道したことはないとしたうえで、「本社が入手した文書に『総理の意向でないことが分かってしまう部分』はなく、これを隠蔽した事実はない」「『ある人物』や『NHKの人間』と一堂に会したこともなく、報道について共謀したこともない」などとした。小川氏が同書発刊にあたり、本社に対して一切取材をしなかったことも指摘した。

本社は11月21日、小川氏と飛鳥新社に対し、訂正や謝罪を求める申入書を送付。小川氏は12月5日付で「申入項目は、殆どが私の『表現』か『意見言明』への苦情に過ぎません」などと回答した。

文書・取材に基づき報道

加計学園の獣医学部新設問題で、朝日新聞は5月17日付朝刊1面（東京本社14版）「新学部『総理の意向』 文科省に記録文書」など、一連の文書の存在とともに取材で判明した事実、国会審議などをその都度詳細に報じてきた。行政の公平性が損なわれた恐れはなかったか、という視点からだ。

小川氏は著書で、「総理のご意向」と記された文書

に「『国家戦
議決定』とい
ば、総理が個
理からの指示
はないか」と
ことを挙げ、
指示がなかっ
『総理からの
る』ような操
――この文書
る」と言及。
の箇所を隠し
たと主張して
新の会の足立
も国会審議で
いて「捏造」
た。

朝日新聞は
報道の数カ月
学部新設をめ
特区のあり方
を進めていた
で、「総理の
邸の最高レベ
ること」など
連の文書を入
らの文書につ
ること▽文部
有されていた
の意向」を否

根拠なく誹謗・中傷

千葉光宏・朝日新聞社執行役員広報担当の話

小川栄太郎氏の著書には、森友・加計学園に関する朝日新聞の一連の報道について事実に反する記載が数多くありました。本社には一切取材もないまま、根拠もなく、虚報、捏造、報道犯罪などと決めつけています。具体的にどう違うか指摘し訂正を求めましたが、小川氏は大半について「私の『表現』か『意見言明』への苦情に過ぎません」などとして応じませんでした。出版元も著者の小川氏任せで、訂正は今後も期待できません。

この本が出版された後、本社の報道を同じ調子で根拠もなく捏造などとする誹謗・中傷がありました。読者の皆様からも、ご心配いただく声が寄せられています。

「言論の自由」が大切なのは言うまでもありません。しかし、小川氏の著書の事実に反した誹謗・中傷による名誉毀損の程度はあまりにひどく、言論の自由の範疇を超えています。建設的な言論空間を維持・発展させていくためにも、こうしたやり方は許されるべきではありません。やむを得ず裁判でこの本の誤りを明らかにするしかないと判断しました。

◇

訴えの詳細は本社コーポレートサイト（http://www.asahi.com/corporate/）に全文を掲載しました。

2017年12月26日付朝日新聞紙面

べき資料に依拠して、一つひとつの事実について争うならば、弊社媒体『月刊Hanada』の誌面を提供し、公開論争に応じる用意があり、また事実の誤りがあれば、次回重版分からの訂正に応じます。

御社には、著者個人の言論や表現を萎縮《いしゅく》させかねない申入書ではなく、良質の言論で対抗することで論争を深めるよう望んでやみません〉

しかし、朝日新聞社広報部は〈回答の内容は承服できません。今後の対応について、弊社で検討いたします〉とし、十二月二十五日に、謝罪広告掲載と五千万円の損害賠償を求め、東京地裁に提訴した。つまり、「論争を」との飛鳥新社側の呼びかけには応じず、言論ではなく裁判で決着をつける手段に及んだのである。

翌二十六日には提訴について紙面でも扱い、朝日新聞社の執行役員広報担当・千葉光宏氏の次のようなコメントを掲載した。

〈小川栄太郎氏の著書には、森友・加計学園に関する朝日新聞の一連の報道について事実に反する記載が数多くありました。本社には一切取材もないまま、根拠もなく、虚報、捏《ねっ》造《ぞう》、報道犯罪などと決めつけています。具体的にどう違うかを指摘し訂正を求めましたが、小川氏は大半について「私の『表現』か『意見言明』への苦情に過ぎません」などとして応じませんでした。出版元も著者の小川氏任せで、訂正は今後も期待できま

せん〉

〈「言論の自由」が大切なのは言うまでもありません。しかし、小川氏の著書の事実に反した誹謗《ひぼう》・中傷による名誉毀損の程度はあまりにひどく、言論の自由の限度を超えています。建設的な言論空間を維持・発展させていくためにも、こうしたやり方は許されるべきではありません。やむを得ず裁判でこの本の誤りを明らかにするしかないと判断しました〉

飛鳥新社は、誌面を提供して論争の場を用意すると申し出ている。「言論の自由の大切さ」を説きながら朝日は、憲法が保障する言論・表現の自由を最大限に重んじることや、言論にはあくまで言論で対峙《たいじ》すべきだという、真っ当な言論人あるいは言論機関なら当然守るであろう価値観に逆行している。

また後述するように、朝日は日々、膨大な量の記事を配信している。十分な言語空間があるにもかかわらず、その言論の場を活用せず、公正な言論空間を維持・発展させるために裁判に訴えた、というのだ。

これでは本末転倒どころか、屁理屈にもならないのではないか。

言論に携わる者の覚悟

朝日は、小川氏が朝日新聞に対する一切の取材を行わなかったことを問題視している。だが言論空間においては、署名原稿を書いた筆者に対して、必ずしもその都度、「これはどういう意図で書いたのか」と取材して批評する必要はないであろう。

言論とは、署名入りで記事を出したが最後、どのように論評されても仕方がないという性格を有する。だからこその「真剣勝負」であり、それが言論に携《たずさ》わる者の覚悟でもあろう。

朝日が紙面に載せた記事を精査したうえで小川氏は、「記事には安倍叩きのための偏向や、印象操作があった」と指摘した。記事に基づいた論評は、日本を含む言論・表現の自由を尊ぶ国では、何ら問題にされる事柄ではない。朝日の側に反論があるのであれば、大いに言論で展開すべきであろう。

小川氏も飛鳥新社も、事実関係の誤りについては次の版で訂正するとしたうえで、「論争のための誌面を提供する」とまで言っているのだが、朝日がそれをいきなり訴えた目的は何かと考えざるを得ない。

彼らが表向きの理由としている、事実を明らかにすることや、〈建設的な言論空間を維持・発展させ〉るためというのはどう考えても信じがたい。もし本当にそのようなことが目的ならば、言論機関らしく、互いの紙面を使って論争するほうがはるかに理に適《かな》っており、建設的である。また、そのほうが読者、ひいては国民に資する。

スラップ訴訟の疑いあり

司法の世界には、「スラップ訴訟」（SLAPP＝Strategic Lawsuit Against Public Participation、恫喝的訴訟）という言葉がある。社会的強者が弱者の言論を封殺するために訴訟を起こすことを指すが、今回の朝日の提訴にはその疑いがある。

スラップ訴訟は厳に慎まなければならないことであり、当の朝日新聞自身、かつてスラップ訴訟を厳しく批判している。二〇一六年三月七日付の紙面に〈言論封じ「スラップ訴訟」批判的な市民に恫喝・嫌がらせ〉と題する全五段の記事を掲載、スラップ訴訟の被告側に取材し、〈精神的、肉体的にものすごい負担だった〉〈こうした訴訟を許さない社会にならなければ、繰り返される〉とのコメントを掲載している。

さらに専修大学の内藤光博教授の〈（スラップ訴訟は）特定の発言を封じるだけでなく、将来の他の人の発言にも萎縮効果をもたらす。言論の自由を侵害する大きな問題で、法的規制も検討するべきだ〉とのコメントを引用し、メディアとして明確にスラップ訴訟を批判している。

私はフリーのジャーナリストであり、仮に朝日から訴えられたとしても、言論人としての誇りと自らの名誉にかけて徹底的に闘うであろう。つまらない裁判で自分の精神を乱されたり、「スラップ訴訟をされて傷ついた」「精神的に落ち込んだ」などとへこむようなことは自分には似合わないと考えている。

言論による論争であれば、これまでいくらでも受けてきた。だが、相手が言論人としてのこの作法を守らずに訴訟という手段に及んだとしても、むしろ「喜んで訴訟を受ける。名誉なことだ」という態度で蹴散《けち》らしていきたいと思う。

スラップ訴訟のような圧力で言論人が萎縮してはならないのである。しかし、書き手によっては「朝日に訴えられてはかなわない」と筆を緩めることもあるかもしれない。面倒なことに巻き込まれないために書くのをやめようと考え、実際に書かなくなるかもしれない。

これこそまさに、朝日がもっとも忌《い》み嫌うはずの言論弾圧、言論統制である。朝日がこよなく愛し、かつ信奉する憲法の「言論の自由」「表現の自由」の侵害でもあろう。

もちろん、民事訴訟においては、

誰もが「訴えを起こす権利」を認められている。しかし最高裁判所は、それを濫用《らんよう》して他人の権利を侵害した場合には提訴そのものが違法行為になる場合がある、との判断を昭和六十三年一月二十六日の判決で示している。

右の判決とは別に、つい最近の判決を紹介したい。イオングループと『週刊文春』が対立したケースである。『週刊文春』が二〇一三年十月十七日号に「『中国猛毒米』偽装　イオンの大罪を暴く」という記事を掲載したのに対し、イオンが一億六千五百万円の賠償を求めて提訴した。この訴訟について、東京高裁が平成二十九年十一月二十二日に判断を示した。

報道によれば、一審では『文春』が敗訴し、賠償額二千四百九十二万円の判決となった。しかし、控訴審の東京高裁は「猛毒米」という誤った印象を抱かせるタイトルの一部分だけは名誉毀損と認めて、その削除と百十万円の損害賠償を命じたが、それ以外の新聞各社への意見広告費の賠償などの請求はすべて棄却した。

「良質の言論」で対抗せよ

判決文の傍論で、裁判長は次のように述べている。

〈記事本文は真実で食品流通大手に価格決定権を握られた納入業者が中国産などの安価な原料に頼り、食の安全にリスクが生じているのではないかと問題提起をする良質の言論である〉

〈訴訟を起こして言論や表現を萎縮させるのではなく、良質の言論で対抗することで論争を深めることが望まれる〉

極めて示唆に富む見解ではないか。良質の言論で論争を深めよとの司法の見解は、言論に携わる者こそが大事にすべきだ。朝日新聞はイオンとは違って、自身も言論機関であろう。その朝日新聞が、一冊の本に関して執筆者と出版社を訴え、言論を封じようとしていることは、まことに恥ずかしいことだ。

本来なら、言論・表現の自由を重んじる左派の弁護士などが、「個人の表現を裁判によって圧迫する」朝日批判の声をあげて然《しか》るべき局面だが、そのような批判が起きているとは、寡聞《かぶん》にして、私は知らない。

ここで注目しなければならないことは、提訴によってすでに言論が封じられていることだ。小川氏の本の新聞広告は掲載拒否に遭っている。各新聞社には「広告掲載基準」があり、「係争中の本については広告を掲載しない」となっているからであり、事実、飛鳥新社は小川氏の書籍の新聞広告が掲載できなくなっている。

朝日新聞自身が、そのような「広告掲載基準」を「知らない」はずはない。小川氏の本の広告が掲載できなくなり、販売機会を奪うことになると分かっていて提訴していると考えるのが自然だろう。

つまり、先に引用した朝日新聞社の執行役員広報担当・千葉光宏氏の〈建設的な言論空間を維持・発展させていくために〉〈やむを得ず裁判〉という言葉は事実上、詭弁《きべん》なのであり、朝日は自身が言論機関でありながら、自ら言論封殺を行っていることになる。朝日新聞が、自身の振る舞いがメディアとしての自らの首を絞めるということに気付いていないとしたら、絶望的である。

印象操作を〝白状〟した

提訴そのものも大いに問題だが、それ以上に驚かされたのは、朝日が東京地裁に提出した訴状の、その中身である。一読して、「論理のすり替えが行われている」と言わざるを得ない。

訴状は朝日新聞コーポレートサイト上で全文を読むことが可能なので、多くの読者にご一読いただきたいが、思わずわが目を疑う一文があった。それは訴状の三ページ目、いわゆる「モリカケ」問題について、小川氏が「朝日新聞は安倍総理の関与などないことを知りながら、ひたすら安倍叩きを行った」としている論旨に反論した部分だ。

〈原告は上記両問題について安倍晋三首相が関与したとは報じていない。安倍首相が関与していないことを知っていたこともない。「安倍叩き」を目的として報道したこともない。疑惑を創作したこともない〉

驚愕するほかない。小川氏が本誌三月号などで書いているように、昨年二月から、朝日は計六百数十回にもわたって森友・加計問題に関する記事を掲載し、これらの問題について安倍総理、政府には説明責任がある、と繰り返し報じてきた。

ところが裁判となったいま、朝日新聞は〈安倍晋三首相が関与していたとは報じていない〉と書いて憚《はばか》らないのだ。この逃げの主張はないだろう。この主張は逆に、朝日新聞が一貫して印象操作報道を行っていたと白状しているようなものではないか。読んだ私のほうが、思わず恥ずかしくなった件《くだり》である。

また、「報じない自由」を行使し、その証言をほとんど取り上げなかった加戸守行《かともりゆき》前愛媛県知事の証言についても、〈「これらの当事者」の発言を幅広く報じていたものである〉（訴状十三ページ〉との説明を行っている。本当かしら、と思わず疑った。

そこで朝日新聞が列挙した当該記事のうちの一つ、六月十九日付朝刊の〈誘致の今治《いまばり》、期待と不満　加計新学部〉という記事を改めて丁寧に読んでみた。何のことはない、同記事は「愛媛は獣医師が足りず、悲鳴を上げていた」「十年前に『総理の意向』があれば（学部は）できていた。私は安倍総理に怒っている」などとするコメントを、わずかに紹介しているのみだ。

加戸証言を軽視

そしてもう一つ、六月二十一日付でも取り上げたという〈事柄の本質は公務員獣医師の不足　獣医学部誘致、加戸前知事に聞く〉と題するこの記事。たしかに長いインタビューである。だがこれは、〈大阪地方版／愛媛〉にのみ掲載されたローカル版の記事だ。愛媛県以外の読者はこの記事を目にすることはないであろうから、朝日新聞がこの記事をもって「幅広く報じていた」と胸を張れるわけではないのだ。

二〇一七年七月十日に行われた閉会中審査翌日の紙面でも、たしかに加戸氏の証言は引用されてはいる。だがそれは、〈やりとり詳報〉という議事録のような部分で触れているだけであり、一般記事では一行たりとも触れていない。

前川喜平《きへい》前文科次官の「行政が歪《ゆが》められた」との発言ばかりが、政治面だけでなく社会面にもわたって大きく取り上げられたのとは雲泥《うんでい》の差だった。

そこで再度強調したい。これで〈発言を幅広く報じていたものである〉と胸を張ることは無理なのである。

さらに訴状では、加計問題報道を象徴する、二〇一七年五月十七日付朝刊一面の「総理のご意向報道」についても触れている。例の「総理のご意向文書」に影を落とした画像を載せた件について、朝日は訴状で「記事で触れた部分（つまり文字が読める部分）が最も重要なのだ」としたうえで、こう述べる。

〈このように文書について報道する場合に文書の一部にスポットをあてた写真を掲載することは新聞報道の一般的な手法であり、毎日新聞、読売新聞、東京新聞も本件文部科学省記録文書の写真を同様の手法で掲載している〉（訴状九ページ）

しかし、これまで多くの人々が、〈「国家戦略特区諮問《しもん》会議決定」とい

新学部「総理の意向」
加計学園計画
文科省に記録文書
内閣府、早期対応求める
眞子さま婚
大学同級生 小室

2017年5月17日の問題のスクープ

う形にすれば、総理が議長なので総理からの指示に見えるのではないか〉という部分を見せていれば、少なくとも総理からの直接の指示はなかったことが分かる部分については、朝日新聞は影を落として隠したままだ。「同様の手法で掲載している」と名指しされた毎日新聞は、たしかに掲載した写真では文書の下半分を切ってしまっているのだが、〈「国家戦略特区諮問会議決定」という形にすれば〜〉という部分も、記事のなかでちゃんと伝えている。

これについては、二〇一七年十一月二十七日の衆院予算委員会で自民党の菅原一秀《いっしゅう》議員が「これはすなわち指示がなかったということではないか」と質問し、翌日の読売新聞は社説で〈「これは、首相からの指示がないということではないか」との菅原氏の指摘はうなずける〉と書いている。

矛盾だらけの杜撰な訴状

しかし、朝日の訴状はこう述べるのである。

〈この（文書の）一連の記載に沿って読めば、（中略）『国家戦略特区諮問会議決定』という形にすれば、総理が議長なので、総理からの指示に見えるのではないか。」との記載は、今治市での大学設置時期について最短距離でとの総理のご意向を実現するためには、国家戦略特区諮問会議決定とし、総理からの指示に見えるようにするのがよいとの趣旨が明らかである〉（訴状八ページ）

仮に、朝日の指摘するとおりだったとしよう。だがそうであれば、なぜ文書の画像に影を落とし、この部分を読めない状態にする必要があったのか。なぜ本文で一度たりとも触れていないのか。朝日の主張は、それ自体で矛盾しているのではないか。

朝日新聞の訴状は、訴状としては一定の水準に達しているのであろうが、ジャーナリストや言論人として読めば、驚くほどの矛盾を孕《はら》んだ杜《ず》撰《さん》な内容だと断じざるを得ない。

朝日新聞の「前科」

朝日新聞には「前科」がある。二〇一四年九月、慰安婦報道と併せて当時の社長・木村伊量《ただかず》氏が謝罪会見を開き、社長を辞任するに至った「吉田調書問題」だ。

二〇一四年五月二十日、朝日新聞は〈所長命令に違反、原発撤退　福島第一、所員の9割　政府事故調の「吉田調書」入手〉という記事を掲載した。これに対し、吉田所長をはじめ、百名にも達する福島第一原発の所員らに直接取材を行っていた門田隆将氏が、「朝日の報道は誤報である」と自身のブログ、『週刊ポスト』、『Ｖｏｉｃｅ』、産経新聞などで指摘した。すると、朝日新聞は今回と同様、抗議書を送りつけてきた。

その抗議書で朝日は、「報道機関としての朝日新聞の名誉と信用を著《いちじる》しく毀損しており、到底看過できない」「記事は確かな取材に基づいており、虚報、誤報との指摘は誤っている」「訂正と謝罪の記事の掲載を求める」「誠実な対応を取らない場合は法的措置を取ることを検討する」と述べた。今回同様、訂正謝罪しなければ「司法に訴える」としたのである。

だが真実が明らかになり、結局、朝日は同年九月に誤報を認め、記事を取り消すことになった。門田氏に対して「訂正と謝罪を」「法的措置を取る」と脅《おど》してきたにもかかわらず、わずか三カ月後には誤報を認め、記事を取り消し、社長が引責辞任する事態に至ったのだ。

今回、朝日新聞は小川氏の本が出てから二カ月後に提訴した。朝日新聞が言論機関として謙虚に本分を果たそうとするならば、真っ先に吉田調書の事例に学び、二の舞にならない努力をするのではないだろうか。

これだけの問題点を指摘されているのである。内部に「森友・加計報道検証チーム」を作ることもひとつの道だ。小川氏ら第三者による批判に対しては、検証の経過を明らかにするなかで自《おの》ずと答えも出てくるはずだ。あるいは検証の経過を公開するなかで、大いに反論することも可能なはずだ。

朝日新聞は、朝刊一部あたり約十七万九千字もの情報を発信している。本社・総局の記事や通信社などからの配信分をすべて合わせると、一日で約百四十九万六千字の発信だと自負する堂々たるメディアである。仮に小川氏の主張に事実誤認が多いと言うのであれば、その発信力を使って自身の媒体でいくらでも検証・論評できたはずだ。それを行わずに、一足飛びに裁判という挙に出たのはなぜだろうか。

　朝日新聞は昨年末頃から、これまでにもまして言論への圧力を強めている。小川氏だけでなく、「朝日新聞、死ね」とツイッターに書いた足立康史議員や、髙山正之氏の月刊『正論』の記事などに対しても申入書を送付済みだ。

　特に、髙山氏に対する申入書は朝日新聞の真意を疑わざるを得ない。『正論』で髙山氏が〈安倍を呪詛《じゅそ》できると信ずる（朝日の）姿〉という記述に対し、〈弊社が安倍晋三首相を呪詛したことはなく、呪詛できると信じたこともない〉とする内容だ。その表現の意図するところに向き合うのではなく、実に表面的な部分で論難している。

　私は朝日新聞には批判的な論評をすることが少なくないが、その批判のなかにはある種の敬意も含めているつもりである。何と言っても、朝日新聞は日本のメディアをリードするメディアだと見られている。その朝日がなぜ、髙山氏に対して行ったような、言葉の表面的な意味に留まる警告を発するのか。

　そのような行動と朝日新聞の直面する厳しい現実の間に、ある種の因果関係があるのではないか。

部数減とネット世論に焦り

　朝日新聞の部数減は実に深刻である。日本ABC協会によると、二〇一七年上半期の朝日新聞の販売部数は前年同期比三十二万五千部減、下半期も二十九万七千部減。単純計算で、およそ二分に一人が購読をやめている計算になる。

　もちろん、いまでも朝日新聞は六百万部もの発行部数を誇る。部数のみならず、報道の内容についても、幸か不幸か、朝日新聞の影響は大きい。他のメディアが「朝日新聞がここまで書いているのだから本当だろう」と追随し、テレビ番組の制作現場では朝日新聞の論調を軸に番組が構成されることもあると仄聞《そくぶん》する。

　一方で、インターネットの普及によって朝日の報道への疑問が急速に広まっている。

　私は六年前からネット配信の「言論テレビ」を主宰しているが、その番組で二〇一七年七月に加戸守行氏に加計学園の獣医学部新設にかかわる経緯をお聞きした。一時間にわたってじっくりと、加戸氏の説明をネットで紹介した。その反響は、驚くほど前向きで熱心なものだった。

「これが真実だと実感した」「なぜ地上波は伝えないのか」「なぜ新聞は報じないのか」「真実を知らせてもらって本当によかった」などというコメントとともに、朝日新聞に対する不信感が表現されていた。

「歪んでいた行政が安倍政権によって正された」「メディアは報じない自由を行使し、私の証言を封殺した」と加戸氏は語ったが、朝日新聞が報じなかった加計騒動のもう一つの側面を、「言論テレビ」は視聴者に提供することができたのだ。

安倍総理も本誌二月号のインタビュー記事で、〈SNSの浸透によって、仮にあるメディアが世論を一方向に持っていこうとしても、できない時代になった〉と指摘した。そのとおりだと思う。

部数の激減、SNSの浸透による人々の目覚めと朝日新聞に対する信頼の低下。こうした現実に、朝日新聞は焦りにも似た感情に陥《おちい》って、あちらにもこちらにも申入書を出し、挙句、小川氏を訴えたのではないだろうか。

つまらなくなった朝日

民主主義体制とは、一人ひとりが問題意識を持ち、一つひとつの政策や国家の取るべき方向性について国民自身が判断していく制度である。その判断材料になる情報をメディアがきちんと伝えなければ、民主主義は立ち行かない。

朝日新聞が偏向報道と言われても弁明できないようなバランスを失した報道を行い、メディアの本質である「良質な言論」「良質な議論」を避けて司法に訴え出るのは、まさに民主主義の土台を壊す行為だと言わざるを得ない。

だが、たとえば朝日新聞が改憲阻止のために頑迷固陋《がんめいころう》になったり、反安倍に傾くあまり観念的言論空間に留まっている間に、本来、彼らが守ってきた理想や理念の面においても世間から置き去りにされつつあるのだ。

安倍内閣の政策は生活改革、雇用状況の改善、賃金上昇、女性への支援など、リベラル勢力顔負けの政策である。実際に結果も出している。だが、朝日新聞は「反安倍」のせいか、これらの点で政権に明確な賛意を示せない。反対のための反対が目立つ。そのような朝日新聞は、正直言って本当につまらない。

加計問題にかかわる規制改革もそうだろう。本誌二〇一七年十月号で、国家戦略特区ワーキンググループ座長の八田《はった》達夫氏が述べている。朝日新聞は安倍叩きのために、「岩盤規制を守る側」「既得権益の側」に立ってしまった、と。

進歩的リベラルの朝日新聞が、潮流から後《おく》れを取っているのは明らかであろう。その焦りもまた、朝日新聞が裁判に訴えた要因だと思うのは、当たらずといえども遠からずではないだろうか。

言論弾圧新聞だ！

朝日新聞は訴状で、〈安倍晋三首相が関与したとは報じていない〉〈「安倍叩き」を目的として報道したこともない〉と述べている。だが、六百本にも上る怒濤の「モリカケ報道」とその影響を受けた他メディアの報道によって、昨年二月から夏にかけて、安倍政権の支持率は六割台から三割台に急落した。

朝日新聞は〈安倍晋三首相が関与したとは報じていない〉と言ってのけたが、前述したように、その主張はそのまま、朝日新聞が印象操作報道を行ったという告白と解釈できる。

そのうえ、論争を避けて裁判に訴えた。朝日よ、言論機関としての矜持を捨てたのか。

物を言う言論人の立場から見て、今回のような不当な裁判を起こす朝日新聞は、まさに言論弾圧新聞だと断じざるを得ない所以《ゆえん》である。

さくらい よしこ
ベトナム生まれ。ハワイ大学歴史学部卒業後、「クリスチャン・サイエンス・モニター」紙東京支局勤務、日本テレビ・ニュースキャスター等を経て、現在はフリージャーナリストとして活躍。『エイズ犯罪血友病患者の悲劇』（中央公論社）で大宅壮一ノンフィクション賞受賞、『日本の危機』（新潮社）など一連の言論活動で菊池寛賞受賞。近著に『チベット 自由への闘い ダライ・ラマ14世、ロブサン・センゲ首相との対話』（PHP新書）。

『Hanada』二〇一七年十一月号

戦後最大級の虚報
朝日新聞「加計報道」徹底検証

小川榮太郎
文藝評論家
社団法人日本平和学研究所理事長

小誌は二〇一七年九月号、十月号と大特集を組んで、朝日新聞がリードしてきた加計学園報道に関して様々な面から検証し、疑問を呈してきた。十月中旬、その集大成ともいうべき小川榮太郎氏による『徹底検証「森友・加計事件」――朝日新聞による戦後最大級の報道犯罪』を小社より刊行した。
「安倍叩きは朝日の社是」――『約束の日　安倍晋三試論』で朝日の組織的・意図的な政権潰しを描いた小川氏が、いま再び森友・加計問題の全貌を徹底検証。衝撃の事実を多数発掘した同書から、今号では「加計学園虚報」を中心に、その一部を要約紹介する。

1 朝日〝スクープ〟の謎

2 前川喜平という男の闇

1　14版　2017年（平成29年）5月17日（水）　朝日新聞　47050号（日刊）

朝日新聞　2017年（平成29年）5月17日　水曜日

新学部「総理の意向」

加計学園計画

文科省に記録文書

内閣府、早期対応求める

「大臣ご確認事項に対する内閣府の回答」と題された文書

眞子さま婚約へ

大学同級生 小室さんと

眞子さま＝2016年9月

小室圭さん＝2010年7月

「共謀罪」採決ずれ込み

衆院本会議　週明けの公算大

オピニオン＆フォーラム・社説・声

センター試験後継 実施案公表

折々のことば

天声人語

すべてはここから始まった

1 朝日〝スクープ〟の謎

五月十六日――。

深夜十一時、NHKが「文科省の審議会　新設獣医学部に『課題あり』と報告」と題するさりげないニュースを報じた。

一分半ほどの短いニュースだ。タイトルどおり、文科省の審議会の報告内容を報じている。

ところが、ニュースの終わりに次のような一言が加わり、画面に十数秒、何やら文書が映し出されるのである。

〈この学部はことし一月、規制緩和によって今治市《いまばり》に設置する方針が決まりましたが、選考の途中だった去年九月下旬、内閣府の担当者が、文部科学省側に対し、今治市に設置することを前提にスケジュールを作るよう求めたやり取りが文書で残されています〉

これがこのあと、「加計《かけ》学園問題」の中核となったいわゆる「文科省文書」のスクープだった。

それにしても、努めてそう見えぬよう、そっと挿入されたいかにも奇妙な「スクープ」である。この時、NHKが放映した画像をよくみると黒塗り部分があり、それはあとで問題視されることになる「官邸の最高レベルが言っている」という箇所だった。

この誰にも気づかれぬ静かなスクープの数時間後——翌朝五月十七日、朝日新聞が、今度は逆に、一面トップで「文科省文書」をスクープする。

「新学部『総理の意向』」と横に大きくぶち抜き、NHKが隠していた学校名も「加計学園計画　文科省に記録文書」と見出しに打ち出した。朝日のリードは次のようなものだ。

〈安倍晋三首相の知人が理事長を務める学校法人「加計学園」(岡山市)が国家戦略特区に獣医学部を新設する計画について、文部科学省が、特区を担当する内閣府から「官邸の最高レベルが言っている」「総理のご意向だと聞いている」などと言われたとする記録を文書にしていたことがわかった〉

細工されたスクープ文書

ところが、この朝日新聞の報道には、非常に不自然なことがある。朝日新聞は、入手したスクープ文書の写真を一面左に大きく掲載しているのに、周囲に黒い円形のグラデーションを掛けて、一部しか読めないよう細工を施《ほどこ》しているのだ。

一見、推理物の映画やテレビドラマのような演劇的な処理に見え、見過ごしてしまう人が多いだろう。が、少し考えれば、新聞がスクープで入手した文書を紹介するやり方としては明らかにおかしい。

普通なら、せっかく入手したスクープ文書なのだから——個人情報保護法の観点からの固有名詞以外は——全体像を誇示したいのではないだろうか。

写真を注意深く見てみよう。

第一節は全文が読める。このなかに「総理のご意向」が出てくるわけだ。第二節は三行目から両脇が読みにくくなるが、まだ文意は取れる。ところが、その下の三節目は一行目の〈「諮問《しもん》会議決定」という形にすれば、総理〉と、二行目の〈に見えるのではないか。平成30年〉という中央部分だけが辛《かろ》うじて読めるが、その下は闇に溶け込むようにまるで読めなくなっている。全体が巧みにグラデーションされているから、一見、偶然のように見える。

　が、偶然ではない。まさに、朝日の写真で隠されていた第三節の一行目、二行目は、次のような文言《もんごん》だったのだ。

〈「国家戦略特区諮問会議決定」という形にすれば、総理が議長なので、総理からの指示に見えるのではないか〉

　これは何としたことか。

「総理のご意向」が書かれた同じ文書のすぐ下に、「総理が議長なので、総理からの指示に見えるのではないか」と書かれている。もし、「総理の指示」があったらこういう言い方にはなるまい。指示がなかったからこそ、「総理からの指示に見える」ような操作が必要だ――この文書はそう読める。

　朝日のスクープは、黒い影でこの部分を隠していたのである。

贋造されたスキャンダル

　それどころではない。

　この日、朝日はのちに政府が調査・公開した文書八枚（一部ずれがある）をすでに入手していたが、「総理の意向」「官邸の最高レベル」という、安倍の関与を想像させる部分以外は、文書内容をほとんど読者に紹介せず、未公開のまま今日に至っているのである。

　入手文書の全文はあとでご紹介するが、何百頁もの記録文書ではない。文字数にしてわずか六百十一字、本来ならば政権スキャンダルとしてスクープした新聞社が、初報で全文公開するのが当然だろう。ところが全文どころか、朝日が繰り返し報道し続けたのは先ほどの文言二つだけだった。

　なぜか。

　文書全文を報道すると、朝日が贋《がん》造《ぞう》したい「安倍スキャンダル」が雲散《うんさん》霧消《むしょう》してしまうからだ。文書全体は、加計学園の新獣医学部設置が全く「総理の意向」と関係なく折衝《せっしょう》が進められていたことを示している。朝日新聞は、最初から世論の誤導を狙って、「総理の意向」でないことが分かってしまう部分を全て隠蔽《いんぺい》して報道し続けたのである。

　とりわけ、異様と思われるのは、朝日新聞とNHKとが、単純な事件報道ではなく、最初から情報操作しなければ「事件」にならない案件で連動してスクープを出した点だ。

　実は、ＮＨＫと朝日がスクープしたのは同一文書ではない。類似してはいるが、別文書である。

　ＮＨＫが放映したものを文書Ａ、朝日が報道したものを文書群Ｂとする。

　Ａは「藤原内閣府審議官との打合せ概要（獣医学部新設）」と題された一枚もので、Ｂは八枚ものだ。Ａは「平成二十八年九月二十六日（月）十八：三十～十八：五十五」と日時と担当官の実名が明記されているが、Ｂの文書はほとんどメモのようなものである。Ｂ八枚のうち、一枚はＡとほぼ同じ内容で、それには「獣医学部新設に係る内閣府からの伝達事項」と題されている。書式からいってＡとＢは別の人物による記録で、Ｂは八枚とも同一人物の作成と思われる。

　このうち、ＮＨＫが文書Ａを五月十六日深夜のニュースで取り上げ、朝日新聞は五月十七日朝刊で文書群Ｂをスクープする。

朝日とＮＨＫの共謀

　そして朝日の初報と同じ十七日に、早くも民進党が文書群Ｂを質疑に用い、五月十九日には共産党のしんぶん赤旗が文書Ａの写真を公表した。朝日と民進党、ＮＨＫと共産党の人的関係の深さが想像される。文書ＡはＮＨＫも共産党も全文を見せているが、文書群Ｂはスクープした朝日新聞も質疑に用いた民進党も、今日に至るまで全文公開をしていない。

　そして少しあとになるが、六月二日、民進党は従来入手していた文書群Ｂとは別文書を入手したとして、文書Ａを公表した。同日のＮＨＫは、それをまるで新たなスクープのように報じたが、実は、これはＮＨＫ自身が五月十六日に報じたのと同一文書なのである。

　いったい、どういうことだろう。

　違う人物から、似た内容の別文書ＡとＢがＮＨＫと朝日新聞に持ち込まれ、夜十一時のスクープと翌朝朝刊のスクープが偶然にも重なる――そんなことがあるはずがない。

　では、同一人物が、ＮＨＫには文書Ａだけを持ち込み、朝日新聞には文書群Ｂだけを持ち込んだのか。それもありそうにない。

　文書Ａは、書いた人物こそ分からないものの、日時も出席者名も書かれており、文書群Ｂよりは信憑性《しんぴょうせい》が高い。

　それでも謎が残る。

　というのも、これらの文書は普通ならゲテモノというべき取り扱い注意文書だからである。

文科省の記録文書といっても、署名がない。特に文書群Bに至っては、どのような機会に作成され、使用されたかもわからない。クレジットのまるでないメモ書きだ。こんなものは誰でも簡単に捏造《ねつぞう》でき、捏造でないと証明するのは難しい。文書Aのほうが信憑性が高いとはいえ、担当官の名前など誰でも調べられ、多少、内部事情を知る人なら偽造は容易であろう。

逆に、もしこれが本物の文科省の内部メモであったなら、流出させた人物は国家公務員法が定める守秘義務違反に問われる可能性がある。そんな危険を冒す人間が現役の官僚にいるだろうか。

朝日とNHKというメディア序列のトップ2が裏を取らずに報道するには、危険すぎる文書なのである。もし贋物《にせもの》だとあとで判明したらどうするのか。朝日の場合、慰安婦報道の謝罪、福島原発報告書の捏造以降、部数減はいまだに続き、近年、経営陣は無理なスクープを控え、無難な報道姿勢を現場に要求しているとされる。

文書を持ち込んだ人物

NHKは、なおさら逃げようがあるまい。政府攻撃の文書が捏造だったとなれば、国会で指弾された挙句、経営陣総辞職もののスキャンダルだ。

本来なら、この二社が自信をもってスクープするには文科省職員複数の証言が必要だったろう。ところが、朝日新聞の記事に「文科省現役職員」とか「文科省の複数の職員」という言葉が出てくるのは、スクープから二十日も経った六月六日からなのである（六月六日「加計文書『省内で共有』文科省現役職員が証言」）。

今回のスクープ記事には「加計学園による獣医学部計画の経緯を知る文科省関係者は取材に対し、いずれも昨年9～10月に文科省が作ったことを認めた」とあり、入手先を書かず、確認者が「文科省関係者」一人だということが分かる。要するに、この文書は現役職員ではない「文科省関係者」が単独で持ち込み、その人物自身が文書の信憑性を保証したことになるわけである。

のちに判明したところによれば、この文書を共有していたのは獣医学部新設にかかわる当時の文科省職員十数人だった。当時、この文書を共有し、その後、退職して、一人の証言しかないのにNHKと朝日が裏取りもせずにスクープを決断できる人間——さすがにそういう人物は一人しかいまい。言うまでもなく、このあと、「安倍の意向」を一貫して主張し続けることになる前文科事務次官前川喜平《きへい》自身だ。

ＮＨＫ、朝日のスクープを受けて、十七日の午後、民進党は慌ただしく衆議院議員会館で「加計学園疑惑調査チーム」を立ち上げてヒアリングを開いた。

朝日の一面スクープの午後であれば、マスコミの注目度は急上昇する。民進党幹部が並ぶ正面背後には「加計学園疑惑調査チーム」と書かれた横断幕が掲げられ、カメラに収まるようにしてある。いきなり呼びつけられた文科省や内閣府の官僚たちは、内部文書の真偽も、経緯の詳細も答えようがない。彼らが答えられない姿がテレビに晒《さら》され、朝日新聞は得意げに書く。

「文科省幹部は『記憶にございません』と答弁」

なぜ文書は流出したのか

国会でも、この日から文科省文書に関する質疑が始まった。

民進党の玉木雄一郎が、朝日がスクープした文書Ｂ群を早速入手し、衆議院の文科委員会で質問に立ったのである。

夜の各局ニュースが、前夜のＮＨＫ、朝日朝刊の一面スクープ、民進党が「疑惑調査チーム」を立ち上げ、国会でも質問した四重の「信用」に依存し、大々的に報じたのは言うまでもない。

報道時間は以下のとおりだ。

・ＮＨＫ「ニュースウォッチ９」約七分半
・日本テレビ「ＮＥＷＳ　ＺＥＲＯ」約四分半
・ＴＢＳ「ＮＥＷＳ23」約八分半
・テレビ朝日「報道ステーション」約十四分半
・フジテレビ「ユアタイム」約一分半

テレビ朝日を筆頭に、ＴＢＳ、ＮＨＫの報道時間が際立っている。本来なら出所不明で、まずは信憑性から吟味《ぎんみ》に入るべき文書が、こうしてたった一日で、たしかに存在する「疑惑」になってしまったのだ。

さらに驚くべきことがある。

実は朝日新聞は、加計学園問題を三月十四日の第一報からこの日まで二カ月もの間、わずか十点にも満たぬ記事でしか報じていない。

ところが国会では、三月三日の参院予算委員会での民進党・舟山康江の質疑に始まり、五月十五日まで、加計学園に関する質問は実に五十六回もあったのである。

朝日新聞は、それらの質疑を黙殺し続けていたのだ。

理由は二つ考えられる。安倍叩きとしては、森友スキャンダルを賞味期限が切れるギリギリまで使いたかったというのが一点であろう。

第二に、加計学園問題のほうが、森友学園に比べて不透明性が乏《とぼ》しい。安倍晋三と加計孝太郎が友人という以外に何も問題を作り出せない。森友の時のような劇場化も難しそうだ。決定打やシナリオを練り続けていたに違いない。

そこに決定打はネギを背負ってやってきた。前文科事務次官という大物だ。

だが、前川喜平がこの文科省文書を手元に持っていたのは偶然だろうか。

国家公務員法は公務員に対して、現役のみならず退職後も、職務中知り得た情報の守秘を定めている。前川が情報の流出者だと明確になれば、彼自身が違法行為に問われる可能性がある。

いや、そんなこと以前の疑問もある。文科省職員らの証言によれば、前川は机回りを整理しない人で、デスクには書類が山積みになっていたという。

では、この文書がどうして外に出ることになったのか。

以下、小川氏の推理が展開されるのだが、この部分は単行本でお読みいただきたい。

朝日報道の重大な隠蔽

こうして、森友問題から加計問題に賭場《とば》を乗り換え、朝日新聞の安倍叩き第二幕は開幕した。

実際、記事の質量で見ると、森友問題が如何《いか》に偽装された問題に過ぎなかったかは明白である。森友報道初出の二月九日から、文科省文書スクープが一面トップを飾る五月十七日までの九十八日間の間、森友関連記事数は二百二十三本だったのに対し、翌日五月十八日からの同じ九十八日間の八月二十三日までの森友関連報道は、森友と加計を並べて扱った社説などを含めても五十一件に激減し、しかも扱いはごく地味なものばかりになっている。

疑惑が真に実在するものだったなら、このような不自然な記事件数の激減は生じまい。

実際、この日からシャワーのように続く加計問題記事も、中身は空疎《くうそ》そのものだ。しかも、先に簡単に触れたが、朝日の報道内容には当初から重大な隠蔽がある。

スクープ記事本文を詳しく解析してみよう。

　五月十七日のスクープには、同紙が入手した一連の文書の内容が次のように紹介されている。

〈朝日新聞が入手した一連の文書には、「10／4」といった具体的な日付や、文科相や首相官邸の幹部の実名、「加計学園」という具体名が記されたものもある。加計学園による獣医学部計画の経緯を知る文科省関係者は取材に対し、いずれも昨年9〜10月に文科省が作ったことを認めた。また、文書の内容は同省の一部の幹部らで共有されているという〉

　これは文書が具体的であること、また幹部で共有されていたと同紙が伝聞したこと、要するに信憑性のある文書だということの説明である。

　では朝日は、文書の中身をどう紹介しているのか。

〈「平成30年（２０１８年）4月開学を大前提に、逆算して最短のスケジュールを作成し、共有いただきたい」と記載。そのうえで「これは官邸の最高レベルが言っていること」と書かれている〉

記事には「同じ枕詞」が

　一方、文科省側については、朝日は次のように紹介する。

〈松野博一《ひろかず》文科相が「大学として教員確保や施設設備等の設置認可に必要な準備が整わないのではないか。平成31（２０１９）年4月開学を目指した対応とすべきではないか」とし、18年の開学は難しいとする考えを示したことが記載されている。

　一方、「大臣ご確認事項に対する内閣府の回答」という題名の文書には、「（愛媛県）今治市の区域指定時より『最短距離で規制改革』を前提としたプロセスを踏んでいる状況であり、これは総理のご意向だと聞いている」と記されている〉

　つまり、文科大臣は難色を示しているが、内閣府側が「官邸の最高レベル」「総理のご意向」などの文言を使って強引に事を推し進めているという構図である。

　とりわけ朝日新聞が、「総理のご意向」との文言を大見出しにし、リードを「安倍晋三首相の知人が理事長を務める学校法人『加計学園』」と書き出しているのは、今後の朝日新聞の報道方針——というより闘争方針というべきだろう——を象徴する。このあと、朝日の報道は、毎回必ず、

「安倍晋三首相の友人が理事長を務める学校法人『加計学園』(岡山市)」という文言と、『『総理の意向』『官邸の最高レベルが言っている』などと書かれた文書」という枕詞《まくらことば》付きで、記事が書かれ続けるのである。

森友学園の時には、安倍の関与が初めからあり得ないとわかっていながら、朝日新聞はスキャンダルを仕掛けた。

しかし、大阪の地元役所の裁量には問題があった。財務省が藪蛇《やぶへび》を恐れて答弁を手控えたことが、事件を長引かせる理由となった。籠池《かごいけ》夫妻のキャラクター、昭恵夫人バッシングという、仕掛けた側も予想外の材料が次々に飛び出して事を大きく見せていった。ついには籠池の数々の詐欺と破綻《はたん》が来る。安倍スキャンダルは嘘だったが、籠池夫妻のスキャンダルは実在したのであった。

ところが、加計学園問題はさらにひどい。全編仕掛けと捏造で意図的に作り出された虚報である。偶然の波乱含みだった森友の場合と違い、今回は朝日新聞が明確に司令塔の役割を演じ、全てを手の内に入れながら、確信をもって誤報、虚報の山を築き続けてゆく。

前川独演の創作劇

何よりも驚くべきは、前川喜平たった一人の証言で二カ月半、加計問題を炎上させ続けたことだ。

森友騒動の時には、当事者は地方局や大阪府の役人で、財務省もこれを庇《かば》い、真相を明らかにし難い面があった。だが、加計は違う。国家戦略特区で認可した八田《はった》達夫、原英史《えいじ》ら専門委員にせよ、獣医学部招致の起案者である前愛媛県知事・加戸守行《かともりゆき》にせよ、文科省側で調整を主導した副大臣の義家弘介《よしいえひろゆき》や責任大臣である松野博一にせよ、官邸から圧力をかけたと報道された官房副長官・萩生田《はぎうだ》光一にせよ、取材を全く拒んでいない。

さらには、この問題で加計学園の認可に強力に反対してきた日本獣医師会やその背後にいる大物議員たち——石破茂、麻生太郎ら——の存在も報じなければ、本当の構図はまるで見えてこない。

ところが、朝日新聞とそれに追随するマスコミは、大騒ぎを演じた二カ月半、これらの当事者にほとんど取材せず、報道もしていない。

前川一人の証言だけで加計問題を報じ続けた。

虚報とすらいえない。

他の当事者全部を隠して前川という——あとで検証するが、当事者能力ゼロだった人物——一人の貧弱な証言だけで事件を構成しても、全く事実は浮かび上がってこないからだ。

加計問題は比喩《ひゆ》的な意味ではなく、実際に朝日新聞演出、前川喜平独演による創作劇だったのである。

不都合な真実は無視の朝日

朝日新聞が入手した文書と同じ文書群Bを手に、衆院文科委員会で初回質問に立ったのは民進党の玉木雄一郎だ。翌十八日の朝日新聞は、玉木と文科大臣松野博一の問答を次のように報じている。

〈民進党の玉木雄一郎氏が「強い総理の意向を受けて、多少無理があってもやらなければならない。仕方なしに物事を進めたという思いが大臣自身になかったか」とただした。松野博一文科相は「設置認可をしっかりと審議するというのが私も文科省も一貫した姿勢だ」と答弁〉

松野が「総理の強い意向」など全く知らず、気にもしていないことは、実は玉木が入手していた文科省文書にはっきり書かれているのである。

玉木はそれを隠して、以上のような「科白《せりふ》」を国会で語る。そして朝日新聞も、文書内容を知りながら、こうした科白部分だけを切り取って報じる。

一方、同じ五月十八日の「時時刻刻」で、朝日新聞は「獣医学部の新設は、獣医師の増え過ぎを抑えるという理由で、長年、文科省が認めてこなかった」と、獣医師の需要について一言で片付けている。このあと六月八日まで、朝日新聞には、獣医師の需要や現状について、一本の概観記事も取材記事も出ない。

異常なことだ。

加計学園の案件は、獣医学部新設問題である。獣医学部を巡る状況を説明する記事が一本もなければ、話の土台が読者に全く伝わらないはずではないか。

朝日新聞はこの記事で「長年、文科省が認めてこなかった」と簡単に片付けているが、長年とは実は五十二年なのである。時代の流れで自然にその業態が廃《すた》れて、新規参入者が消えてしまうというのなら分かる。だが、省庁が特定の業種について五十二年間も新規参入を禁じてきたというのは、それ自体おかしくはないだろうか。

ところが、朝日新聞はその問題に全く立ち入らない。なぜなら、ここで獣医学部規制を巡る長年の歪《ゆが》みを報じてしまっては、「総理の意向」が吹き飛んでしまうからだ。

安倍に打撃を与えるためなら、文科行政の長年の歪みも獣医師業界の実態も、朝日新聞にとってはどうでもよかったということになる。

2 前川喜平という男の闇

五月二十五日、朝日新聞は、前川喜平前文科次官の単独インタビューを一面に掲げた。証言を一面、社会面で、それ以外の記事も含めれば、この日、朝日新聞は加計問題だけで実に七件の記事を掲載している。

典型的な省益派の役人
（写真提供／共同通信社）

前川によれば、取材申し出はNHKと朝日からだったが、NHKは報道しなかった、とあとで怒ってみせている。

いずれにせよ、前川のインタビューは、朝日の単独公表となった。

朝日の一面に「前文科次官『文書示された』」と大きく見出しが躍る。

菅《すが》が「怪文書」と切り捨て、文科省調査で存在しなかったとされた文書を、前文科次官が「文書はあった」と証言したのである。効果的な政府攻撃となった。

見出しはさらに、「獣医学部の新設計画『行政ゆがめられた』」と続いている。

つまり、「総理の意向」により「行政がゆがめられた」という構図である。それを文科省元トップが証言したことは重い。

〈前川氏はこの文書について「獣医学部の新設について、自分が昨年秋に、担当の専門教育課から説明を受けた際、示された」と証言した。同氏によると、昨年九月九日～十月三十一日に計六回、専門教育課の課長や課長補佐らと事務次官室で獣医学部の新設について打ち合わせをした〉

（同日付朝日新聞記事より）

前川は、菅が「怪文書」とし、文科省が調査で文書をなかったと結論したことに対して、「あるものが、ないことにされてはならないと思った」と、証言に立った理由を説明している。

そしてこう語る。

〈文科省がそれらの言葉を持ち出され、圧力を感じなかったといえば、うそになる。「総理のご意向」「最高レベル」という言葉は誰だって気にする。私だって気にしますよ。ただ、あくまでも内閣府の審議官が語ったという言葉なので、真実はわからない〉

反省を装った安倍攻撃

だが、これはおかしい。

「総理の意向」の発言をしたとされるのは藤原豊審議官である。熱意は人一倍強い代わり、強引な手法への批判も聞こえる。

だが藤原は、内閣府の経済産業省大臣官房付審議官だ。霞が関の序列のなかでも「審議官」という肩書はややこしく、様々な立場の審議官が存在する。たとえば、単純に内閣府審議官といえば、次官に次ぐ内閣府ナンバー2になる。だが、藤原は経済産業省大臣官房付審議官、その序列は局長と課長の間であり、カウンターは文科省担当課長だった。

藤原が折衝した担当課長と前川事務次官の間には、担当課長→官房三課長→次長→部長→官房長、局長→審議官→次官という極端な地位の隔《へだ》たりがある。霞が関という序列社会において、前川はそれほど「偉い人」なのだ。

逆にいえば、課長とカウンターの藤原が総理と用談できるはずもない。そうした藤原が「総理の意向」を持ち出しても、実際には安倍の具体的な意向と関係ないことなど霞が関の常識だ。前川が藤原の言う「総理の意向」を気にするはずは元々なかったのである。

逆に、安倍の側にしてみれば、もし何らかの強い意向があれば政治家ルートを使えばいいだけの話である。文科大臣の松野は安倍と同じ派閥・清和会《せいわかい》の身内だし、副大臣の義家弘介は子飼いなのである。

ところが、そうした事情に口を閉ざし、前川はこのインタビューで、逆に尤《もっと》もらしくこんな「反省」をしてみせるのだ。

〈本当は、私自身が内閣府に対して「こんなことは認められない」と強く主張して筋を通すべきだった。反省している〉

いまさら反省する必要などない。

なぜならば、あとで明らかにするように、文科省文書では、松野大臣も義家副大臣も「強く主張して筋を通す」のが当然と考えており、義家が内閣府、農水省と「筋を通」して折衝している様がはっきり描かれているからだ。前川に「反省」が必要だったとすれば、大臣と副大臣を働かせておいて自分は何も仕事をしていなかったことであろう。

何よりもやりきれないのは、この反省が、実は「総理の意向」に対する抵抗は不可能だったと強く暗示するための、反省を装った安倍攻撃だという点だ。やり口が汚い。

そして、その先で前川は「行政がゆがめられた」と証言するのである。

〈獣医学部の新設を認めるのは文科省だが、（獣医師の需給見通しを示す）農水省や（公衆衛生を担当する）厚生労働省が、獣医師が足りていないというデータや、生命科学など新しい分野で必要な人材のニーズなどを示さない中では、本来は踏み切れない。踏むべきステップを踏まずに飛び越えろと言われたように感じ、筋を通そうにも通せなかった。行政がゆがめられた〉

前川の「行政がゆがめられた」という一言が、このあと、マスコミを埋め尽くすことになった。

組織的天下りの主犯格

今回の加計問題のなかに改めて置いてみると、前川は典型的な省益派の役人だと言える。

第一に前川は、平成二十八年秋に発覚した文科省内の組織的天下りの主犯格であった。第二に、前川は加計問題で、安倍政権による岩盤規制突破をご破算にしようとする旧来の省益の立場に立っていた。第三に、次官時代の仕事ぶりは、縦割り行政のなかに潜り込んで事なかれ主義を決め込み、自ら面従腹背《めんじゅうふくはい》を座右《ざゆう》の銘《めい》とさえ公言している。

まず前川は、そもそもなぜこんなマスコミの手先のような形で、安倍政権の告発者になったのか。

必ずしも易しくはない問いである。

前川は天下り斡旋《あっせん》の科《とが》で中途退職させられたのに、菅官房長官―杉田官房副長官の恩情で、退職金推定五千万円余で最近、文科省を辞めたばかりだ。実家は世界三大冷凍庫メーカーとされる前川製作所であり、前川の妹は元外相・中曽根弘文の妻、つまり中曽根康弘と極めて近い姻戚《いんせき》関係にある。そんな人物が、怪文書を用いた政権批判のお先棒《さきぼう》を担《かつ》ぐ動機は、普通に考えれば見当たらない。

いくつかの動機が複合していると思われる。

　第一には、天下り斡旋で自分を事実上免職にした安倍政権への強い怨《えん》恨《こん》である。

　第二には、安倍の官邸主導の規制打破に対する、省益派官僚としての復讐である。この二点については後述する。

　第三には、安倍へのイデオロギー的な反発である。前川は最近の講演で、審議官時代に安保法制反対デモに参加していたことを自ら語っている。前川は「あのー、ここだけ。内緒の話ですけど。二年前の日、国会前にいたんです」と切り出し、「集団的自衛権を認めるという解釈は成り立たない。立憲主義に反する」と主張した。一方、「これ、バレてたら事務次官になってなかったんです、おそらく」とも述べ、場内に笑いを呼んだ（講演会「前川さん 大いにかたる」平成二十九年八月二日）。

　また、八月十四日の東京新聞のインタビューでは、「高校無償化はいい制度だったと思うし、朝鮮学校を入れるということに光を見ていた」と答えている。北朝鮮が日本への核ミサイル攻撃を公言し、日本周囲に弾道弾を撃ち込み続けている最中の発言である。

証人喚問での虚言

　前川が証言者として登場した当初、事情を知る関係者の多くが真っ先に感じたのは、安倍政権への怨恨だったという。

　前川は正規に文科次官を務めあげて退任したのではない。任期をまたずに辞任に追い込まれた。天下り斡旋という国家公務員法違反の事案に、彼自身が主犯格の一人として関係していたことが露見したからだ。

　前川自身は『文藝春秋』平成二十九年七月号の手記「わが告発は役人の矜持《きょうじ》だ」で、次のように辞任の経緯を述べている。

〈年明けの今年五日に松野大臣に引責辞任を申し出たところ、「次官が辞める事はないじゃないか」と一度は慰留されましたが、決心は変わりませんでした。「そういうわけには行きません、官邸にも報告に行って参ります」と申し上げて、杉田副長官に辞任の意を報告し、「それは役人の美学だよな、こういう時に腹を切るのが次官ってもんだ」と即ご了承を頂きました〉

　前川は、この経緯説明を証人喚問でも繰り返した。

が、まず第一に、前川は一月五日

に松野文科大臣に辞任を申し出ようがなかった。松野はその日、公用で京都にいたからだ。

第二に、この証言は同じ証人喚問に立った菅義偉《よしひで》の証言と真っ向から対立する。

菅は、杉田からの報告を次のように語っている。

平成二十八年の十二月、天下り関与について杉田和博官房副長官から前川に説明を求めた際、前川は自らの進退の判断を示さなかった。逆に年明けになると、役所の慣例に従って、文科省事務方から三月の定年退職を六月の国会会期末まで延期する打診が杉田にあった。杉田は、前川は今回の責任を取って辞めるべきであるし、定年延長は難しいと回答した。

その後、前川から、せめて定年期限の三月まで次官を続けたいと話があったが、副長官は無理だろうと答え、菅にその都度、報告があったというのである。

エリートのプライドに傷が

前川の証言は、これ以外でも、他の関係者と真っ向から対立する例が目に付く。しかしこの場合は、杉田がその都度、菅に報告をしている。杉田が嘘の報告を菅にあげる意味がない。菅と杉田が申し合わせて嘘をついているのでなければ、二対一の証言ということになる。

そもそも、偽証罪に問われる可能性のある証人喚問で、現職の官房長官が副長官と図って、一事務次官の進退に関する数度の報告などという些細《ささい》な事案で虚偽の証言をするだろうか。

むろん、言い分が真っ向から対立している以上、厳密に公平な立場に立てば真相は分からないという外《ほか》はない。が、推測はつく。

この頃、文科省の天下り問題はかなりのスキャンダルになっており、当事者の前川を次官から降ろさねば、国会での責任追及は免れ難い状況だった。国会開会は一月二十日だ。政権側が前川の罷免《ひめん》を急いだのは間違いない。

一方、前川にしてみれば、文科省の内部調査はまだ終わっておらず、報告書は三月まで出ない。報告書が出なければ処分も決まらないはずだという言い分があったろう。

一月中旬に辞職に追い込まれるか、三月の定年まで勤め上げられるか——これは高級官僚にとっては、天下りシステムのうえで看過できない差異である。「訳あり」の中途退官はキャリアの汚点であり、再就職までの年限や再就職先に狂いが出てしまうからだ。

しかも、前川には先輩たちからの天下り構造を引き継いでいるに過ぎないとの意識もあったろう。彼が斡旋した先輩らは大学の学長などに収まっている。ところが、その斡旋に汗をかいた彼だけが蜥蜴《とかげ》の尻尾《しっぽ》の側に追い込まれる。前川製作所、中曽根との姻戚、文科省きってのエリート……。のんびりした外貌《がいぼう》に反して自尊心の塊だともいわれる前川にとって、この蜥蜴の尻尾扱いは耐え難い屈辱だったに違いない。

ところで、前川は先に引用した手記で、天下り事件が発覚し、部下から報告を受けた時のことを次のように述べている。

〈私は、すぐにすべてを正直に説明しなければいけない、と言いました。事態がこうなるまで気付かず、監督が行き届いていなかった点も含めて、私には大いに責任があります〉

しかし、平成二十九年三月三十日、文科省内の調査班による「文部科学省における再就職等問題に係る調査報告」(最終まとめ http://www.mext.go.jp/component/a_menu/other/detail/__icsFiles/afieldfile/2017/04/19/1382987_04.pdf) を見れば、前川は監督責任を問われているのではない。

彼自身が、国家公務員法に違反する再就職斡旋の窓口だったのである。

私が卒読した限り、前川が関与していた事案は、同報告中、事案六、事案十七、事案二十七、事案二十九、事案三十の合計五事案である。

再就職斡旋の構造的解明という序的な記述によれば、

・Ⅳ(6)で認定されたとおり、嶋《しま》貫《ぬき》(和男)氏の再就職あっせんが継続できるよう、前川喜平官房長、伯《はく》井美徳《いよしのり》人事課長は、それぞれ自ら有限会社国大協サービスへの要請を行う等の調整に動いていた。

・Ⅲ(30)、参考資料7(27)で認定されたとおり、前川文部科学審議官は、職員OBに退任の意向確認を行ったり、現職職員に再就職先の提示を行ったりする等、自らが再就職あっせんに関与していた。

前川自ら「調整に動き」「自らが再就職あっせんに関与していた」と明記されているではないか。

しかも、このうちの事案六は、前川が違法斡旋の中心人物である嶋貫を国大協サービスに受け入れるよう打診している。

「すべてを正直に話さなければなら

ない」が聞いて呆れる。斡旋の中心人物その人の斡旋をも、前川が運動していたのである。他に、慶應義塾大学や中京大学などへの斡旋にも前川は直接関与している。前川自身が、文科省内での構造的な動きの中心の一人だったことは疑いようもあるまい。

出会い系バー通いの「闇」

さらに驚くべきは、前川が記者会見で、文科省幹部時代、出会い系バーに通っていたことを指摘され、それを認めたことである。

前川が通っていたとされる出会い系バーは、新宿・歌舞伎町《かぶきちょう》にある「恋活BARラブオンザビーチ」という店だ。前川は文部科学審議官だった平成二十七年頃から次官時代の二十八年末頃まで、週に一回は店を訪れる常連だったという。

平日の午後九時頃にスーツ姿で来店することが多く、店では偽名を使っていた。同席した女性と交渉し、連れ立って店外に出たこともあった。店に出入りする女性の一人は、「しょっちゅう来ていた時期もあった。値段の交渉をしていた女の子もいるし、私も誘われたことがある」と証言した（「前川前次官　出会い系バー通い　文科省在職中、平日夜」読売新聞　五月二十二日付朝刊より）。

では、前川自身は何と語っているだろうか。

〈私が初めて「出会い系バー」を知ったのは、二、三年前に偶然見たテレビのドキュメンタリーでした。その中で新宿・歌舞伎町に「出会い系バー」と呼ばれる店があり、経済的に苦しい女性たちがそこで男性とデートしてお金をもらい、時には身体を売り、なんとか暮らしているという内容でした。（略）

そもそも私は、長年初等中等教育に関わってきたことから、「子供の貧困」に強い関心をもっていました。（略）そして「子供の貧困」が「女性の貧困」と密接につながっていることも知っていたので、強い興味を覚えたのです。実際にそのバーを探し当て、仕事終りにしばしば顔を出すようになりました。何人かの女性と店を出て食事に行き、身の上話を沢山聞かせてもらいました。実際に話を聞いていると、「親が離婚している」「高校を中退した」「今は自分も離婚してシングルマザーだ」という女性が多くいました。（略）こうしたことについて文科行政は何ができるのか、考えさせられました。無論、一度もやましいことはありません〉（『文藝春秋』平成二十九年七月号）

大半が買売春のために利用

退職の経緯や天下りでいい子を決め込む前川の狡猾《こうかつ》さを知ったうえで読むと、眉《まゆ》に唾《つば》を付けて読みたくなる。

歌舞伎町は危険な街だ。

銀座はもとより、新橋や赤坂に通うのとはわけが違う。

テレビで見かけた店に一人でぶらりと入るなど、常識ではあり得ない。まして前川は教育行政の高級官僚である。裏社会や外国の人、金もあふれている。よほど常習性があって街をよく知っているか、マスコミ関係者などに相当の悪友がいて、彼らの案内がなければ、街そのものが歩き回るには危険すぎるのである。

しかも、出会い系バーは売買春のために利用する男女の多い、いわば低額プランのデートクラブなのだ。「出会い系バー」で検索してもネットにほとんどあがらない。それほどグレーな営業形態ということだ。

十年ほど前がピークで、いまは様々に模様替えしているところも多い。全盛期には、喫茶店やバーなど飲食業の仮面を被《かぶ》りながら、売春斡旋そのものを目的としていた。出自《しゅつじ》が非合法なのである。当局から摘発されるたびに、ブラックからグレーに衣替えをしたり、足がつかないよう四六時中、店名や場所を変えるなどしている。店や時期によって性格は異なるが、素人《しろうと》の女性がぶらりと立ち寄る場合のみならず、専門の風俗嬢を登録させ、男性客には素人と思わせながら店外デートをさせるというビジネスモデルもある。

百歩譲って、前川が実際に若い女性の貧困の実態を知りたかったと好意的に解釈してみよう。その場合、「文科行政は何ができるのか、考えさせられ」た前川は、「文科行政」のトップとして何をしたのだろうか。

本当に社会正義のために、前川がこのような店に出入りしていたというのなら、何年にもわたって女の子をあれこれ連れ出して身の上話を聞くなどと悠長なことをしてはいられなかったろう。組織的な少女売買の温床、強制ポルノ出演、薬物汚染、外国と通じた人身売買など、歌舞伎町の闇への義憤が湧くのが本当ではないか。

違法天下り斡旋の主犯格、出会い

系バー通い……。

この二つだけでも、懲戒免職のうえ、マスコミに袋叩きにされるのが普通の社会的処遇ではないだろうか。

「朝日化」した文藝春秋

ところが、奇妙なことが起きる。

マスコミをあげての前川擁護が猛烈な勢いで始まるのである。

菅が「文科省トップの出会い系バー通いは強烈な違和感がある」と発言すれば、「政権による個人攻撃」として、菅の側が糾弾される。

天下り斡旋の時期には国会で前川を散々叩いていた民進党や共産党、そしてメディアが前川を突然、正義漢のように囃《はや》し立てる。

前川の中曽根との姻戚関係も、前川の実家である前川製作所が冷凍庫を多くの国立大学に納品していることも一切報じられなかった。

もっとも、さすがに出会い系バー通い、違法天下り斡旋の主犯を、朝日、NHKが先頭に立って持て囃すことまではできない。

ここで前川をヒーロー化する牽引役を買って出たのが文藝春秋である。

文藝春秋は長年、『月刊文藝春秋』『週刊文春』『諸君!』などそれぞれ編集権独立の矜持の下で、主流マスコミと一線を画し、窘《たしな》め、揶揄《やゆ》し、独自の保守的な論陣を張ってきた、在《ざい》野《や》ジャーナリズムの雄である。

政治権力に対してもむろん、必要とあらば常に挑んできた。

だが同時に、偽善的な正義を振り回す左翼マスコミへの強い異議申し立てにより、日本の言論空間に大人の余裕と厚みを与えてきたのが文藝春秋だった。近年、その傾向が大きく崩れつつあり、昔からの愛読者を嘆かせていたが、今回の加計問題では、安倍叩きの急先鋒《きゅうせんぽう》を朝日と競い合うまでに至った。特に慨嘆《がいたん》に堪《た》えないのは、栄光のジャーナリズム史を背負ってきた月刊誌の劣化だ。

〈「今になって官邸サイドが「なぜ前川は現役のときに抵抗しなかったのか」と責め立てる。先の記者会見を含め、前川は折に触れ「そこは反省している」と潔く語ってきた〉(平成二十九年八月号、森功「加計学園疑惑　下村ルートの全貌」)

〈「前川氏の筋を通す姿勢や、おかしいことには黙っていられない性分、現場の声に耳を傾ける姿勢には、共感を覚える人が少なくないのだ〉(同月号、中西茂「読売の前川報道を批判する」)

天下り斡旋と出会い系バー通いを知るだけでもこんな賞賛はこそばゆ

いが、文藝春秋は、前川自身の自画自賛で、さらにそれに華を添える。

〈夜間中学や自主夜間中学に知り合いが沢山できたので、そこでボランティアをしているのです。これまで一度も学校に行く機会がなかった八十近いおじいさんに一から鉛筆の持ち方を教えて一緒に漢字を書いたり、高校では、数学が不得意な子に因数分解を教えたりしています〉

あまりにも臭い「よい子ぶり」ではないか。

「前川聖人伝説」の極め付きは、出会い系バーが暴露された直後の『週刊文春』の記事であろう。

『週刊文春』によると、前川は特にお気に入りだったA子さんとは週二回会っていた時期もあり、三年間で三十回以上は会った。

〈会う時は私の友達と一緒のことが多かったけど、よく覚えているのはケンタッキーで珍しく二人で話した時の事です。友達がキャバ嬢だから私もキャバ嬢になるって言ったら、凄く怒られて、親も心配しているんだから早く就職したほうがいいよと言われました。その後会うたび、ちゃんとした？　とか仕事どう？　って聞かれました。私が高級ブランドの店員になりたいと思って、前川さんに相談したんです。手っ取り早いのは百貨店で働くことだと言われて、実際百貨店に入って、婦人服売り場で働くことにしたんです。前川さんは喜んでくれて、授業参観と言ってお店に来てくれた事もありました。急に売り場に来られてびっくりしました〉(『週刊文春』二〇一八年六月八日号「出会い系バー相手女性」)

二人の間に肉体関係はなかったという。

食い違う二人の証言

ところが、肉体関係以前に、A子と前川では、通っている時期の証言が全く食い違っている。

前川は二、三年前にテレビで知って出会い系バーを探し当て、通い始めたと証言している。平成二十六(二〇一四)、七年頃からのことになる。

ところがA子は、前川が店に来たのは平成二十三（二〇一一）年冬からで、平成二十六年には「具合が悪くなっちゃったからもう会えない」と言われたというのだ。

前川には常習性があり、そのことを隠すために、最近通い始めたことにしたのではないか。事実、ある文教族有力議員の関係者によれば、前川の悪所通いは課長時代の二十年前から相当なものだったという。普通のエリート官僚ならば、夜遊びは銀座か赤坂になるだろう。ところが、前川はデートクラブやキャバクラなど風俗店に近い店が好みで、部下たちが前川の二次会の誘いには閉口していたというのである。

すでに書いたが、出会い系バーは売春斡旋目的から出発した営業形態で、いまでも違法すれすれの店も多い。六年前となればなおさらである。A子がそんな店に登録し、前川と店外デートを繰り返していることこそ、最も咎《とが》められるべきことなのである。

ジャーナリストの須田慎一郎はくだんの女性に会い、取材したとテレビ出演で明かしている（五月二十八日読売テレビ「そこまで言って委員会NP」）。放送では言葉の一部が伏せられていたが、前川がその女性と肉体関係を持ったことを「裏取りした」として強く示唆した。

真偽は分からない。

『月刊文藝春秋』の前川の手記は次の言葉で終わっている。

〈私は人々のために尽くしたい意思と人々を幸せにする仕事をしたいと考え文部省に入りました。教育とは人々が幸福を追求する為に必要不可欠なのです。その教育行政を司《つかさど》る文科省で、隠ぺいなど二度とあってはならない事です。後輩たちが胸を張って仕事ができるように願っています〉

言葉の圧倒的な虚しさに、籠池の発言と重なる妙な既視感を覚えるのは、私だけではあるまい。

（文中敬称略）

……このあと、前川氏の証言を使って、朝日新聞が「スキャンダル」を作り出す驚くべき手管《てくだ》を小川氏は詳細に描き出す。

朝日新聞が仕掛けた「森友事件」「加計事件」と、真実の「森友事件」「加計事件」とを対比しながら、報道がどこまで途方もない「創作」になり得るかが徹底的に検証されている。

ぜひ、単行本でお読みください。

おがわ えいたろう
昭和四十二（一九六七）年生まれ。大阪大学文学部卒業、埼玉大学大学院修了。主な著書に『約束の日――安倍晋三試論』（幻冬舎）、『「永遠の0」と日本人』（幻冬舎新書）、『最後の勝機』（PHP）、『一気に読める「戦争」の昭和史』（ベストセラーズ）、『小林秀雄の後の二十一章』（幻冬舎）。公式ホームページはhttp://ogawaeitaro.com/。Facebookでも日々発信中。

森友学園問題年表

朝日は何を残し、何を削ったのか？

　朝日新聞は三月二日に「財務省決裁文書改竄《かいざん》」を報じ、十二日に財務省が改竄前後を対照した文書を公表した。その内容を受け、三月十八日、文書の内容を踏まえた時系列表（左）を二面に掲載した。

　たしかに、スペースの問題があるのですべての出来事を表に盛り込むことはできない。が、「何を省き、何を残すか」によって、表の作り手が「この問題にとって何がより重要と考えているか」を読み取ることができる。

　朝日の表は、文書から削除された「昭恵氏」の名前にこだわり、森友学園理事長（当時）の籠池《かごいけ》泰典氏が近畿財務局との交渉中に昭恵氏との写真を示したことや、決裁文書に「昭恵氏が森友学園の系列幼稚園を訪問したという産経の記事」を引用したことなどを記載している。

　しかし、決裁文書に書かれ（のちに削除され）た経緯を見ると、昭恵氏の写真や産経新聞の記事よりも交渉にとって重要と思われる出来事が発生している。たとえば、森友学園が新設小学校の開校時期を近畿財務局に通達し、必要な措置を要請しているなどというやり取りだ。

　朝日表には「文書から削られていた主な記載内容と森友学園問題の流れ」というキャプションはついてはいるが、朝日新聞はそれらの「重要な出来事」を省き、「昭恵氏」（や政治家）の名前がある部分を表に残している。

　この朝日の表は、たしかに「捏造《ねつぞう》」や「偽造」の類《たぐい》ではない。だが、客観的事実を並べたように見えて、ことさらに昭恵氏の関与をフレームアップするものであり、読者をミスリードしかねない。

　朝日新聞の描くストーリーは、「籠

池氏が昭恵氏の名前を出したことで森友学園と近畿財務局の交渉がスムーズに進んだのではないか。昭恵氏の関与か、あるいはその名前による官僚の『忖度《そんたく》』があったのではないか」というものだ。

朝日表も、そのようなストーリーを補強するために〝編集〟されたもので、あたかもこれらの出来事によって交渉が有利に（特例的に）運んだのではないか、という印象を与えかねない。

朝日は決裁文書の記録を表にする際、あるいは記事にする際、何を削り、何を残したのか。より詳細な森友学園の土地取得・小学校設置認可などの経緯を追った年表を示しながら、朝日の意図を浮き彫りにする。

大阪府豊中市の小学校予定地で撮影・ノンフィクション作家の菅野完氏提供

2013年

7月8日 森友学園が、大阪府豊中市の国有地の取得要望を出す予定だと近畿財務局に連絡

8月13日 **鴻池祥肇・元防災担当相の秘書が近畿財務局に電話。土地を購入するまで貸し付けを受けたいとの籠池泰典・学園理事長（当時）の希望を伝える**

14年

4月28日 **近畿財務局との打ち合わせ時、籠池理事長が安倍晋三首相の妻昭恵氏と一緒に写った写真を提示** ❶ **なぜ昭恵氏について文書に記載?**

6月2日 **近畿財務局が学園に対し、売り払いを前提とした貸し付けに協力すると伝える**

15年

1月8日 **昭恵氏が学園を訪問し、教育方針に感涙した、とする産経新聞社のインターネット記事が掲載される**

9日 **近畿財務局が学園を訪れ、貸付料の概算額を伝える**

27日 大阪府私立学校審議会が、学園の小学校設置計画を条件付きで「認可適当」と答申

29日 **平沼赳夫・元経済産業相の秘書が、財務省に「近畿財務局が学園に提示した概算貸付料が高額であり、なんとかならないか」と相談**

2月4日 10年以内の売却を前提とした貸し付け契約を結ぶ特例の承認を、近畿財務局が財務省理財局に申請 ❷ **特例申請の背景に、昭恵氏や政治家らの影響は?**

17日 **鳩山邦夫・元総務相の秘書が近畿財務局を訪れ、「概算貸付料が高額であり、なんとかならないか」と相談**

3月26日 **土地が軟弱地盤だとして、学園が貸付料の減額を要請**

4月17日 **近畿財務局は、貸付料の修正を検討すると説明** ❸ **貸付料の修正は適切だった?**

28日 **再評価に基づく貸付料により見積もり合わせを実施**

30日 財務省理財局が、近畿財務局による特例申請を承認

5月1日 **学園が、公正証書作成手数料の全額負担について難色を示し、国との折半を求める**

7日 **契約書の違約金条項と金額について学園側が納得せず、契約不成立**

27日 **貸し付け合意書の文書を修正する一方、違約金の減額には応じないとの方針を、近畿財務局が決裁**

29日 学園への貸し付け合意

9月5日 昭恵氏が学園の幼稚園で講演し、新設予定の小学校の名誉校長に就任

秋 政府の昭恵氏付職員が籠池理事長の求めに応じ、土地取引について財務省に照会 ❹ **昭恵氏付職員が照会した理由とその影響は?**

16年

3月11日 学園が、「新たなごみ」を発見したと近畿財務局に連絡

14日 近畿財務局が現地でごみを確認

24日 学園が、土地を購入したいと申し出る

4月14日 国土交通省大阪航空局が、ごみの撤去費用の見積もりを提出
ごみをめぐる学園側との協議内容などを記載した文書を作成

5月中旬ごろ 近畿財務局職員が学園に対し、「ゼロに近い金額まで努力する。だけど、1億3千を下回る金額はない」などと発言 ❺ **事前の価格交渉にあたらない?**

6月14日 **「学園の提案に応じて鑑定評価を行い価格提示を行うこととした」と記載した文書を決裁**

20日 ごみの撤去費用8億1900万円を値引き、1億3400万円で学園に売却する契約を締結 ❻ **値引き価格は適正だった?**

17年

2月9日 格安での売却を朝日新聞が報道

15日 「撤去費用は適正に算定されたもの」衆院財務金融委で

佐川理財局長（当時）

17日 「私や妻が関係していれば、首相も国会議員も辞める」衆院予算委で

安倍首相

❼ **決裁文書から昭恵氏の記載を削除するきっかけ?**

24日 佐川宣寿局長が、学園との交渉記録を「廃棄した」と国会答弁

3月2日 「政治家の方々の関与は一切ございません」

15日 「価格を提示したことも、先方からいくらで買いたいと希望があったこともない」衆院財務金融委で

佐川理財局長

このころ改ざん

4月11日 会計検査院が、近畿財務局への実地検査を開始

5月8日 財務省が、改ざんした売買契約の決裁文書を国会議員らに提示 ❽ **誰の指示?**

7月5日 佐川局長が国税庁長官に就任

31日 大阪地検特捜部が、籠池前理事長夫妻を詐欺容疑で逮捕

11月22日 会計検査院が、値引きの前提となったごみの量の積算について「根拠が不十分」と指摘する検査結果を報告

18年

3月2日 決裁文書が書き換えられた疑いがある、と朝日新聞が報道

9日 佐川氏が国税庁長官を辞任

12日 財務省が、14の決裁文書での改ざんを公表 ❾ **首相らはいつ知った?**

年	判定	月日	出来事
○平成25年（2013年）		1月10日	登記の「錯誤」を理由に土地が再び国有地化される。
		4月30日	大阪航空局が近畿財務局へ土地売却を依頼。
		6月	近畿財務局が国有地の売却先を公募。
		6月28日	森友学園・籠池理事長が近畿財務局へ。小学校用地として取得を検討していると話す。
	朝日	7月8日	籠池氏が近畿財務局に電話。土地取得要望を提出予定と話す。
		8月5日	籠池氏が鴻池祥肇事務所に初めて陳情。「借地契約して8年後に購入したい」。
	朝日	8月13日	鴻池議員秘書が近畿財務局へ照会。「森友が貸付を希望しているので、大阪航空局に直接相談したい」との内容。
		8月21日	森友学園が大阪航空局へ行き、「貸付後購入で」と相談。大阪航空局も「貸付検討を」。
		9月2日	**森友学園が土地取得要望書を提出。**
		9月9日	籠池氏から鴻池事務所へ「財務省に賃借料をまけてもらえるように」依頼。 近畿財務局から鴻池事務所への記録日付「7～8年賃借後の購入でもOKの方向、本省と大阪府と話し合う」との記録あり。
		9月12日	近畿財務局職員が大阪府庁を訪問し、今後の連携について要請。
		9月13日	鴻池事務所に森友学園から相談あり。「認可が必要、そのためには土地も必要、ニワトリとタマゴの話」をしたとの記録あり。
		10月15日	**近畿財務局統括官から鴻池事務所へ「従来どおり前向きに、但し府認可が必要」と連絡あったとの記録あり。**
		10月30日	**近畿財務局が大阪府私学・大学課に認可審査状況について照会。「審査できる書類の提出がなされていない」との返答。**

◉森友学園問題年表

○平成26年（2014年）

昭恵氏の写真だけ取り上げ、開校に関する情報に触れない（→4月15日、4月28日）

- 1月31日　籠池氏が鴻池事務所に「年間賃料3500万円を2500万円に、売却予定額15億円は高すぎる、7～8億を希望」と相談したとの記録あり。
- 2月3日　近畿財務局が大阪府私学・大学課に認可状況について照会。「相談は受けているが資金の妥当性を説明できる資料がなく、計画書は正式に受理していない」との返答。
- 3月15日　籠池夫妻が鴻池議員にコンニャク（厚みのある封筒）を渡そうとする。
- **4月15日**　**森友学園が近畿財務局に「2016年4月の開学に向け豊中市との開発協議のため、大阪府私立学校審議会の結果（認可適当の答申）をもって国有地を先行して貸付けてほしい」との要請。**しかし近畿財務局は「答申得る前の契約はできない」と断る。
- 4月25日　昭恵夫人が森友学園・塚本幼稚園を訪問し、園児の挨拶に思わず涙ぐむ。
- **4月28日**　**近畿財務局から森友学園に「資料提出を速やかに」と要請。森友学園は①大阪府私立学校審議会の諮問を12月にしたと報告②豊中市との開発協議を急ぐので契約締結の文書が欲しいと要望。この時に籠池氏が昭恵氏の「前に進めてください」の言葉とともに写真を示す。**（朝日）
- 6月2日　近畿財務局から森友学園に対し①当局審査の延長②開発行為のみを可能とする「承諾書」提出③売払いを前提とした貸付けについては協力すると回答。（朝日）
- 6月30日　近畿財務局が「承諾書」を豊中市へ提出。
- **8月20日**　**森友学園が大阪府へ小学校設置計画書を提出。**
- 8月29日　大阪府が森友学園の小学校設置計画書を正式受理。同年12月の私立学校審議会で諮問することに向けた事務手続きを決定。
- 10月2日　近畿財務局から大阪府私学・大学課に審査基準を照会。「現状の収支計画では審査基準を通らず、土地は即購入できないことを確認」。
- 10月7日　森友学園が近畿財務局に「収支計画を改善するから即購入できないか」と検討依頼。

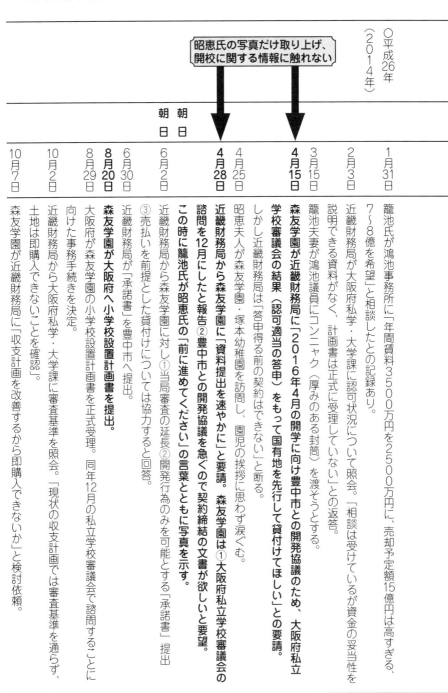

昭恵氏について取り上げるも小学校認可申請に触れない！

10月15日		森友学園から近畿財務局に対し「検討したけれど収支計画が改善できないので、大阪府の審査基準に触れずに土地を即購入するのは無理でした」の回答。
10月21日		森友学園がボーリング調査の実施要請。近畿財務局と大阪航空局が相談し、大阪航空局が一時貸付を行い対応。
10月31日		**大阪府へ瑞穂の國記念小學院の認可を申請、大阪府が正式受理。**
11月7日		森友学園と近畿財務局が土壌汚染対策費用の処理方法（有益費による処置）などについて打ち合わせ。
12月6日		昭恵夫人が森友学園・塚本幼稚園で講演「ファーストレディとして思うこと」。
12月17日		近畿財務局が森友学園に今後のスケジュールや予定している契約書式について説明。
12月18日		**大阪府私立学校審議会で審議が行われるが、学園の財務状況について懸念が示される。継続審議になる。**
○平成27年（2015年）		
1月8日	朝日	産経新聞のサイトに「アッキーも感涙…園児に教育勅語教える〝愛国〟幼稚園」記事掲載。
1月9日	朝日	近畿財務局が森友学園を訪問、貸付料の概算額を伝える。鴻池事務所によると「財務省担当者から評価額10億円、賃料年4%、4000万円を提示」され、「高すぎる、年2〜2・3%想定、働きかけして欲しい」と依頼。
1月15日		森友学園が国土交通省の北川イッセイ副大臣秘書に「貸付料が高額なので副大臣に面会したい」と要請。国交省は「面会しても意味ない」と断る。
1月27日	朝日	森友学園の小学校建設計画が大阪府私立学校審議会の臨時会で「条件付き認可適当」の答申。
1月29日	朝日	平沼赳夫議員秘書から近畿財務局に「貸付料が高額。何とかならないか」の相談。「価格についてはどうにもならない。本件については学校の設立趣旨を理解し、できるだけ支援している」と返答。

◉森友学園問題年表

2月4日	近畿財務局が財務省理財局に「土地を10年間まず借地として貸して、その後時価で売る」特例の承認を申請。	朝日
2月10日	**国有財産近畿地方審議会で森友学園に「小学校要地として売払いを前提とした10年間の事業用定期借地契約」について処理適当の答申。**	
2月12日	森友学園が大阪府教育記者クラブで会見。「底地は国有地で借受予定」と説明。	
2月17日	鳩山邦夫議員秘書が近畿財務局を訪れ「貸付料が高額。何とかならないか」と相談。	朝日
2月20日	近畿財務局が貸付予定価格を決定。	
3月13日	**森友学園と近畿財務局が見積もり合わせをするも、予定価格を上回らず不調。**	
3月26日	森友学園が弁護士と近畿財務局へ。ボーリング検査の結果、軟弱地盤であることを理由に貸付料減額と国による杭工事費負担を要請。	朝日
3月31日	近畿財務局が設計業者に連絡し、ボーリング調査結果を確認。	
4月2日	森友学園設計業者をヒアリング。「杭の本数は多く必要だが建物設計中でまだ詳しく説明できる段階でない」との回答。	
4月17日	近畿財務局が貸付料の修正を検討。 基礎杭工事に対する費用は払わないと説明。	朝日
4月27日	近畿財務局が予定価格を再設定。	
4月28日	再評価による見積りで折り合う。 **国の予定価格を超える金額で合意。**	朝日
4月30日	契約書作成。	朝日
5月1日	契約書を森友学園に持参するも、公正証書作成料の全額負担について難色を示し、契約書を受け取らず。	朝日
5月7日	**森友学園が契約保証金を納入。しかし公正証書作成料の支払いを捺印時にゴネたので契約不成立。**	朝日

5月11日		違約金条項について説明するも、森友学園側が納得せず。
5月12日		**違約金条項や貸付合意書などの文言修正で森友学園側がゴネ、契約不成立に。**
5月13日		近畿財務局が貸付合意書の修正案を提示。
5月27日	朝日	**貸付合意文書の文言修正、違約金減額には応じず、近畿財務局が決裁。**
5月29日	朝日	**森友学園と国有地の定期借地契約締結。**
7月31日		安倍晋三首相と迫田英典理財局長が面談。
8月7日		安倍首相と迫田理財局長が面談。
8月11日		森友学園・籠池夫妻と弁護士が近畿財務局へ。「工期の関係などから開校時期の一年延期について相談」する。
8月26日		大量の地下埋設物を発見、と森友学園側が近畿財務局に伝える。
9月3日		官邸にて安倍首相と岡本薫明財務省官房長、迫田理財局長が会合。
9月4日		安倍首相が大阪入りし、読売テレビへ。 近畿財務局9階にて設計士・施工者・近畿財務局・大阪航空局が会議。埋設物の処理費用が巨額になることを受け、財務局は「場外処分を極力減らす計画を考えて欲しい」「借主との紛争も避けたい、場内処分で協力願う」と発言した、との記録。 昭恵夫人が森友学園の新設小学校の認可にかかわる私立学校審議会会長とイベントで同席。
9月5日	朝日	昭恵夫人が瑞穂の國記念小学校の名誉校長に就任。夫人付職員の谷査恵子氏も同伴。
10月ごろ		籠池氏が海外出張中の昭恵夫人の留守番電話に土地の契約条件をもっと長期にしてほしい旨を依頼。その後、谷氏宛てに手紙と資料を郵送する。
10月14日		安倍首相と迫田理財局長が面談。
11月15日	朝日	谷氏から依頼に関して財務省に問い合わせ、回答をFAXで返信。

◉森友学園問題年表

値下げの理由となった判断をほとんど記事にしていない！

年	報道	日付	出来事
○平成28年（2016年）		1月中	土地改良費の早期支払いのため、籠池氏、大阪航空局、近畿財務局が稲田龍示事務所で面会。
	朝日	**3月11日**	**森友学園側から「さらに大量のごみが見つかった」と財務局へ連絡。** **籠池氏が「首相夫人も棟上げに来るのにどうするの」と発言。**
		3月中旬（ごみが出てきた後）	中道組の紹介で、酒井康生弁護士と顧問契約。
	朝日	3月14日	現地で土地の廃棄物を確認（森友学園、大阪航空局、近畿財務局、工事業者など）。 **近畿財務局が大阪航空局に、ごみ撤去費用の見積もりを依頼。** **大阪航空局は過去にそのような算定を行ったことはなかったが、「小学校の開校が迫っており、第三者に依頼すると時間がかかるので」、「国土交通省の知見をもちいて」行うことにした。**
		3月15日	**籠池氏が霞が関で財務省担当者（理財局国有財産審理室長）と会う。鴻池事務所記録によれば「埋設物撤去予算は地主の航空局、財務局は契約関係のみ」という話。**
	朝日	**3月24日**	**森友学園が、土地の買い取りを申し出る。** **「事業を中止して国に損害賠償請求をすることもできるが、事業を継続したいから」。**
		3月29日	有益費支払いに関する三者合意書の締結についての文書作成日付。
		4月6日	国が学園に撤去費1億3176万円を支払う。
	朝日	**4月14日**	**国有財産の鑑定評価委託事業について、の文書作成日付。** **予期されない廃棄物が発見されたが撤去工事を発注して対処する時間がない（開校に間に合わない）ため、損害賠償請求などのリスクを避けるために要請に応じた旨。**
		4月14日	大阪航空局から近畿財務局に「処分等依頼書」（売払）が提出される。
		4月14日	**大阪航空局がごみ撤去費用の見積もりを8億1900万円と算定。**
	朝日	**5月18日**	**国と森友学園側の会合で「タダでに近い形で払い下げを」という森友側の要求に、財務省職員が「ゼロに近い金額になるまで努力している」との音声データ。**

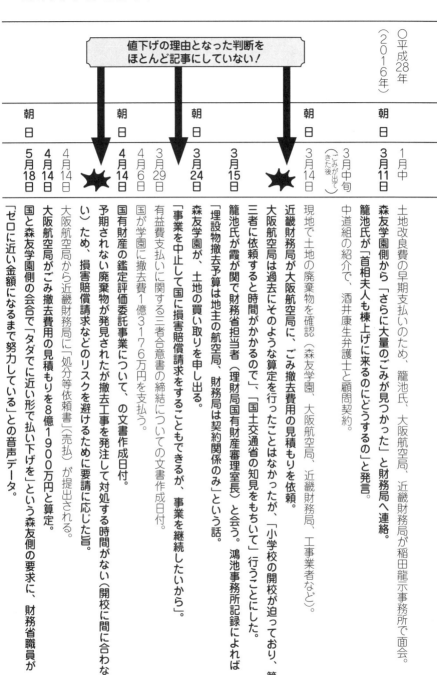

		6月1日	森友学園側弁護士から契約書に付加する特約条項を了解する旨確認し、売払価格を口頭で通知。
		6月6日	森友学園側から「金額を了解したため買受けたい」旨の通知。「即納は難しいので10年の延納での購入要請が結論」となる。
		6月10日	森友学園が売払申請書、延納申請書を提出。
	朝日	6月14日	森友学園の提案に応じて鑑定評価を行い価格提示を行うこととした、という文書を決裁。
	朝日	**6月20日**	**国有地を1億3400万円で売却。10年の分割払い・公共随契・買戻し特約。価格非公表。**
○平成29年（2017年）		2月8日	豊中市議の木村真氏が森友学園に対する国有地売却に関し、国が売却額を非公表としたのは不当だとして大阪地裁に提訴。
		2月9日	**朝日新聞が「売却額非公表」の件と、森友学園の教育内容、昭恵夫人が名誉校長に就任しているとの件をふまえて初めて「森友問題」を報道。**
	朝日	2月15日	ごみ撤去費用は適正に算定、と佐川宣寿理財局長答弁。
	朝日	2月17日	安倍首相「私や妻がかかわっていたら首相も国会議員も辞める」宣言。
	朝日	2月24日	佐川局長が「森友学園との面会記録破棄」の答弁。
	朝日	3月2日	佐川局長が「政治家の関与はない」と証言。
		3月6日	参院予算委員会が参院として会計検査院に検査と結果報告を求めることを決定。
		3月10日	森友学園が大阪府に対する小学校設置認可の申請取り下げ。
			森友学園が会見、認可取り下げと理事長退任を発表。
	朝日	3月15日	佐川局長が「価格提示などもない」と国会証言。
			酒井弁護士が森友学園の顧問弁護士を辞任。
		3月16日	籠池氏が安倍総理（昭恵夫人）から100万円もらったと発言。
		3月23日	籠池氏証人喚問。

◉森友学園問題年表

	朝日	4月11日	会計検査院が、近畿財務局への実地検査を開始。
	朝日	5月8日	財務省が売買契約の決裁文書を国会に提出。
	朝日	7月5日	佐川氏が国税庁長官に就任。
	朝日	7月31日	籠池理事長夫妻が「小学校校舎建設にからむ補助金をめぐる詐欺容疑」で逮捕。
		11月22日	会計検査院がごみ撤去費用による値引きを「根拠が不十分」とする検査結果を公表。
○平成30年（2018年）	朝日	**3月2日**	**朝日新聞が財務省の決裁文書の改竄疑惑を報道。**
		3月8日	財務省が参院予算委員会理事会に、過去に国会議員らに開示した文書と同じ内容の文書を原本の写しとして提出。
	朝日	3月9日	佐川氏が国税庁長官を辞任。
	朝日	**3月12日**	**財務省が14の決裁文書の改竄を認め、改竄前の内容を公表。麻生財務相が理財局職員の関与認める。**
		3月16日	太田充理財局長が「佐川氏は改竄を知っていたと認識している」と答弁。
		3月20日	佐川氏の証人喚問が決まる。
		3月27日	佐川氏証人喚問。

※新聞報道、財務省文書、国会答弁などを基に作成
（二〇一八年三月二十八日現在）

典型的なスラップ訴訟だ

『Hanada』二〇一八年三月号

有本香
ジャーナリスト

壊れてしまった朝日新聞

平成二十九年末から三十年明けにかけての朝日新聞は、相当おかしくなっている。「愛読者」ではない私でも、朝日新聞は壊れてしまったのかと心配になるレベルである。

その「症例」の第一は、昨年末、文藝評論家の小川榮太郎氏と、氏の著書ならびに本誌の発行元である飛鳥新社に対し、「自社の名誉を毀損《きそん》した」として莫大な損害賠償を求める訴えを起こした件である。このことは、メディアで仕事をする私たちのみならず多くの国民を驚かせた。

事の詳細は当事者が詳しく書くだろうが、小川さんと彼の著作の編集者に近いオブザーバーの一人として一言言わせてもらうと、まず、こんな「スラップ（SLAPP）訴訟」は日本の言論人の多くが問題視してしかるべきだということだ。

スラップとは、「Strategic Lawsuit Against Public Participation」の略で、恫喝訴訟とか威圧訴訟と訳される。大企業や公的機関、つまり権力を持つ社会的強者が、個人や市民といった権力を持たない「弱者」に対し、発言封じや報復を目的として恫喝的に起こす訴訟という意味である。

小川さんは、言わずもがな民間の一個人に過ぎない。飛鳥新社から出た小川さんの著書『徹底検証「森友・加計《かけ》事件」朝日新聞による戦後最大級の報道犯罪』がよく売れているとは言っても、まだ十万部ほどの発行部

1月12日の各紙1面。朝日の異様さが際立つ

数であろう。

一方、近年、右肩下がりに部数を落としていると言われているが、毎日、数百万部を発行する朝日新聞は、痩せても枯れても大企業、大メディアだ。小川さんや飛鳥新社とでは、力の差があり過ぎる。

もし、小川さんの著作に不適切な記述があるなら、朝日はそれこそ言論機関らしく、その指摘と反論を紙面等を使って存分にすればいいと思うのだがそうはせず、事もあろうに、天下の大新聞社が司法の場に逃げ込んで、「小川から重大な名誉毀損を受けた」と訴えて数千万円を要求するという、あまりにも非対称、敢えて言えば、みっともない、弱者の言論を弾圧する挙に出たのである。

これまで政治家を主とした権力と闘い、社会的弱者に寄り添うことを旨《むね》としてきたはずの朝日新聞は一体どこへ行ったのか。総理のクビすら取る力のあった朝日が、なぜいま、彼らから見れば吹けば飛ぶような、一個人の物書きと出版社相手にこうもムキになるのか。理由は不明だが、およそ理解不能のヤバイ事態となっているに違いない。

尖閣危機を一面から外す

本稿では、そのヤバイ事態、最近

の朝日新聞の変調について、具体的事例をいくつか挙げて書いていたのだが、原稿を仕上げた直後の十五日、またもや新たな「症例」を発見したので、急遽、加筆することにした。

一月半ば、ネット上のツイッターで、作家の百田尚樹氏と「朝日新聞広報」(以下、朝日広報)というアカウントの間で一悶着《ひともんちゃく》起きていた。発端はこの二日前に、百田さんが次のような投稿をしたことにある。

〈これは首を賭けてもいい。もし、中国と日本が軍事衝突をすれば、朝日新聞は100パーセント中国の肩を持つ。朝日新聞は日本の敵だが、そんな売国新聞を支えている朝日の読者も日本の敵だ〉

なんとも百田さんらしい、鋭いツメでカサブタを剝《は》ぐような比喩《ひゆ》の効いた一文だが、これにはワケがある。

百田さんの投稿があった一月十二日朝、私は主要四紙の紙面、とくに朝日の紙面を見て、「とうとうここまで来たか」と独りごちた。

この前々日の十一日午前、中国海軍のものとみられる潜没潜水艦とフリゲート艦が尖閣諸島周辺の日本の接続水域に入り、日本政府はこれを公表していた。

過去に中国海軍の水上艦の入域はあったが、潜水艦が尖閣諸島沖の接続水域に入ったことを確認したのは初めてである。当然、翌日の朝刊各紙は、この大事を一面トップもしくはそれに近い扱いで報じたが、朝日新聞だけは違っていたのだ。

十二日の朝日新聞朝刊で、この大事に関する記事は二面にすらなく、辛《かろ》うじてという感じで、三面に掲載されていた。

扱いはどう見ても他紙より小さい。この三面の紙面構成にも違和感大なのだが、それはあとで書くこととして、とにかくこの日、朝日新聞は日頃、彼らが何よりも嫌い怖《おそ》れている「戦争の危機」が迫っているという大ネタを、二の次、三の次扱いにしたのである。

大切な日本の領土、海の安全が脅《おびや》かされる現状を知らせることに積極的でないということは、日本を代表する全国紙としての最大の役割をかなぐり捨てたに等しい。つまり朝日は、「危険水域」に入ったことを自明にしたといえる。この事態に百田さんは激怒し、その表明をツイートしたのである。

「軍艦」でなく単なる「艦」

この兆候は一年半前にすでにあった。思い起こされるのは、二〇一六年六月のことである。一年半前のこの件にも、百田さんはかねてから激怒していた。
同年六月九日、中国の軍艦（水上艦）が初めて、同じ尖閣諸島付近の接続水域に入った。ただし、発生が未明だったため、当日の朝刊には記事は間に合わなかった。このため、全紙が翌十日に詳しく報じ、社説でも各社が持論を展開したのだが、驚くべきことに、朝日新聞だけは翌日にあたるこの日も、社説で一行もこれに触れなかった。
理由は不明だが、朝日だけが書かないというこの事態は、どう見ても異常であった。ちなみに、十日の各紙社説の見出しは次のとおりだ。
《読売》〈尖閣沖中国軍艦　危険増した挑発に警戒せよ〉
《日経》〈尖閣への挑発が危険すぎる〉
《産経》〈尖閣に中国軍艦　危険な挑発行為をやめよ〉
《毎日》〈中国軍艦と尖閣　緊張感高める行動やめよ〉
ほかにも次のとおり、地方紙でも尖閣での中国軍艦の件を社説に掲げた社もあった。
《信濃毎日》〈中国軍艦航行　尖閣の緊張を高める〉
《富山新聞》《北國新聞》〈尖閣に中国軍艦　危機対応のレベル引き上げを〉
余談だが、このとき、尖閣諸島が所在する沖縄県の新聞二紙、琉球新報と沖縄タイムスも、なぜか朝日と同じく、社説で中国軍艦の入域にまったく言及していなかった。
ところで、朝日新聞はこの日、次の二本の社説を掲載していた。
《朝日①》〈参院選　野党共闘わかりやすくなった〉
《朝日②》〈池田小15年　子供見守る社会に〉
①も②も大事な話題には違いないが、①の参議院議員選挙は、この日から一カ月先の七月十日投開票の日程だった。公示でさえ、この日から二週間近く先である。だが朝日新聞は、一カ月も先の選挙の行方《ゆくえ》のほうが、国土が侵略されるかもしれない「尖閣危機」より重要だと判断したのである。
そしてさらに不可解なことに、ふだん朝日の社説執筆者らが非常に敏感な「軍靴《ぐんか》の音」が、中国軍に関してはまったく耳に入らなかったようなのだ。彼らが何よりも怖れているはずの「戦争」が迫る事態より、一カ月先の参院選の、それも崩れかけの野党の陣立てが気になって仕方がなかったのだ。

しかし翌十一日、前述のとおり、前日に他の全国紙が揃って「中国軍艦初入域」を社説に書き、毎日新聞までもが中国のエスカレーションを非難する論調だったことを見てバツが悪くなったのか、朝日は一日遅れで尖閣の件を社説に書いた。だが、その見出しからして、他紙とは一味も二味も違っていた。

《朝日》〈尖閣に中国艦　日中の信頼醸成急げ〉

他紙が揃って見出しから「中国軍艦」と表記したところを、朝日だけがなぜか「軍」の字を抜き、「中国艦」としている。他紙より一日遅れた分、丸一日熟慮して付けた見出しがコレである。

本文では冒頭から、〈中国海軍のフリゲート艦1隻が9日未明に沖縄県の尖閣諸島の接続水域に入り、日本政府が中国に抗議した。この水域で中国軍艦の航行を確認したのは初めてだ〉と書いているので、軍艦の初入域が、このニュースの肝《キモ》だということは書き手もわかっている。にもかかわらず、見出しから「軍」を抜いたのは一体どういう意図、誰（どこ）への忖度《そんたく》だったのか。

朝日広報の上から目線

最近のことに話を戻そう。一年半前の「異常」な社説の件に、繰り返し疑問と怒りを表明していた百田尚樹さんのツイートから二日後、朝日広報から返信ツイートがあった。

《朝日広報》

〈「朝日の読者も日本の敵だ」と作家の百田尚樹さんが発信していますが、特定の新聞の読者を敵視するような差別的な発言に強く抗議します。私たちはこれからも建設的で多様な言論を尊重し、読者とともにつくる新聞をめざします〉

このツイートに私は失笑を禁じ得ず、「朝日、大丈夫か？」と真面目に心配になった。

まず、企業である朝日新聞の広報が、自社の「お客さま」である読者を人質に取り、その人々に勝手に「被差別者」のレッテルを貼ることは断じてやめるべきだ。その昔、上場企業の広報を担当した私には、企業にとって最上位にある顧客に対し、こんな無礼を働くことのできる朝日広報の神経が理解できない。

自らの意志で、日本のメジャー紙である朝日新聞を、代金を払って読んだり止めたり自由にできる読者――仕事柄、全国紙全紙を購読している私もその一人だ――を一括《ひとくく》りにし、「あなた方、あの作家に差別されています」などと言ってのける朝日広報の「上から目線」こそ、むしろ差別的だと私は感じる。自分たちを養ってくれている顧客に対して失礼千万なことをしている自覚が、このアカウントのなかの人にはないのか。

　そもそも、百田さんは朝日新聞とそれを支える者を「日本の敵」と言って敵視はしているが、それは差別とイコールではない。敵視と差別はまったく別のものだ。自らへの辛辣《しんらつ》な批判や自社に都合の悪い事柄に対して反射的に「差別」というマジックワードを貼って、相手の口を封じようとする、この雑な言葉の用い方に、言論機関としての朝日の凋落《ちょうらく》ぶりが明らかに見て取れるのである。

　そしてここでも、小川さんのケースと同様、「大メディア対一個人」という非対称性への配慮がすっぽり抜けている。百田さんが数百万部のベストセラー小説を書いた作家だとはいえ、大朝日とその全読者を「差別」できる存在であるはずはない。これを差別というなら、百田さんという一作家は、数百万も存在する朝日の読者を「排除」でき、不利益を被《こうむ》らせる絶大な力を持つ人ということになる。

広報の仕事から逸脱

　もう一つ、最も大事な指摘をしよう。長らく、「社会の公器」「正義の味方」として、大企業などを思うさま叩いてきた朝日新聞が、実は企業の「広報」の役割について重大な勘違いをしているのではないか、という疑問を私は禁じ得ないのだ。

　小川さんへの「名誉毀損」の申し入れ、訴状の送付、百田さんのツイートへの敵対的返信が「広報」担当から為《な》されていることは、一般企業の常識からすると違和感がある。とくに訴訟対応などは普通、総務・法務が担当することが多い。

　つまり、多くの企業で「ケンカ」は広報の仕事ではない。朝日が中国や韓国、北朝鮮との関係の話題でよく言う「対話」こそ広報の本分である。

　広報とは、英語で「Public Relations」（PR）という。Public＝公と関係を取り結ぶ仕事である。顧客を筆頭に、株主、取引先、従業員といったステークホルダー（利害関係者）はもちろんのこと、それ以外の社会と広くコミュニケーションをし、より良い関係づくりを役割とする。

　その結果、社会に有益な企業として認知され、顧客をさらに増やし、利益を増大させることを目指すのである。

　では、最近の朝日の広報の成果はどうだろう。朝日広報による百田さんへの返信ツイートに対しては、夥《おびただ》しい数のリプライが寄せられたが、現在、圧倒的多数が「百田支持、朝日批判」の内容である。

仮に朝日が、この圧倒的多数のネット上の声を「ネットには右翼が多いから」などと言ってまともに取り合わないようなことになれば、それすなわち、「多様な言論を尊重する」との高邁《こうまい》な宣言を自ら否定することにも繋がりかねない。

朝日新聞が近年、部数を落とし続け、業績を悪化させていることの原因がまさにこのあたりにあることは、誰の目にも明らかだ。

オウンゴールばかり

他紙は日本の危機を優先順位高く伝えているなかで、朝日新聞だけが非常に奇異な報道をする。尖閣危機の記事を一面から外して小さくし、社説では「軍」抜き見出しを立てるというのは、右や左の話ではない。これによって、「朝日は、日本や日本国民にとって有益なことを書かない新聞だ」という不信感を増大させ、ネガティブな評価を自ら積み上げているのである。

そうしたことから考えると、むしろ百田さんの「日本の敵だ」という激しいツイートは、朝日に対する愛のムチ、あるいは渾身《こんしん》の警告のようにも受け取れる。私が朝日の広報であれば、きっと次のように返信したであろう。

「百田さん、いつも辛辣なご批判をありがとうございます。私ども朝日新聞も、日本と日本国民のための報道を心がけております。よろしければ、別のこのような記事（リンクを貼る）もお読みいただき、ご批評いただけましたら幸いです」

朝日新聞には優れた記者がいる。彼らが書いた、安全保障に関しての優れた記事もある。そんな記事のリンクを百田さんへの返信に添えて、このウルサイ小説家を懐柔しようと考えるのが、広報らしい考え方だ。

2018年（平成30年）1月12日（金）　朝日新聞
死ぬより苦しむことが怖い
シリア 国連「戦争犯罪の可能性」
医師も薬も不足
中国軍潜水艦、尖閣沖に
接続水域 艦艇と同時、初
巡航ミサイル迎撃
陸上イージス活用
防衛相、用途拡大に意欲
島を訪れ、地震を肌で感じる高校生たち。机上ではわからない脅威を実感する。

アリバイ感のある紙面（朝日新聞1月12日付3面）

隣国関係の際に朝日がよく言う「話し合いによる信頼の醸成」というのを、百田さんとの間でまず実践して見せてほしいと思うが、いかがか。

「反戦」と「慰安婦」で囲む

さて、一月十二日の中国潜水艦の接続水域入域についての朝日新聞の記事を見てみよう。

掲載は三面のみである。ちなみに、一面トップは〈特養「ベッド買い」止まらず〉、その隣には〈敬遠　投球不要に――プロ・大学・社会人野球申告制へ〉という見出しがある。

特別養護老人ホームの優先入所枠を、自治体が補助金を払って確保する事例が全国にあることは問題ではある。しかしよりによって、この日の一面トップでなければならない理由は何だろうか。

そして、野球好きの私にとって、試合時間短縮のために野球での「敬遠」を申告すれば投球しなくてよし、とするのは大事なニュースではある。が、これはスポーツ面の掲載でよしと思う。尖閣での中国の潜水艦初入域を退けてまで、一面に掲載する理由がわからない。

問題の三面には四分の一を割《さ》いて、〈中国軍潜水艦、尖閣沖に〉という記事が載っている。

しかし、である。この見出しは目立たない。なぜか。実物をお持ちの方は見ていただきたいのだが、これこそ紙面構成、編集の妙である。

まず、紙面を見開いた中央に「中国軍潜水艦」の記事がある。同じページの左側には、横書きのスミ帯（黒インクでベタッと塗った帯）に白抜きの文字で「死ぬより苦しむことが怖い」と書かれたシリアの記事の見出しがあり、こちらのほうが先に目に入る。

さらに、このページの対抗面（隣ページ）の右端には、「中国軍潜水艦」の優にふた回りは大きい、一面トップよりも大きい特大ゴシックの見出しが躍っている。その内容は「特養入所枠　まるで商取引」というもので、一面から続く内容を伝えるもの。さらにその上にも、黒々とスミ帯白抜き文字がある。

これらの派手な見出しに挟まれ、〈中国軍潜水艦、尖閣沖に〉の見出しは完全に埋没してしまっている。

しかも、特養の特大ゴシック見出し記事と「中国軍潜水艦」の記事の間には、小さな「ひと」という囲み記事があり、紹介されている人は「慰安婦」問題を公立中学で教え続ける社会科教師である。

中国より安倍が脅威

目眩《めまい》がしてきたところで一面に戻り、天声人語を見て、さらに目眩がした。〈今年は明治元年から150年となる〉という後半の一文には、こんなくだりが続いていた。

〈尊皇攘夷《そんのうじょうい》の思想家、吉田松陰《しょういん》が幕末に書いたのは、海外侵略のすすめだった。（中略）彼は明治を見ずしてたおれたが、不気味なぐらい日本の進路を暗示している▼先人たちの偉大さに学ぶ。同時に限界や危うさにも目を向ける。そんな1年にしたいと思う〉

ああ、もうわかった。

朝日が言いたいことは、中国が尖閣に軍艦を仕立てて来ようが大したことではない、騒ぐな。日本は「侵略」の過去に目を向けよ、ということなのだ。しかも、「侵略を唱えた過去の先人」として出したのが、安倍総理の地元の偉人、吉田松陰である。

わかった、わかった。朝日にとっては、軍艦で迫り来る中国よりも、われわれ日本国民による選挙で圧勝した自民党のトップ、安倍晋三のほうが脅威であり、中国の日本に対する侵略的行為よりも、野球の敬遠問題のほうが重大なのだ。

今年も、朝日を「日本の敵」と思う人は増えることだろう。そして、朝日はいっそう大新聞の「余裕」を失っていくのに違いない。

ありもと かおり
一九六二年生まれ。東京外国語大学卒業。旅行雑誌編集長、上場企業の広報担当を経験したのち独立。現在は編集・企画会社を経営するかたわら、世界中を取材し、国際問題、日本の国内政治をテーマに執筆。近著に『リベラルの中国認識が日本を滅ぼす』（石平氏との共著、産経新聞出版）。最新刊は『小池劇場が日本を滅ぼす』（幻冬舎）。

新聞人としてあまりに情けない

『Hanada』二〇一八年三月号

阿比留瑠比
産経新聞論説委員兼政治部編集委員

恥知らずの行い

ああ、朝日新聞はやっちまったな。恥も外聞もないのだな――。一報を聞いて、率直にそう感じた。

朝日が昨年十二月二十五日に、『徹底検証「森友・加計《かけ》事件」朝日新聞による戦後最大級の報道犯罪』（飛鳥新社）の著者で文芸評論家の小川榮太郎氏と同社を相手取り、計五千万円の損害賠償訴訟を起こした件である。

そして、朝日がかつて「ジャーナリスト宣言」と称する宣伝キャンペーンを展開し、新聞、テレビ、ラジオなどで次のように訴えていたのを思い出した。

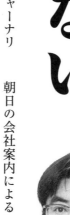

「言葉は感情的で、残酷で、ときに無力だ。それでも私たちは信じている、言葉のチカラを」

「言葉に救われた。言葉に背中を押された。言葉に涙を流した。言葉は、人を動かす。私たちは信じている、言葉のチカラを」

朝日の会社案内によると、これは「社員の一人ひとりが、真実と正義に根ざす『ジャーナリズム』の原点に立った行動をしていかなければならないという、新聞人としての決意表明」だとのことである。

朝日が唱えた「真実と正義」とやらが、ただ虚しい。このキャンペーンは、朝日カメラマンによる他紙記事の盗用事件をきっかけに自粛されたが、いまでは朝日が信じているのは「言葉のチカラ」、つまり言論ではなく、司法権力となってしまったようだ。

報道・言論機関である大新聞が自らへの批判に対し、言論に言論で対抗することもせず、言葉を尽くそうとせず、あっさりと裁判所へと駆け込む。何という痛々しくもみっともないジャーナリズムの自己否定だろうか。あまりに情けない。

小川氏は朝日の抗議に対し、十二月五日付で「朝日新聞よ、新聞社として恥を知りなさい」と題した丁寧な回答を送っていた。ところが、これについて朝日は、七日付朝刊に広報部の話として〈回答の内容は承服できません。今後の対応について、弊社で検討いたします〉などと書いたのみで訴訟を起こした。まさに恥知らずの行いである。

朝日自身が最も「言葉のチカラ」を信じていなかったことが露呈

開き直りに唖然

それも、一個人と出版社に要求するにはあまりに巨額な五千万円という賠償請求をである。そのやり方からは、ジャーナリスト集団の矜持《きょうじ》の欠片《かけら》も窺えない。小川氏らの言論活動を封じるためには、手段を選んでいられないということか。

小川氏は五日付の回答に「言いがかりで一個人を恫喝するのではなく、言論には言論で勝負していただきたい」と記し、正面から論戦を挑んでいた。それなのに、恫喝訴訟に打って出たのだから呆れてしまう。

朝日は紙面でいくらでも反論できるにもかかわらず、小川氏の挑戦を無視した。正々堂々の言論戦では勝ち目がないと判断したのだとしか思えない。そして、圧倒的な資金力を背景に戦いの場を司法に移すというのだから、なりふり構わぬ開き直りに唖然《あぜん》とする。

「世の中に無神経ほど強いものはない。あの庭前の蜻蛉《とんぼ》を御覧。尻尾《しっぽ》を切つて放しても、平気で飛んでいくではないか」

こんな勝海舟《かつかいしゅう》の言葉も連想した。

案の定、インターネット上では朝日批判の言説が溢れたが、朝日にとっては蛙《かえる》の面《つら》に小便で、無視を決め込んでいる。

たとえば、徳島文理大学の八幡和郎教授は十二月二十七日、ネット上の言論プラットフォーム「アゴラ」にこう書いた。

〈（訴訟は）名誉を回復したいということが目的でなく、（中略）個人や弱小出版社などが、朝日新聞を始めとするマスメディア集団を批判すること自体をやめさせようとすることが狙いとしか合理的には理解できない〉

〈パワハラでなくてなんであろうか。リベラルや左派の立場に立つ人もこの朝日の動きに立ち上がらないなら、リベラルなんて二度と言って欲しくない〉

同感である。強大な「権力」そのものである大手メディアによるこんな振る舞いが常態化し、訴訟が乱発されれば、日本の自由な言論空間は閉ざされていくことだろう。軽視していい問題ではない。

一方、朝日は二十六日付朝刊で、〈森友・加計著書巡り本社が評論家提訴「名誉著しく傷つけた」〉との見出しの記事を掲載し、千葉光宏執行役員広報担当のこんなコメントを附していた。

〈「言論の自由」が大切なのは言うまでもありません。しかし小川氏の著書の事実に反した誹謗《ひぼう》・中傷による名誉毀損《きそん》の程度はあまりにひどく、言論の自由の限度を超えています。建設的な言論空間を維持・発展させていくためにも、こうしたやり方は許されるべきではありません。やむを得ず裁判でこの本の誤りを明らかにするしかないと判断しました〉

あの〝影〟は何だったのか

まるで、「言論の自由の限度」は朝日が決めると言わんばかりである。朝日の森友・加計報道のどこが「建設的」だったというのだろうか。欺瞞《ぎまん》に満ちた言い分というしかない。

また、同記事の〈文書・取材に基づき報道〉との袖《そで》見出しがついた部分が興味深かった。そこにはこうある。

〈小川氏は著書で、「総理のご意向」と記された文書に『国家戦略特区諮《し》問《もん》会議決定』という形にすれば、総理が議長なので、総理からの指示に見えるのではないか」との文言《もんごん》もあることを挙げ、「（総理の）指示がなかったからこそ『総理からの指示に見える』ような操作が必要だ――この文書はそう読める」と言及。朝日新聞がその箇所を隠して報道を続けたと主張している。日本維新の会の足立康史衆院議員も国会審議でこの点について「捏造《ねつぞう》」と発言をした〉

この点は、産経新聞も繰り返し指摘したところである。朝日が昨年五月十七日付朝刊一面トップで「新学部『総理の意向』」「文科省に記録文書」と報じた際には、添えられた文書の写真の下半分に黒い影が落とされ、「総理からの指示に見えるのではないか」とある部分がなぜか読めなくなっていた。

また、この日の記事本文中でも、その後の洪水のような朝日の関連記事でも、不自然なことにこの部分は一切触れられずにきた。朝日が記録文書を入手しておきながら全文は紹介せず、論旨に合わない都合の悪い部分は意図的に隠したととられても仕方がないところだろう。

朝日は維新の足立氏だけしか言及していないが、この部分は自民党の菅原一秀《いっしゅう》衆院議員も十一月二十七日の衆院予算委員会で取り上げている。翌二十八日付の読売新聞朝刊は、社説でこう書いている。

〈「これは、首相からの指示がないということではないか」との菅原氏の指摘はうなずける〉

誰がどう見ても、そういうことだろう。にもかかわらず、朝日は頑《かたく》なにこの部分を記事に盛り込むことを避けてきた。それが、ようやく初報から七カ月も経った十二月二十六日になって言及したのである。さて、どんな言い訳をするかと記事を読み進めると……。

〈朝日新聞は、五月十七日の報道の数カ月前から、獣医学部新設をめぐる国家戦略特区のあり方について取材を進めていた。その過程で、「総理のご意向」「官邸の最高レベルが言っていること」などと記された一連の文書を入手した。

これらの文書について、実在すること▽文部科学省内で共有されていたこと▽「総理の意向」を否定するような箇所はないこと――などを文科省関係者に取材、確認したうえで報じている。また、入手した文書の一部をあえて隠して報じた事実もない〉

何の説明にも反論にもなっていない。これでは、小川氏らの指摘を初めて知った朝日読者らには、何のことだか分からないだろう。肝心な部分を記事にしてこなかった理由は何も示さず、ただ「あえて隠して報じた事実もない」とだけ主張しているが、隠してきたのと同然である。

朝日は初報翌日の五月十八日付朝刊でも、同じ文書の写真を掲載しているが、このときも「総理からの指示に見えるのではないか」とある部分は切れて読めないようになっている。隠す意図があったとしか思えない。

現在、インターネットの普及で、ある新聞が何を報じ、何を報じないかは誰もがすぐに検証できるようになった。十数年前ならば、自社の読者さえごまかすことができればそれでよかっただろうが、いまはもうそんな姿勢は通用しない。

旧態依然で、姑息

それは、朝日の東京電力福島第一原発事故をめぐる吉田調書歪曲《わいきょく》報道や、慰安婦問題偏向報道が結局、社長辞任へと繋がったことをみても明らかである。朝日はこの二つの問題で第三者委員会を設置し、報道のあり方を検証して反省を示していた。

そんな経緯があるというのに、いまでも朝日のやり方は旧態依然としており、姑息《こそく》である。いずれ ばれるようなことを糊塗《こと》し、言論戦を放棄して司法の場に逃げ込むのだから度し難い。

朝日は、小川氏らを提訴した際の訴状で、こう主張している。

〈原告（朝日）は上記両問題（森友・加計問題）について安倍晋三首相が関与したとは報じていない〉

これには絶句するほかなかった。

それでは、朝日が森友・加計両学園をめぐって、来る日も来る日も倦《う》むことなく量産してきた一連の記事は、いったい何だったのか。〈新学部「総理の意向」〉という一面トップ記事の大見出しをみれば、読者は安倍首相の関与があったと思って当然である。

安倍首相は昨年十一月三十日、自身のフェイスブック（ＦＢ）上に、自民党の和田政宗参院議員が同月二十五日にＦＢに投稿した記事をシェア（共有）して掲載した。その書き出しはこうだった。

「朝日新聞はこのまま開き直るのだろうか」

森友学園の小学校設置趣意書が、朝日が一面記事で報じていた「安倍晋三記念小学校」ではなく、実は「開成小学校」だと判明した問題に関する感想である。

和田氏はＦＢで、朝日がインタビューした時点ですでに信頼性が疑われていた籠池《かごいけ》泰典前理事長の証言を鵜呑《うの》みにし、そのまま報じたことについてこう記していた。

「提出した設置趣意書のコピーを籠池氏は持っているはず（当たり前のこと）で、朝日新聞はそれを確認せずに報道した。まさか『それでも報道してしまえ』と、意図的なものでもあったのだろうか？」

この見方に、安倍首相も同感だったからシェアしたのだろう。朝日は「首相が関与したとは報じていない」と子供の言い訳のような屁理屈《へりくつ》をこねながら、延々と印象操作を続け、倒閣運動を続けてきたということになる。

朝日は、この誤報をきちんと訂正することもしていない。ただ、続報記事のなかで開成小学校だったと触れただけである。

これが、朝日が謳《うた》う「真実と正義に根ざすジャーナリズム」なのだろうか。こんなものは、「権力の監視」でも何でもない。いい加減な取材に基づくただの個人攻撃であり、言いがかりに過ぎない。

たまには鏡を見よう

朝日は今回、小川氏を標的として訴訟を起こしたが、加計問題をめぐって小川氏と同様の見解に至った人は決して少なくない。元朝日記者の長谷川熙氏は月刊誌『明日への選択』（平成二十九年十二月号）のインタビュー記事で、こう明言している。

「（加計疑惑なるものは）安倍打倒、安倍政権潰しのために朝日新聞社が意図的に仕立て上げた疑惑で安倍氏は全くのいわば『冤罪《えんざい》』だと私は見ています」

「モリカケ問題は朝日側などに何らかの政治謀略的意図があった」

「朝日はいわば『無』から『有』を作り出したのです」

朝日は、次は自社OBである長谷川氏を訴えるのだろうか。自分たちの所行が端からどう見えるか、開き直ってばかりいないで、たまには鏡に映った自分の姿を見たほうがいい。

あびる るい
一九六六年、福岡県出身。早稲田大学政治経済学部卒業。九〇年、産経新聞社入社。仙台総局、文化部、社会部を経て、九八年から政治部。首相官邸、自由党、防衛庁（現防衛省）、自民党、外務省などを担当し、第一次安倍内閣、鳩山内閣、菅内閣、第二次安倍内閣以降、首相官邸キャップを務める。著書に『総理の誕生』（文藝春秋）など。

『Hanada』二〇一八年二月号

朝日の名物記者が詰問

朝日加計報道「アジ紙面」に理ナシ

長谷川熙
元朝日新聞記者

以下の問題についてこの際、私の考えを述べたく筆を執《と》りました。

文藝評論家・小川榮太郎氏の著作『徹底検証「森友・加計《かけ》事件」――朝日新聞による戦後最大級の報道犯罪』(以下、小川本)に関して、朝日新聞社から二〇一七年十一月二十一日付で、著者の小川氏と発行者の飛鳥新社代表取締役・土井尚道氏に対して、謝罪・訂正・損害賠償を強く求める抗議の申入書が送付され、飛鳥新社が発行する『月刊Hanada』の編集長・花田紀凱氏から私は、朝日新聞社のその申入書について所感を書くよう求められました。

この小川氏とは、朝日新聞の特に「加計」関係の報道などを巡って、『月刊Hanada』二〇一八年一月号で対談をしておりますが、実は私には、朝日新聞の「加計」報道を中心に新書判の本をある出版社から出す予定があり、その執筆のための勉強に没頭しつつも、なお原稿提出を何度も延ばしている事情があって、花田氏の要請を受けることを相当に躊躇《ちゅうちょ》しました。が、朝日新聞の「加計」報道への不審も押え難く、また小川氏らへの朝日新聞社の申入書についても種々の疑問があり、結局、花田氏の求めを快諾したのです。

侮辱の言葉ぶつける記者

ところで本題に入る前に、左記の事柄についての感慨を若干述べたく思います。

学校法人加計学園の岡山理科大学

本社、評論家・小川氏に抗議

「著書で名誉・信用傷つけた」

朝日新聞社は21日、文芸評論家・小川栄太郎氏の著書『徹底検証「森友・加計事件」朝日新聞による戦後最大級の報道犯罪』について、本社の「森友学園」「加計学園」をめぐる一連の報道を、根拠もなく、本社に対する取材もないまま「虚報」「捏造《ねつぞう》」などと決めつけ、本社の名誉や信用を著しく傷つけたとして、小川氏と出版元の飛鳥新社（東京）に厳重に抗議するとともに、謝罪や訂正を求める申入書を送った。

小川氏は同著書で「総理のご意向」などと書かれた文部科学省の文書があることを報じた本社記事などについて、「『総理の意向』でないことが分かってしまう部分を全て隠蔽《いんぺい》して報道し続けた」などと記載。加計学園をめぐる報道では、本社がNHK幹部と「密議」や「共謀」して「組織的な情報操作」を行った、などとした。

本社は申入書で、入手した文書について「『総理の意向』でないことが分かってしまう部分を全て隠蔽」した事実はないと反論。「NHK幹部との『密議』や『共謀』」との記載についても、「荒唐無稽な持論を展開している」と指摘した。そのうえで、「事実に反する主な箇所」として16項目を列挙し、2週間以内に書面による回答を求めている。

「捏造」発言撤回　足立氏に求める

「加計学園」の獣医学部新設問題について審議した衆院文部科学委員会で、朝日新聞の報道を「捏造《ねつぞう》」などと述べた日本維新の会の足立康史衆院議員に対し、朝日新聞社は21日、「発言は事実に反し、本社の名誉を著しく傷つけるものだ」として、厳重に抗議するとともに、発言の撤回を求める申入書を送った。

足立氏は15日の文科委での質疑で「加計問題は、朝日新聞の5月17日の『総理の意向』という『捏造報道』から始まっています」などと発言。文科省の文書には「『総理の意向』と書いてあるけれども、これは加計学園についてじゃないんです。規制改革についてなんです」などと発言した。

本社は申入書で、「文科省が内閣府から『総理のご意向だと聞いている』などと言われたとする記録を文書にしていた」という事実を報じたものであり、「捏造ではない」などと指摘。同文書には、獣医学部設置の時期について「今治市の区域指定時より『最短距離で規制改革』を前提としたプロセスを踏んでいる状況であり、これは総理のご意向だと聞いている」と記載されており、足立氏の発言は「事実に反している」としている。

◇

それぞれの申入書の全文は、朝日新聞社のウェブサイト（http://www.asahi.com/corporate/）に掲載しています。

にも金の延べ棒約30キロ（約1億5100万円相当）を密輸しようとした疑いがある。

■台風21号農業被害 激甚指定

政府は21日、10月に日本列島に上陸、被害をもたらした台風21号の全国の農業関連被害について、激甚災害に指定すると閣議決定した。復旧事業に関する国庫補助率が1～2割程度引き上げられる。

2017年11月22日付朝日紙面でも

が新たに獣医学部を愛媛県今治《いまばり》市に設置する件について、その学部が関係法令に適合しているか否かを大学設置・学校法人審議会（文部科学大臣の諮問機関）が審査していましたが、二〇一七年十一月九日付で、林芳正文科相に対して設置を「可」とする答申を出しました。

　このことを林文科相は翌十一月十日の閣議後の記者会見で発表し、当該答申を尊重して速やかに最終判断をするとの見解を述べ、実際に十一月十四日、林氏は答申どおり岡山理科大学の獣医学部新設を認可しました。私が申し述べたいのは、この審議会から「可」の答申があったことを林文科相が告げた十一月十日の記者会見での、ある記者と林文科相の次のやり取りについてです。

　文科省の記録によると、

記者「一つ一つは言いませんが、はっきり言って、恥多き大学なんですよ。これを認可するということは、文科大臣として歴史に汚点を残すとお思いになりませんか」

大臣「いろんなご判断がそれぞれあると思いますが、私はそういう判断は、今、しておりません」

　たしかに朝日新聞などによって、加計学園理事長の加計孝太郎氏と首相の安倍晋三氏の間に、獣医学部の新設に絡《から》んで何かよからぬ関係でもあったかのように書き立てられてきた地方の一私学の加計学園ないし、そこの岡山理科大学ではありませんが、何という侮辱の言葉をこの記者は吐くのでしょうか。

　その学校法人の各学校の在校生、卒業生、その親族、そして教職員、さらには卒業生の雇用者の心情も顧《かえり》みない居丈高《いたけだか》なふんぞり返ったその物言いが記録された文科省の資料を、私は正視することが何とも辛かったのであります。

乱暴きわまる疑惑話

　私はここ二、四カ月、いわゆる「加計」問題の調査、勉強に打ち込んできました。「加計」問題とは何なのでしょうか。

　前出の加計孝太郎氏がアメリカに留学していた時に、やはり留学生の安倍氏と出会い、二人はそれ以来の友人のようなので、国家戦略特別区域の新制度を使って加計学園の岡山理科大学が愛媛県今治市に獣医学部を立地させる過程で、安倍首相が関係行政に不当、邪《よこしま》な介入をして加計氏と今治市の目論見《もくろみ》を可能にしたのではないか、きっとそうに違いないという全く乱暴きわまる疑惑話が「加計」問題なのです。

　二〇一七年五月十七日付の朝刊で、朝日新聞が「総理のご意向だと聞いている」という文言《もんごん》が記された文科省の内部文書を入手したとする記事を、一面のほぼ上半分を使って大々的に掲載したことが大きな発端となり、多くの各種メディア、そして国会野党のなかの当時の民進党、日本共産党などが一斉に横並びの大騒ぎを始め、それはやや下火になりつつもなお続行しています。

　この間に私は、その獣医学部の新設を阻止する政治工作をしていた、獣医師の政治団体の日本獣医師政治連盟の委員長で自身が獣医師の北村直人氏（自由民主党の元衆議院議員で元農林水産省副大臣）から取材を断られ、また「加計」問題を追う記者、それを統括する立場の職責者への取材、それが不可能な場合は質問への文書での回答を朝日新聞社に求めたところ、文書での回答以外は応じてもらえませんでした。

　一方で愛媛県今治市や岡山理科大学に足を運び、国会での関係審議の会議録、国家戦略特区関係の諸会議録などを全て精査し、さらに元農水省官僚、獣医学識者、国家戦略特区行政の関係者なども繰り返し訪ね、若干名ではあるが朝日新聞社の現役、ＯＢとも接点を持った結果、安倍首相、加計理事長こそ朝日新聞などメディアの報道、国会野党の政争的質問の被害者であり、逆に朝日新聞の報道などにこそ、その意図も含めて深刻な疑問を抱かざるを得ないという結論に至っています。

　二〇一七年十一月十日の林文科相の記者会見という公的な場で、獣医学部を新設する加計学園ないし岡山理科大学を「恥多き大学」などと罵《のの》しった記者は、その発言を裏付ける具体的かつ正確な根拠を、やはり同様の公的な場所で明らかにする責任、義務があると私は考えます。

　それができなければ、そしてその記者が何らかのメディアに所属していれば、そのメディアはこの記者を厳罰に処すべきではないでしょうか。相応の根拠もなく、おそらく生涯にわたる傷を心に、場合によっては経済的にも受けた人たちへの償いは、ほかにどのような方法でなされうるのでしょうか。

相当無理のある抗議

さて、ここから小川榮太郎氏、飛鳥新社に対して朝日新聞社が送付した申入書について、私の所感を申したく思います。

朝日新聞社から公表もされているこの申入書は、前書きとそれに続く十六項目から成り立っており、それには森友学園関係と加計学園関係が混在し、また朝日の「加計」報道におけるある関係記事の数え落としなど、必要なら著者か出版社に指摘しておけば済むようなものと、この申入書を撤回しないと逆に朝日のほうが自縄自縛《じじょうじばく》の自己否定に陥《おちい》ってしまう性質のものなど、なんとも雑多です。

ここでは、前述のように自ら取材、勉強に努めた「加計」関係の、それも朝日側を厳しく逆詰問しなければならない何点かに絞って申入書を検討いたします。

ひととおり目を通した限りでは、森友関係についても朝日の抗議には相当に無理があるように思われ、朝日新聞社OBからもその旨の指摘、助言がありましたが、やはり私自身は森友関係の調べ、勉強はしていませんので、とりあえず本稿での言及は避けたいと思います。

では、申入書の「加計」関係の部分の検討をします。

「朝日新聞による戦後最大級の報道犯罪」という小川本の題名などに関するはじめの四項目の抗議は、物事を捉《とら》える小川本の表現に対する朝日側の論難ですが、小川本の言葉遣いは、たとえば「加計」問題騒ぎの発端となった二〇一七年五月十七日付の朝刊一面の記事（後述）のように、どう考えても安倍首相叩きはその記事の内容に基づく限りは無理であろうに、安倍氏がかかわる疑惑話のように仕立てる朝日新聞の報道姿勢に対する小川氏の不審、驚き、怒りを率直に表明したものと言え、そうした表現にならざるを得ない理由も小川本にははっきり綴《つづ》られています。

小川本の諸々《もろもろ》の言い表しを「弊社の名誉・信用を著《いちじる》しく毀損《きそん》するものです」と主張するのは朝日新聞社の自由でしょうが、小川本の言葉遣いを「事実に反し」と決めつけることは、朝日の関係報道を入念に当たってそう書き記すほかなかった小川氏の受け止め、表現作法を一切容認しない独善、傲岸不遜《ごうがんふそん》な態度と申さなければなりません。

言論機関が言論に圧力

小川本は本の表紙を巻くその「帯」で、朝日の「加計」報道を「ねつ造」とも謳《うた》い、朝日は申入書でその言葉についても反駁《はんばく》しますが、手元の『大辞林』(三省堂)によると、捏造《ねつぞう》とは「実際にはありもしない事柄を、事実であるかのようにつくり上げること」と解されています。

朝日の「加計」報道に関して小川氏が、その主要記事あるいは全体の傾向を、朝日側の故意かどうかは別として「ねつ造」と捉え、その判断を小川本の「帯」に明記していることは、前記の二〇一七年五月十七日付朝刊一面をはじめとする諸雑報、社説、コラムなど種々の「加計」報道を小川氏が真剣に追跡し、考察して達した所見であって、やはり記事批評の範囲に属する言い表しでありましょう。それらの根拠は、小川本を熟読すれば明瞭であります。

その入念な批評行為に対して謝罪・訂正・損害賠償を迫るとは、およそ批評・言論活動そのものを自ら否定する行動であり、延《ひ》いては報道・言論機関であろう朝日新聞社自身の存在をも消滅させる、もはや荒《こう》唐無稽《とうむけい》、いや滑稽《こっけい》としか言えない論と申すほかありません。

小川本とはとりあえず無関係の私ではありますが、かような申入書を目にすれば、逆に朝日新聞社の猛反省、自己批判を厳しく忠告せざるを得ません。

小川氏がさまざまな表現手段を駆使しつつ、朝日新聞の「加計」報道の糾弾に力を入れるのは、朝日のこの関係の記事のむしろ全体が捏造となっていると言わざるを得ない、それが朝日新聞の関係記事の正確な見方との考えを強めていて、その事実を批評、文筆を生業《なりわい》とする一人の自分として弾劾《だんがい》せずには已《や》まず、まさにそれが自分の使命と感じているからなのでしょう。

朝日が大々的な「加計」問題キャンペーンに突き進んだ理由は、繰り返しますが、加計学園・岡山理科大学の獣医学部が、日の目を見るうえで加計理事長の友人の安倍首相が加計学園が目的を叶えうるよう関係行政に不当な介入をしたに違いないと見るからで、その朝日の推定、ないし立論を支える根拠となっているのが、自紙が入手したいわゆる特ダネとして二〇一七年五月十七日付の朝刊で大きく報じた文科省の内部文書、つまり「総理のご意向」の文言が含まれているあれであります。

が、あとで子細に見てみるように、この文書はその記事では落ちていますが、後ろのほうで「総理のご意向」が事実上否定されており、それは私が見ても根本から自家撞着《じかどうちゃく》している内容なのです。こんな類《たぐ》いの内部文書を元に朝日新聞が安倍首相疑惑を煽ったのが、二〇一七年春からのあの大々的な「加計」報道です。

あの「総理のご意向」文書そのものが総理の指示を否定している以上、その文書を土台に組み立てられた朝日の安倍疑惑キャンペーンを小川氏は当然、捏造と断じます。

これに対して朝日新聞社の申入書は、問題の「総理のご意向」文書に矛盾はなく、通常の行政への安倍首相の不当な介入がむしろ読み取れるとの観点を堅持し、申入書八番目の項目で、この立場を支える根拠を主張しています。

小川氏と朝日側のどちらが正しいか。それ次第で、朝日の「加計」報道を断罪できるか否かも決まってきます。

朝日新聞が火をつけた騒ぎで、日本に政変まで起きる可能性が生じていたのです。申入書の最重要部分、つまり朝日新聞が火をつけた「加計」騒ぎの、その起点の記事の評価にここで決着をつけておきたいと思います。そのためには、二〇一七年五月十七日付の朝日新聞朝刊一面のその記事を、目を皿のようにして見つめなければなりません。

混乱している朝日の反論

あの記事の要旨は、前書きでこうまとめられています。

「安倍晋三首相の知人が理事長を務める学校法人『加計学園』(岡山市)が国家戦略特区に獣医学部を新設する計画について、文部科学省が、特区を担当する内閣府から『官邸の最高レベルが言っている』『総理のご意向だと聞いている』などと言われたとする記録を文書にしていたことがわかった」

さらにその記事の本文は、この前書きで触れた「官邸の最高レベル」と「総理のご意向」という二つの要素について書き足します。まず、「獣医学部新設に係る内閣府からの伝達事項」という題名の文書を取り上げ、

「平成30年(2018年)4月開学を大前提に、逆算して最短のスケジュールを作成し、共有いただきたい」

という部分を示し、そのあとに、

「これは官邸の最高レベルが言っていること」

との記述が続くことを明らかにします。

次に、「（文部科学）大臣ご確認事項に対する内閣府の回答」（かっこ内は長谷川の書き加え）という題名の文書もあり、そこにはこう記されていると伝えています。

「（愛媛県）今治市の区域指定時より『最短距離で規制改革』を前提としたプロセスを踏んでいる状況であり、これは総理のご意向だと聞いている」

五月十七日付一面のこの朝日記事を小川本は次のように分析し、これに朝日新聞社の申入書は反駁しているのですが、まず小川本の記述から見てみます。

「『総理のご意向』が書かれた同じ文書のすぐ下に、『国家戦略特区諮問《しもん》会議決定という形にすれば、総理が議長なので、総理からの指示に見えるのではないか』と書かれている。もし『総理の指示』があったらこういう言い方にはなるまい。指示がなかったからこそ『総理からの指示に見える』ような操作が必要だ――この文書はそう読める」

そして小川本は、朝日新聞が「総理のご意向」など安倍首相の関与を想像させる部分以外は文書の内容をほとんど読者に紹介せず、隠蔽《いんぺい》して世論の誤導を狙った、とその悪質さを強調します。

これに対して、朝日の申入書は次のように小川本を否定します。

「弊社は、（入手した文書）を本年5月17日、18日、19日の紙面で紹介しており、『安倍の関与を想像させる部分以外は、文書内容をほとんど読者に紹介せず』という指摘は事実に反します。（略）一連の記載に沿って、普通の読み方をすれば、『総理のご意向』を実現するために、国家戦略特区諮問会議決定とし、（長谷川注・諮問会議の議長である）総理からの指示に見えるようにするのがよいとの趣旨であることが明らかです（略）」

しかし、朝日の申入書の反論は非常に混乱しています。朝日側は、入手した文書の内容は五月十七、十八、十九日の三日間の紙面で紹介していると言いますが、安倍首相の指示がなかった証拠ではないか、と小川本が重視する文科省内部文書のその件《くだり》、つまり「『国家戦略特区諮問会議決定』という形にすれば、総理が議長なので、総理からの指示に見えるのではないか」という肝心の所は、この原文でも趣旨の形ででも、前記の日付の紙面のどこにも載っていません。自紙に都合の悪いところは隠蔽していたのだ、と小川本が指摘するのは当然のことでしょう。

申入書は破綻している

また、「総理のご意向だと聞いてい

る」という文言と『国家戦略特区諮問会議決定』という形にすれば、総理からの指示に見えるのではないか」という部分が、小川本では矛盾と見《み》做《な》されていることについては、繰り返しますが、『総理のご意向』を実現するために、国家戦略特区諮問会議決定とし、総理からの指示に見えるようにするのがよいとの趣旨であることが明らか」との解釈を申入書は提示し、一連の記載に沿って当該文書を普通に読めば、両箇所の記述は矛盾にはならない、と反論しています。

しかしこの点も、あの文書のその両部分は矛盾しないと朝日側が主張するのであれば、いずれの部分もあの一面記事に入れたほうが安倍首相の介入色を一層強められるでしょうに、そして、それほど行数が増えることもないのに、なぜ片方しか記事に含めなかったのか、という根本的な疑問が生じます。

小川本に関する朝日新聞社の申入書は破綻《はたん》しています。

念のために私は、記者歴の長い朝日新聞社OBと、「加計」問題に関心を持つ獣医学識者にこの文科省内部文書の解釈を求めたところ、二人とも朝日の申入書の読み方は辻褄《つじつま》合わせの詭弁《きべん》で、この文書は獣医学部新設問題について首相からの指示は何もなかったことを裏書きしているとの見方でした。

その場合、文面の前半に記されていて、そこだけ五月十七日付一面の記事に使われている「総理のご意向」という文言はどう考えたらいいのでしょうか。「加計」問題に関する国会答弁で内閣府側は、そうした発言は文科省側にしていないと否定していますが、あくまでも仮に内閣府側が文科省側にそのような言い方をしていたとしても、岩盤規制の打破をスピード感をもって進めるという常々安倍首相が指示している原則論を、国家戦略特区担当の内閣府側が具体案件に当てはめて強調したごく当然の発言だったのではないでしょうか。「総理のご意向」という甚《はなは》だ漠然とした表現であることからも、十分にそう考えられます。

私なら紙面に載せない

かつて私は朝日新聞記者でした。五月十七日付の朝刊のあの朝日の紙面を差配《さはい》する立場に私が仮にいたらどうしたか、と考えてみます。あの記事の原稿を出稿側から見せられていたら、あのように大袈裟《おおげさ》な扱いにするどころか、そもそも紙面に出すことを止めました。間違いありません。あの記事にはニュース価値が認められません。

出稿側が原文書を示さずに原稿のみを見せ、そこに「総理のご意向」という記述があり、それが内閣府側による総理の原則論の適用ではなく、総理自身の個別指示なのだと仮に出稿側から説明があったとしても、だから何だというのでしょうか。

安倍首相は岩盤規制打破の強い政治理念を持つ政治家です。こんな文科省内部文書だけで、たとえそれが本物だったとしても、それで首相が友人のために不当と一般的に見做されるような行政への何らかの介入が、あるいは汚職絡みの疑惑でもあると見做されるのでしょうか。

とんでもありません。私は、こんな文科省文書が「何者」かによって朝日側に意味ありげに渡されたその意図に、間違いなくイヤなものを感じたでしょう。そうした筋に紙面を使われ、汚されたくありません。

たとえ出稿側からいかに喚《わめ》かれようと、必要なら職権として業務命令を出し、紙面への掲載を許さなかったでしょう。たとえ、他の新聞がすぐ同様のものを大きく扱おうと全く構いません。

しかし、現実のいまの同社内はそうならなかった。杜撰《ずさん》としか言いようがありません。

国家戦略特区の法制では、識者による「ワーキンググループ」(WG)、その他の組織ができ、そこがいかなる特区をどこに設け、どういう事業をそこで発足させるかという岩盤規制打破策を、個々の事業の可、不可を含めて委員らが納得のいくまで議論し、詰めていくのです。WGを通った具体策なのに、旧弊の諸官庁側が邪魔立てをしたら、国家戦略特区諮問会議議長でもある首相は一喝してでも、改革を阻《はば》むそうした壁を打ち壊すべきでしょう。

「加計」問題に引き寄せて眺めると、安倍首相は国会答弁で「李下《りか》に冠《かんむり》を整《ただ》さず」という大陸の格言をよく口にしますが、そんなことは政策論に何の関係もありません。余計なことは公《おおやけ》の場で言うべきではない。つまらないことを安倍氏は言いすぎる。友人の事業であろうとなかろうと、進めるべきものは後押ししたらよい。

友人を依怙贔屓《えこひいき》していると言われたくなかったら、そうではないとその事業の意義を明確に説明すればよい。ただ、それだけです。そうでなければ、首相の友人というだけで許認可が絡む事業は、いかに優れていても一切できなくなります。

今回の「加計」の件であまりにも醜悪なのは、虚報の朝日新聞や、それに乗っかったような二、四の国会野党ばかりではありません。テレビのワイドショーとかに出てくる識者風の人々が、ここでは実名を控えますが、やれ首相の行政私物化とか、やれプロセス（手続き）に問題があるとか、私の取材では事実無根の駄法《だぼ》螺《ら》を吹いています。

アジ紙面に理なし

取材のなかで、ある高名の獣医学者からこう聞かされました。

「これで日本の獣医学系大学は、米欧の水準に伍《ご》していけるぴかぴかの一流の私立の一校と、国際水準から脱落したままの三流の国公私立十六校の二極に完全に分かれましたよ」

この話は、「加計」騒動が引き起こされた一つの真実を語っています。「ぴかぴかの一流の一校」とは、もちろん学校法人加計学園の岡山理科大学獣医学部です。

業界（獣医師・獣医学界）・政界（国会与野党）・官界（文科省、農水省）のなかの旧弊勢力が、気鋭の「出る杭《くい》」（加計学園）を打とうと策謀《さくぼう》を凝《こ》らし、仇敵《きゅうてき》・安倍政権潰しも狙って朝日新聞が、知ったうえでか知らずにか、策謀の旧弊側に立ってアジ紙面を作り続け、この異変に文藝評論家の小川榮太郎氏が著作を手に斬り込み、慌てた朝日新聞社が申入書で小川本の迫真性を殺《そ》ごうと企てたが失敗している——これが調査に基づく、朝日新聞社の申入書に対する私の所感であります。朝日新聞社は申入書を撤回すべきであると思います。

はせがわ ひろし
一九三三年、東京生まれ。慶応義塾大学文学部哲学科を卒業後、六一年に朝日新聞社入社。八八年はじめまで経済部などで取材、執筆し、次いで創刊の週刊誌『AERA』に異動。九三年に定年退社したあともフリーの社外筆者として、『AERA』で取材・執筆を二〇一四年八月まで続ける。著書に『松岡利勝と「美しい日本」』『アメリカに問う大東亜戦争の責任』『崩壊―朝日新聞』など。

戦時社説で分かる朝日の戦争責任

室谷克実
評論家

「戦中」の朝日新聞

戦前の朝日新聞に関する書籍は少なくない。今日の朝日新聞に関しては、鋭いウオッチャーがたくさんいる。ところが「戦中」の朝日新聞については、エアポケット状態だ。朝日新聞の戦時社説がどんな内容だったか、ぜひ知っておいてもらいたい。

最初に「頭のトレーニング」をかねて、いささか読みづらい文章を見ていただこう。

――昨年十二月八日開戦劈頭《へきとう》、特殊潜航艇をもって布哇《ハワイ》真珠湾に突入し、赫々《かっかく》たる偉勲《いくん》を樹《た》てた特別攻撃隊、岩佐直治《なおじ》中佐以下九勇士の合同海軍葬儀はその四たび目の命日たる本日、日比谷公園において厳《おごそ》かに挙行せられる。特別攻撃隊の武勲は改めて説くまでもなく、連合艦隊司令長官より感状を授与せられ、帝国海軍軍人の忠烈を克《よ》く中外に宣揚《せんよう》し、全軍の士気を顕揚《けんよう》し、抜群なるものとして畏《かしこ》くも上聞《じょうぶん》に達したところである。曩《さき》に大本営から公表せられた特別攻撃隊に関する発表に接し、何人かその至誠純忠に対して粛然《しゅくぜん》襟《えり》を正し、その崇高無比なる精神に泣かざるものがあったろう。

海行かば水漬《みづ》く屍《かばね》、山行かば草むす屍、征途《せいと》に出《い》でたつものは一人としてその身を顧《かえり》みることなく、唯一《ただいつ》死殉国の烈々たる赤心に燃え立っていることは申すまでもないことである。否征途

社説 不朽の遺烈を祭る
けふ九軍神の合同葬
海空一體の猛砲爆撃
印度東海岸生色なし
マンダレーを猛爆
防衛の具體策協議か
岐路に立つ英印會談
皇軍の無敵なる所以

昭和17年4月8日

に立つと立たざるに拘《かかわ》らず、国民の一人一人が君国のためには身を鴻毛《こうもう》の軽きに比すること、古来わが国民精神の精華である。発しては万朶《ばんだ》の桜となる神州の正気は、実に国民各自のうちに深く宿っているのである。特別攻撃隊九勇士は実に身をもってこの国民の血管に脈うっている至誠純忠の心を振起し、鼓舞したのである。

九勇士は皆二十歳を僅かに上に出た弱冠の人達であった。九勇士は生死を超越し、最初から一意攻撃効果に専念するほか帰還のごときは敢《あえ》て念頭になかったのである。則天去私《そくてんきょし》、任務遂行のほか生もなければ死もないという至純至高の心境は一にその精忠の一念に発したものである。その崇高なる精神は誠に神として尊崇し、永遠に国民の亀鑑《きかん》たるべきものである。茲《ここ》に合同葬儀の挙行せられるに当り、謹んで不朽の遺烈《いれつ》を欽仰《きんぎょう》し、英霊の冥福を祈る次第である――（以下、引用紙面のなかのルビと注は、すべて筆者による）

これは「不朽の遺烈を祭る」と題する朝日新聞（昭和十七年四月八日）の社説だ。

ハワイ真珠湾攻撃の際、特殊潜航艇で特別攻撃をした九人の四回目の月命日を前にして書かれたものだ。

昭和年代の文語調は、現代の若者には読みづらい。漢字検定準一級ぐらいの知識がないと、読みこなせない漢字が多い。ルビを付けなかったなら、冒頭の「劈頭」「布哇」でお手上げする若者が多いことだろう。若者に念のため、「畏くも上聞に達した」とは「陛下のお耳に届いた」の意味だ。

一センテンスが長く、改行がほとんどない。これも読みづらさの一因だ。

二パラグラフ目の最初のセンテンスの中ほどに、「唯一死殉国の」とある。現代人であれば「ゆいいつ、シジュンコクの」と読んでしまい、「?・」となる。頭をひねって、ようやく「ただ、イッシ殉国の」と解るのではあるまいか。

洗脳されていく

私は『朝日新聞「戦時社説」を読む』（毎日ワンズ、二〇一四年十一月）を書き上げるのを前に、朝日新聞のこの種の社説を、およそ百編読んだ。

まさに苦痛の日々だった。しかし読み進めるうちに、不思議なことに気付いた。

解りにくい文章だから、何度も読み返す。そうするうちに、洗脳されていく自分に気付くのだ。

こんな社説、同じような論調の社会記事を毎日のように読んでいたら、当時の日本人が「鬼畜欧米と戦わなくてはならない」「お国のために我慢するぐらいは当然だ」と心の底から考えるようになったのは自然だったのではないかと、私なりに理解した。

さらに読み進めると、「お国のために死ぬのは当たり前のことだ。それは恐ろしいことではない」とさえ思えてくる。

そして百編近い社説を読み終える頃には、清々《すがすが》しい気分で思った。

「そうだ、この先、日本を占領支配するような外国勢力があったなら、私も靖國にいる英霊に応えて〝老人テロリスト〟あるいは〝都市ゲリラの老兵〟として、国のために命を投げ出さなくてはならない」と。

私の大学の恩師である中村菊男慶應大学教授（当時）は、論文指導の際は常に「誰にでも理解できるように、できるだけ平易に書かなくてはいけない」と述べていた。

常日頃、「左翼の学者が書く学術的な装いの論文が解りにくいのはなぜか」と言い、ある時は著名な哲学者の名前を挙げて、「彼が『私の論文は、わざと難しく書く』と言うのを聞いて、もう呆れた」と述べておられた。

朝日新聞の戦時社説を読んで、中村教授が「なぜだ」とした疑問の一部分が解けていくことを実感した。戦時社説に学術的な装いはない。あるのは神懸かった表現だ。それでも、読みづらい文章に仕立てれば洗脳効果が高まるのだ。

戦時社説の語尾は「……ない」

帝國・米英に宣戰を布告す

西太平洋に戰鬪開始

布哇米艦隊航空兵力を痛爆

宣戰の大詔渙發さる

詔書

御名 御璽

社説

帝國の對米英宣戰

昭和16年12月9日

「……である」では終わらず、「……のである」が、やたら付いている。これも、読者の脳裏に文章を押し込もうとする表現方法ではないかと私は思う。

当時の新聞は朝日に限らず、どこも同じような文語調だったはずだが、戦後の左翼、俗にいう「進歩的文化人」は、解りづらい文章が持つ洗脳効果を心得ていたのではあるまいか。

冒頭の社説は、日本軍が快進撃を続けていた時期だ。

それでも、「君国のためには身を鴻毛の軽きに比すること、古来わが国民精神の精華である。発しては万朶の桜となる神州の正気は……」と、かなりの神懸かりぶりを感じさせる。

その神懸かりは、戦局の悪化とともにトーンを高めていく。

〝天皇のための軍国主義〟

それを紹介する前に、日米開戦の時の社説を読もう。

――宣戦の大詔《たいしょう》ここに渙発《かんぱつ》され、一億国民の向うところは厳として定まったのである。わが陸海の精鋭はすでに勇躍して起ち、太平洋は一瞬にして相貌《そうぼう》を変えたのである。

帝国は、日米和協の道を探求すべく、最後まで条理を尽して米国の反省を求めたにも拘らず、米国は常に誤れる原則論を堅守して、わが公正なる主張に耳をそむけ、却《かえ》って、わが陸海軍の支那よりの全面的撤兵、南京政府（注＝日本が承認していた汪兆銘《おうちょうめい》政権）の否認、日独伊三国条約の破棄というが如き、全く現実に適用し得べくもない諸条項を強要するのみならず、英、蘭、

重慶（注＝蔣介石政権）等一連の衛星国家を駆って、対日包囲攻勢の戦備を強化し、かくてわが平和達成への願望は、遂に水泡《すいほう》に帰《き》したのである。すなわち、帝国不動の国策たる支那事変の完遂と東亜共栄圏確立の大業は、もはや米国を主軸とする一連の反日敵性勢力を、東亜の全域から駆逐するにあらざれば、到底その達成を望み得ざる最後の段階に到達し、東条首相の言の如く「もし帝国にして彼等の強要に屈従せんか、帝国の権威を失墜し、支那事変の完遂を期し得ざるのみならず、遂には帝国の存立をも危殆《きたい》に陥《おちい》らしむる結果となる」が如き重大なる事態に到達したのである。

　事ここに到って、帝国の自存を全うするため、ここに決然として起たざるを得ず、一億を打って一丸とした総力を挙げて、勝利のための戦いを戦い抜かねばならないのである――。

　これは昭和十六年十二月九日、「帝国の対米英宣戦」と題する社説だ。

　一センテンスが長いので読みづらいが、それでも日本が開戦に踏み切らざるを得なかった背景がよく解る。

　この社説を現代語に直して、高校の歴史教科書に出典明記のうえで、参考資料として掲載するよう私は提案したい。

　この社説は、こう続く。

――いま宣戦の大詔を拝し、恐懼《きょうく》感激に堪《た》えざるとともに、粛然《しゅくぜん》として満身の血のふるえるを禁じ得ないのである。一億同胞、戦線に立つものも、銃《じゅう》後《ご》を守るものも、一身一命を捧げて決死報国の大義に殉じ、もって宸襟《しんきん》を安んじ奉るとともに、光輝ある歴史の前に恥じることなきを期せねばならないのである――。

「宸襟」とは、「天皇の御心《みこころ》」といった意味だ。「決死報国の大義に殉じ、もって宸襟を安んじ奉る」、これが〝天皇のための軍国主義〟の主張でなくて何なのだ。

毎日を抜きトップ新聞に

　満州事変の頃は毎日新聞が販売部数トップであり、朝日新聞は二位だった。

　その頃の朝日新聞は、「反戦論」が目立つ論調だった。そのため、不買運動に曝《さら》されると、朝日は次第次第に〝天皇のための軍国主義〟の論調になり、毎日を抜いてトップ新聞になった。

　ここで見逃せないのが、コミンテルン（ソ連が支配した国際共産主義組織、日本共産党も実は「コミンテルン日本支部」だった）のスパイ工作だ。

首相必勝の信念を吐露

東條聲明に比島ビルマの感激

新比島建設に拍車

獨立へ、軍政に一段協力

ビルマ多年の念願

印度獨立に反響深刻

昭和18年1月29日

彼らが展開したのは、日本がソ連との戦争に踏み切ることの回避だ。ソ連はドイツと敵対しており、二正面戦闘をどうしても避けたかったからだ。

問題のハル・ノートの原案作成者であるハリー・ホワイト米財務次官補も、コミンテルン・スパイの一員だったとされている。

そして日本でも、ゾルゲ（ドイツ紙の東京特派員で、コミンテルンのスパイ）と尾崎秀実《ほつみ》（大正十五〜昭和十三年まで朝日新聞記者、以後、近衛《このえ》内閣の嘱託《しょくたく》、十六年にスパイ容疑で逮捕される）を中心とするスパイ組織網が暗躍していた。

日ソ中立条約を維持したまま日米開戦に踏み切らせることこそ、彼らコミンテルンのスパイたちが目指した路線だ。そこに朝日新聞はどうかかわっていたのか、究明すべき課題だ。

東條英機首相を高く評価

前掲の開戦社説の後段は、東條英機首相の発言を高く評価している。ここだけではない。「首相必勝の信念を吐露」（昭和十八年一月二十九日）と題する社説では、以下のように述べている。

――首相が心をゆるめるなと警告を与えつつも、かれの出撃こそ「以《もっ》て我の最も乗ずべき所である」との雄渾《ゆうこん》にして不敵の自信を示せるは、右の如き絶対徹底捨身の国歩に根拠を置くものと信ぜられ、国民のもっとも意を強うし感銘を新にする所といわなければならぬ。

而《しこう》して首相がさらに語をついで「洵《まこと》に本年こそは、過去一年有余の間に獲得したる大戦果を更に拡充し、我必勝の条件を弥《いや》が上にも確立すべき決戦期とも称すべき年である」とし、「帝国は盟邦諸国との提携を愈《いよいよ》緊密にし、相呼応して米英に対し益々攻勢に出《い》で遂に米英をしてその戦争遂行能力を喪失しその戦争遂行意志を放棄せしめ、以て速に戦争の目的を達成せん」と強調せるは、外相演説の骨子と等しく、不退転なる必勝信念を吐露して余すところなく、国民をして感奮興起せしめずには措《お》かないのである――。

朝日新聞は、東條英機首相の発言を「国民をして感奮興起せしめずには措かないのである」とまで絶賛していたのだ。

ところが戦後は、GHQの占領が終了してからも、朝日新聞に「東條英機」の名前はA級戦犯の代表としてしか登場しない。

驚嘆する社説

A級戦犯といえば、彼らが合祀《ごうし》された靖國神社への公職者の参拝に対して、戦後の朝日新聞は強い反対論説を掲げ続けている。

しかし、戦中の朝日新聞社説を見ればどうか。驚嘆すべき社説が載っている。

――一旦《いったん》緩急あれば一死もって君恩に報いることはわが国民精神の伝統であり、殉国の大精神こそは国民道徳の根本である。これら殉国の忠魂は不朽にその英名を留め、永く皇室の御殊遇《ごしゅぐう》を辱《かたじけの》うすること誠に無上の光栄というべきである。

征途に出でたつつわものの唯一の念願は靖國の御社に凱旋することである。戦場で戦友が交わす訣別の挨拶は九段での再会を期することである。父を子を、夫を兄を御国に捧げた遺族は、靖國の御社へ詣《まい》れば懐しの対面が叶うのである。靖國神社こそは護国の忠魂を永世に追慕する崇敬の的であると同時に日本国民一人一人の魂の故郷であるのである。靖國神社大祭が国家的大典たる所以《ゆえん》も実にここにあるのである(昭和十七年四月二十五日、靖國神社に行《ぎょう》幸啓《こうけい》)

この部分も現代語訳をして、高校生用の社会科の教科書に参考資料として掲載するのがいい。

――純忠の英魂一万九千九百八十七柱を新たに祀《まつ》る靖國神社春の臨時大祭第二日の儀が厳かに執り行わせられるきょう二十四日、畏《かしこ》くも天皇、皇后両陛下には同神社に行幸啓遊ばされ、親しく新祭神並に護国の英霊に御拝あらせられる旨《むね》仰《おおせ》出《いだ》された。叡慮《えいりょ》の深厚なる、永《とこし》えに神鎮《しず》まる祭神の光栄は申すに及ばず、参列の四万遺族をはじめ一億国民ひとしく恐懼感激の極、唯々聖恩の洪大《こうだい》に感泣するのみである。

靖國神社は、畏《おそ》れ多くも、命を国事に殉せる勇士の英霊を祭り勲を後世に伝えしめんとの明治天皇の有難き大御《おおみ》心《こころ》により建立《こんりゅう》せられた神社であり、祭神はみな陛下の有難き思召《おぼしめし》によって合祀せられるのである。「水漬く屍、草む

昭和17年4月25日

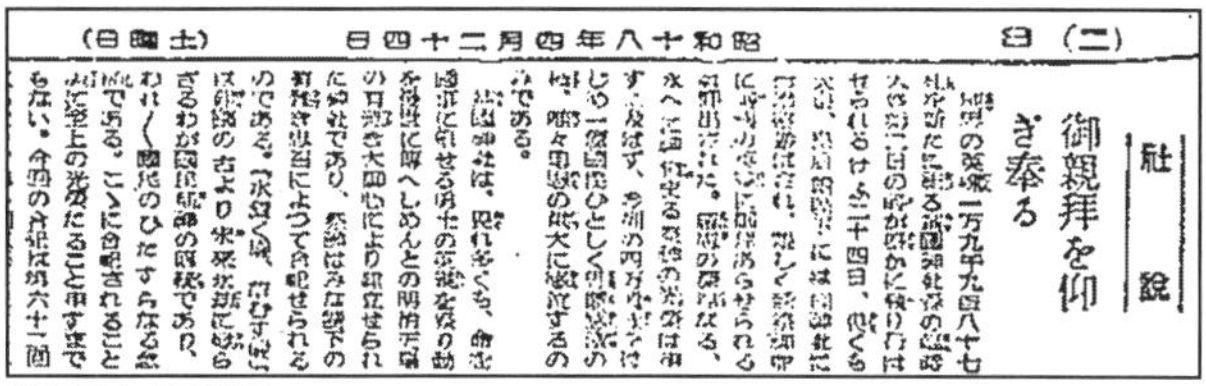

昭和18年4月24日

す屍」は建国の古《いにしえ》より未来永劫《えいごう》に変らざるわが国民精神の伝統であり、われわれ国民のひたすらなる念願である。ここに合祀されること誠に至上の光栄たること申すまでもない（御親拝を仰ぎ奉る、昭和十八年四月二十四日）

朝日新聞は、靖國神社を「日本国民一人一人の魂の故郷である」と言い、天皇を中心とする皇国のために戦い死ぬことを「建国の古より未来永劫に変らざるわが国民精神の伝統」とまで述べて、戦意高揚を煽《あお》ってきたのだ。

神懸かりじみた煽情報道

ここまで見ただけでも、ずいぶんと神懸かりした論調だが、戦局が悪化すると、朝日新聞の社説は真性の神懸かりに進んでいく。

——大義のために死を見ること帰するがごとく、純忠至誠、後世国民をして感奮興起せしむる忠臣烈士の亀鑑はわが国史を飾っているのである。しかしてこの大精神は今日わが国民の何人《なんびと》にも強く把持《はじ》せられ、醜《しこ》の御楯《みたて》として大君の辺《へ》にこそ死なめの念に燃えないものは一人としてないのである。大東亜戦争以来の輝く大戦果は大御稜威《おおみいつ》（注=天皇の威光）の下、わが陸海将兵の力戦健闘の賜《たまもの》であり、その陰に幾多純忠の英霊のあること国民均《ひと》しく銘記するところである。

〈山口多聞《たもん》中将（海軍航空戦隊司令官）と加来止男《かくとめお》少将（空母艦長）の戦死について記述した後〉

死生一如、至誠至純、唯々大義に生きんとする一念によってのみよくかくのごときを得るのである。われらはこの一念をもって悠容《ゆうよう》死に処した幾多海軍の先烈を見るのである。広瀬中佐、佐久間艇長、近くは真珠湾、シドニー港、マダガスカル島ディエゴ・スワレス強襲の特別攻撃隊等に見る偉大なる精神力こそは海軍伝統の尊い魂であろう。

燃え上がりつつ沈み行く母艦艦橋から静かに僚艦《りょうかん》に手を振って岐《わか》れを交わした両提督の心中、恐らく清澄一点の曇りも止めなかったであろう。その崇高至純なる精神は永くわが国民を鼓励してやまないであろう――（不滅の大精神を讃《たた》ふ、昭和十八年四月二十五日）

アッツ島玉砕のあとの社説は以下のとおりだ。

――必ずや全将士を挙げて身命を君国に捧げ、北辺孤島の岩と土とを碧血《へきけつ》に染めたに相違ない。忠勇義烈、これを叙すべき言葉を知らない。

一たび光輝ある皇威に浴したるところ、たとい寸土、尺海と雖《いえど》も死を以てあくまでこれを護り終《しゅう》せんと努め、一兵一息の存する限り、断じてこれを敵の手に帰せしめない。それが我が前線勇士全部の敢闘精神であり、そしてまた銃後国民一般の積極的信念でなければならぬ。この精神、この信念あるが故にこそ、版図《はんと》実に一億五千万平方キロ、大東亜陸海空全域の攻防は克《よ》く完《まった》きを得ることが出来るといってよい。長期戦なればそれだけ、時に戦況の消長を免れない。ガダルカナルの転進、アッツの玉砕、要するにそれは緒戦以来、連戦連勝の皇軍が更に伸びんがために、しばし屈する程度のものに外ならない。吾人は今にしてこれ等尽忠の英霊に感謝と感激との涙を捧げると共に、直ちに次の攻防戦に備うるを要する。最後の勝利は悲壮なる沈勇によってのみ確保せられる（何らの崇厳、何らの壮烈、昭和十八年五月三十一日）

――神州不滅の信念に徹するところ、日本国民にとって、克服し得ざる困難なるものなく、逆境に直面するを恐れず、それを越えて、強く、ますます強くなってゆく。ここに日本国民と米英との根本的な相違があり、またここにこそ輿論《よろん》指導の要諦が存するのである。

〈中略〉

具体的に実例を示そう。本社の「鉄《てつ》箒《そう》」欄への投稿は、従来、個人生活に関する不平不満が相当に多かった。しかるに、山本元帥およびアッツ島以後、そこはかとなき苦情は、ただの一つもなくなったのである。今日、偉大なる指導者、戦友につづけ、という血の叫びのみが見られる。かつての精神総動員運動当時の、外部から湧きたたされた敵愾心《てきがいしん》とは、いささか趣を異にし、内から盛上って来る、抑えんとしても抑えることの出来ない敵愾心の昂揚《こうよう》なのである――（報道と盛り上る戦意、昭和十八年六月四日）

「ここにこそ輿論指導の要諦が存する」とは、朝日新聞自体の神懸かりじみた煽情報道を自画自賛しているのだろうか。

勝利、玉砕のあとの社説

ソロモン海戦での勝利のあとの社説はこうだ。

――思うにかくのごとき偉大なる戦果

をかち得たる所以のもの、素《もと》より一にして足るところではないが、ひとえに、純忠至醇《しじゅん》、一死報国の大義に徹して敢闘するわが将士の精忠心に由るところ、南溟《なんめい》の空遠く護国の鬼と散り、悠久に国家と共に生きる忠烈に帰するところといわなければならない。

畏くも勅語《ちょくご》には「惟《オモ》フニ同方面ノ戦局ハ益多端ヲ加フ汝等愈奮励努力以テ朕カ信倚《シンイ》ニ副《ソ》ハムコトヲ期セヨ」と宣《のたま》わせられた。我等銃後国民はあげて聖旨を奉体し愈奮励努力各その職分に従って奉公の誠を致し、誓って叡慮《えいりょ》（注＝天皇の心）を安んじ奉らんことを期せなければならない――（海鷲の偉勲を御《ご》嘉尚《かしょう》、昭和十八年十一月十二日）

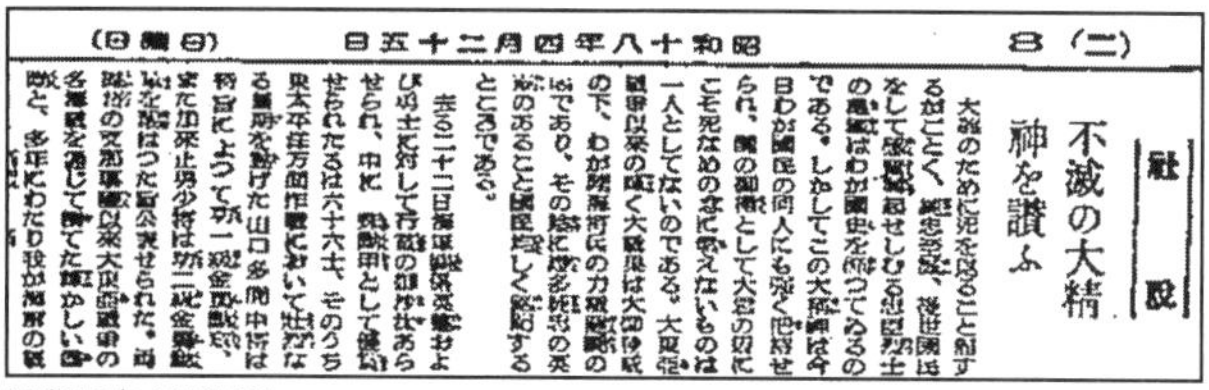
昭和十八年四月二十五日（日曜日）

社説

不滅の大精神を讃ふ

昭和18年4月25日

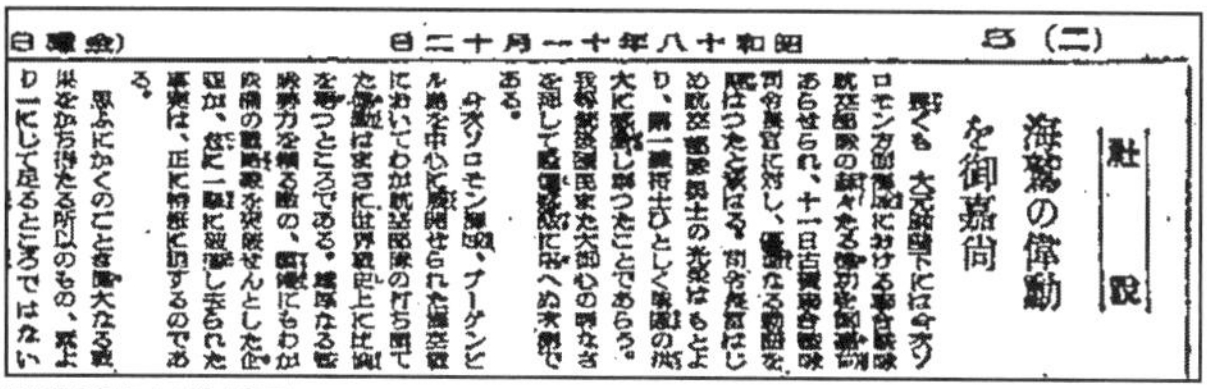
昭和十八年十一月十二日（金曜日）

社説

海鷲の偉勲を御嘉尚

昭和18年11月12日

ソロモン海戦は勝利したが、サイパン島が玉砕する。

――サイパンを暫《しば》くにせよ敵手に委《ゆだ》ねた打撃は決して軽微ではないけれども、われわれの必勝の信念はこれによっていささかも揺らぐものではなく、われわれの戦意は断じて沮喪《そそう》するものではない。むしろ却って敵愾の士気は一億のすべての心を鞭《むち》ち、神州護持の凛《りん》冽《れつ》たる精神は、熱火の試練を経れば経るほど強く清らかに研ぎ澄まされるばかりである。雄厳にして高邁《こうまい》なる精神を持つ民族が外敵と戦って亡びたためしはいまだかつてないのである。太平洋の怒濤《どとう》は刻々に厳しさを加えつつある。御民一億、すべてを皇国に捧げて神州護持の聖なる使命に殉ずる時を迎えたのである。われわれの進むべき道はただ一筋。大詔の大御言葉に一億赤子のすべての心を帰一し奉ることである。

すべてを皇国へ。そして一人残らず決戦の部署に就こう。今にしてこれを為さざれば、為すべき神機は永遠に去るであろう――（寇敵、誓って撃つ、昭和十九年七月十九日）

沖縄戦最中の社説

ガダルカナル島も玉砕した。

――七生報国は皇国武人の素懐であ

る。不屈必勝といい、見敵必殺という、いづれも七生報国の熱禱《ねつとう》から迸《ほとばし》り出《い》づる我が陸海軍の伝統的精神にほかならない。「合戦の習にて候えば、一旦の勝負は必ずしも御覧ぜらるべからず、正成いまだ生てあると聞しめされ候わば、聖運は遂に開かるべしと思しめされ候え」と奉答した楠公《なんこう》の信念は、悠久の歴史を貫いて脈々として現代に繫がり、皇国臣民道の根柢《こんてい》となっているのである。昭和の武人は「土煙飛び血沫《ちしぶき》あがる中に何をか思わん　天皇陛下」と詠じて万葉防人《さきもり》の精神を伝えている。皇国存亡の危機に際会して凛洌の気魄《きはく》を示す神州不滅の大信念である。

　戦争を最後的に決定するものは戦い勝たんとする信念である――（ガ島の勇士に応へむ、昭和十九年八月十八日）

　次は沖縄攻防戦の最中の社説だ。

――固《もと》より軍国に民たる以上、ひたすら軍官の指導に信頼し、如何なる事態に遭うとも不撓不屈《ふとうふくつ》の精神を失わぬだけの覚悟は予《かね》て固めていたところであり、一度《ひとたび》詔を拝した以上、中流棹を逆にするがごときことは夢想だにしようはずはない――（襟を安んじ奉らむ、昭和二十年四月十八日）

原爆、恐るるに足らず

　その頃から、日本軍の特攻が本格化する。

――親子式攻機によりあらゆる障碍《しょうがい》を突破して敵艦上空に攻め寄せ、一発必中のロケット兵器に、百年の生命をこめて体当りする搭乗勇士の体当りこそは、正に現代最高の科学力と日本人特有の精神力とを、結合凝集せるものでなくて何であろうか――（何等の壮絶、何等の偉勲、昭和二十年五月三十日）

　親子式攻機とは一人乗り小型機「桜花」のことで、母機に吊るされて敵艦に近づき発射された。

　昭和二十年八月六日には広島に、九日には長崎に原爆が投下された。

――建国第一ともいうべきこの難局を前にして、我が同胞たるもの、正に勇気百倍すべきであり、そして真の勇気は先ず各自が至誠に徹し、自らを省み、自らを直《なお》く、浄くすることから出発しなければならぬ。かかる同胞が神州不滅の確信を懐《いだ》き、国体護持の信念に燃ゆる時、すでに各自の個我は悠久の大我に一致し、個と個との対立は消え、個体と全体の合致があるのみとなる。個体間の相信相和、個体の全体への帰一の現象はそこに自ら生れ来るのである――（挙国沈着なれ、昭和二十年八月十二日）

――この原子爆弾は相当の威力をもつものに違いない。しかしながらすべて新兵器は最初のうちは威力を発揮してもやがてその対策の樹立されるに及んで、その威力をとみに減殺《げんさい》されることは従来の事実がこれを説明している——（敵の非道を撃つ、昭和二十年八月十四日）

終戦の前日、朝日新聞は原爆、恐れるに足らずと説いていたのだ。

終戦から七十三年、平和な日本ではいま、漢字の勉強がブームになっているという。朝日新聞の戦時社説は、その勉強にとても役立つ。

四字熟語だけでも、神州不滅はもとより、一死殉国、決死報国、徹底捨身、純忠至誠、死生一如、至誠至純、一死報国、七生報国、見敵必殺……と、不穏な言葉がたくさん出てくる。

いま〝日本の市民〟とか称する人々が、戦前・戦中から終戦までの朝日新聞の在り方に糾弾の声一つ上げないのはなぜなのか。私には理解できない。

社説
何等の壮絶 何等の偉勲

昭和20年5月30日

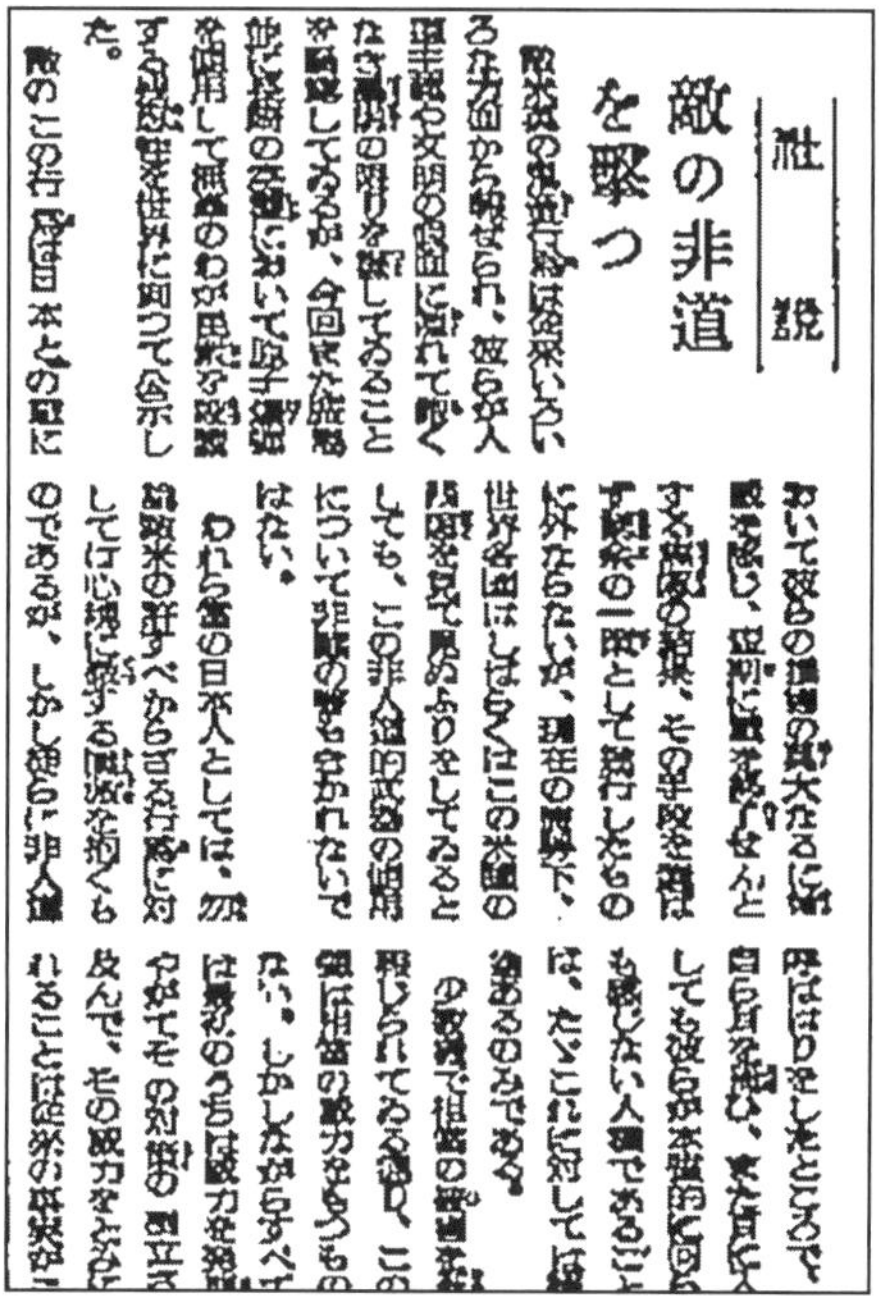
社説
敵の非道を撃つ

昭和20年8月14日

むろたに かつみ
一九四九年、東京生まれ。評論家。慶應義塾大学法学部を卒業後、時事通信社入社。政治部記者、ソウル特派員、宇都宮支局長、「時事解説」編集長を歴任。二〇〇九年に定年退社し、評論活動に入る。著書に『呆韓論』（産経新聞出版）、『悪韓論』『韓国は裏切る』（新潮新書）、『なぜ日本人は韓国に嫌悪感を覚えるのか』（小社刊）など多数。

朝日新聞「吉田調書」スクープは従軍慰安婦虚報と同じだ

門田隆将
ノンフィクション作家

根拠なきキャンペーン記事

〈2011年、命令にも関わらず、パニックに陥《おちい》った作業員たちは福島原発から逃げ去っていた〉（米・ニューヨークタイムズ）

〈福島原発の作業員は危機のさなかに逃げ去った〉（英・BBC）

〈福島原発事故は〝日本版　セウォル号〟だった！　〝職員90％が無断脱出…初期対応できず〟〉（韓国・エコノミックレビュー）

〈日本版セウォル号…福島事故時に職員ら命令無視して原発から脱出〉（韓国・国民日報）……

　今、世界中で「実は、日本人は福島第一原発から逃げ出していた」という記事が掲載されているのをご存じだろうか。

　韓国のフェリー「セウォル号」の船長が真っ先に逃げ出していたことに驚愕した世界のメディアが、今度はあの福島第一原発事故の時、日本人も「逃げ出していた」という報道をおこなっているのだ。

　それは、朝日新聞が五月二十日から始めた「吉田調書」キャンペーン記事による。朝日新聞が、政府事故調が二十八時間にわたって聴き取りをおこなった「吉田調書」なるものを入手し、

「福島第一原発（1F）の現場の人間の9割が所長命令に違反して撤退

した」

という大キャンペーンを始め、この記事の中身を世界中が報じているのである。

しかし、肝心の朝日新聞の記事には、調書の中で「自分の命令」に違反して「職員の9割」が「福島第二原発に逃げた」という吉田氏の発言はどこにも存在しない。つまり、〈日本版セウォル号…福島事故時に職員ら命令無視して原発から脱出〉という〝根拠〟がないのである。

“本当の” 現場の声がわかる一冊
1836円（税込） PHP研究所

「なぜここまで日本人を貶《おとし》めなければならないのか」

私は、朝日新聞の「吉田調書」キャンペーン記事を目の当たりにして、ただただ溜息をついている。

日本を土壇場で救った一人

事実とは違う話を〝一人歩き〟させる朝日新聞のいつもの手法を思い出し、私は「ああ、またか」と思った。「一定の目的」のために事実を捻《ね》じ曲げる、かの「従軍慰安婦報道」とまったく同じことがおこなわれている、と思ったのである。

私は吉田氏の生前、ジャーナリストとして唯一、直接、長時間にわたってインタビューをさせてもらっている。私がインタビューしたのは、吉田所長だけではない。

当時の菅直人《かんなおと》首相や池田元久・原子力災害現地対策本部長（経産副大臣）をはじめとする政府サイドの人々、また研究者として事故対策にかかわった班目《まだらめ》春樹・原子力安全委員会委員長、あるいは吉田氏の部下だった現場のプラントエンジニア、また協力企業の面々、さらには、地元記者や元町長に至るまで、百名近い人々にすべて「実名」で証言していただいた。

私がこだわったのは、吉田氏を含め、全員に「実名証言」してもらうことだった。そして、拙著『死の淵を見た男―吉田昌郎と福島第一原発の五〇〇日』（PHP）を完成させた。

吉田氏に直接取材した人間として、さらには百名近い関係者から実名証言を得た人間として、朝日新聞が「所長命令に違反」して九割の人間が「撤退した」と書いているのは「誤報」である、ということを言わせていただきたい。

私は本稿で朝日新聞の記事を検証したいと思う。

故・吉田昌郎《まさお》氏は大震災の時、一号機から六号機までの六つの原子炉を預かる福島第一原発の所長だった。

刻々と悪化する事態に対処するため、免震重要棟の緊急時対策室に陣取り、時に官邸、また時には東電本店とも激しくやりあい、昼夜の別なく、現場への指示を出しつづけた。

海水注入中止といった官邸サイドと東電本店からの命令を拒否して冷却のための海水注入を続行させるなど、部下を鼓舞して事故と闘った人物である。体力、知力、そして胆力を含め、あらゆる〝人間力〟を発揮して「日本を土壇場で救った一人」と言えるだろう。

二〇一三年七月、食道癌のために吉田氏は五十八歳で亡くなった。強烈なストレスの中で過酷な事故と闘い、日本を救うという自身の使命を果たした上で、事故から八百五十一日目に〝戦死〟したのである。

調書を非公開にした真意

私はその吉田氏が死後、特定のメディアによって貶められていることを哀しく思う。しかも、それが事実とは程遠いものだけに、余計、虚しいのである。自分の意図に反して貶められた吉田氏とご遺族の思いを想像すると、本当に胸が痛む。

私は朝日の記事を読みながら吉田氏に取材した時のことを思い出した。吉田氏は取材に答えながら、自分の記憶違いや時系列的な混同があることを懸念し、私にほかの方々の取材によって事実関係を確認してくれるように何度も頼んだ。それに従って、私は多くの関係者に取材をおこなった。

今回、朝日新聞が報じている政府事故調の手になる「吉田調書」は、長時間の聴き取りに応じたものの、吉田氏が第三者への公表を固く「拒んだ」ものである。

理由は明快だ。自分の勘違いによって「事実と違うこと」が定着することへの危惧《きぐ》があったからである。そして、吉田氏は以下のような上申書を提出している。

〈自分の記憶に基づいて率直に事実関係を申し上げましたが、時間の経過に伴う記憶の薄れ、様々な事象に立て続けに対処せざるを得なかった

ことによる記憶の混同等によって、事実を誤認してお話している部分もあるのではないかと思います〉

そして、話の内容のすべてが、〈あたかも事実であったかのようにして一人歩き〉しないかどうかを懸念し、それを理由に〈第三者に向けて公表されること〉を強く拒絶したのだ。昼であるか夜であるかもわからない、あの過酷な状況の中で、吉田氏は記憶違いや勘違いがあることを自覚し、そのことを憂慮していたのである。

しかし、朝日は、その吉田氏本人の意向を無視し、調書に残されていた吉田氏の〝言葉尻〟を捉《とら》え、事実とはまったく「逆」の結論に導く記事を掲載している。

それこそ、まさに吉田氏が危惧していたことにほかならなかった。それが冒頭の外国メディアの報道につながっているかと思うと、同じジャーナリズムの世界にいる人間として実に残念に思う。

それは、従軍慰安婦問題でも、「強制連行」と「女子挺身隊」という歴史的な誤報を犯して、日韓関係を破壊した同紙のあり方を思い起こす手法だった。

日本の歴史上、最大の危機

あらためて述べるまでもないが、一九九一年八月十一日に朝日新聞が突如、掲載した従軍慰安婦記事は、その後の日本と韓国を決定的に遠ざけ、また、世界のあちこちに建つ慰安婦像のもとになった。朝鮮人の従軍慰安婦というのは、この朝日の記事によって、〈日中戦争や第二次大戦の際、「女子挺身隊」の名で戦場に連行され、日本軍人相手に売春行為を強《し》いられた〉存在となった。

だが、女子挺身隊とは十四歳以上二十五歳以下の勤労奉仕団体のことであり、慰安婦とは何の関係もない。また彼女らが本当に「連行」されて「売春行為」を強いられたというのなら、「拉致《らち》」「監禁」「強姦《ごうかん》」の被害者ということになる。

当時、さまざまな事情によって、兵士の三十倍もの給与を保証されて春を鬻《ひさ》ぐ商売についた薄幸な女性たちには深く同情する。しかし、日本が国家として彼女たちを拉致、監禁、強姦したという「事実と異なる」報道には〝ノー〟と言わざるを得ない。

私は今回、朝日によって同じように事実を捻じ曲げられ、命令に「違反」して「逃げた」とされた福島第一原発の人々に深く同情するのである。

具体的にその朝日の手法を見てみよう。今回、朝日の記事で「9割の人間が逃げた」とされる「2011年3月15日朝」というのは、拙著『死の淵を見た男』の中でも、メインとなる凄《すさ》まじい場面である。

　震災から五日目を迎えたその二〇一一年三月十五日朝は、日本の歴史上、〝最大の危機〟だったといっても過言ではない。その時、免震構造だけでなく、放射能の汚染をできるだけシャットアウトできる機能も備えた免震重要棟には、七百名近い所員や協力企業の人たちがいた。

　一体、なぜ七百名近い人がこの時点でも免震重要棟にいたのか。そのことを理解しなければ朝日新聞の巧妙な誘導の手法に気づかないだろう。

　震災から五日も経ったこの日の朝、七百名近い職員や協力企業の人たちが免震重要棟にいたのは、そこが福島第一原発の中で最も〝安全〟だったからである。

ついに来た脱出の時

　事態が刻々と悪化していく中で、免震重要棟に避難していた職員や協力企業の面々は、「外部への脱出」の機会を失っていく。時間が経つごとに事態が悪化し、放射線量が増加し、「汚染が広がっていった」からだ。

　免震重要棟にいた七百名近い職員には、総務、人事、広報など、事故に対応する「現場の人間」ではない〝非戦闘員〟も数多く、女性社員も少なくなかった。彼らをどう脱出させるか――吉田所長はそのことに頭を悩ませた。

　七百名近い人間がとらなければならない食事の量は膨大だ。そして、水も流れない中での排泄物の処理……等々、免震重要棟がどんな悲惨な状態であったかは、誰しも容易に想像がつくだろう。

　事故対応ではない女性職員たちを含む「非戦闘員」たちを一刻も早くここから退避させたい。トップである吉田氏はそう思いながら、広がる汚染の中で絶望的な闘いを強いられていた。実際に十四日夜には、具体的に彼らの福島第二原発への退避が話し合われ、準備が進められていた。

　震災の翌十二日には一号機が水素爆発し、十四日にも三号機が爆発。その間も、人々を弄《もてあそ》ぶかのように各原子炉の水位計や圧力計が異常な数値を示したり、また放射線量も上がったり、下がったりを繰り返した。

　外部への脱出の機会が失われていく中、吉田所長の指示の下、現場の不眠不休の闘いが継続された。プラントエンジニアたちは汚染された原子炉建屋《たてや》に突入を繰り返し、また、ほかの所員たちは原子炉への海水注入に挑んだ。

そして、二号機の状態が悪化し、三月十五日朝、最悪の事態を迎えることになるのである。

午前六時過ぎ、ついに大きな衝撃音と共に二号機の圧力抑制室（通称・サプチャン）の圧力がゼロになった。「サプチャンに穴が空いたのか」。多くのプラントエンジニアはそう思ったという。恐れていた事態が現実になったと思った時、吉田所長は「各班は、最少人数を残して退避！」と叫んでいる。

たとえ外の大気が「汚染」されていたとしても、ついに免震重要棟からも脱出させせないといけない「時」が来たのである。

なぜ2Fに向かったのか

この時のことを朝日新聞は、一面トップで「所長命令に違反　原発撤退」「福島第一　所員の9割」と報じ、二面にも「葬られた命令違反」という特大の活字が躍った。要するに、七百名近い職員の九割が「吉田所長の命令に違反して、現場から福島第二（2F）に逃げた」というのだ。

その根拠になる吉田調書の部分は、朝日（デジタル版）によると、以下のようなものだ。

〈「本当は私、2Fに行けと言っていないんですよ。ここがまた伝言ゲームのあれのところで、行くとしたら2Fかという話をやっていて、退避をして、車を用意してという話をしたら、伝言した人間は、運転手に、福島第二に行けという指示をしたんです。私は、福島第一の近辺で、所内に関わらず、線量の低いようなところに一回退避して次の指示を待てと言ったつもりなんですが、2Fに行ってしまいましたと言うんで、しょうがないなと。2Fに着いた後、連絡をして、まずGMクラスは帰って来てくれという話をして、まずはGMから帰ってきてということになったわけです。いま、2号機があって、2号機が一番危ないわけですね。放射能というか、放射線量。免震重要棟はその近くですから、ここから外れて、南側でも北側でも、線量が落ち着いているところで一回退避してくれというつもりで言ったんですが、確かに考えてみれば、みんな全面マスクしているわけです。それで何時間も退避していて、死んでしまうよねとなって、よく考えれば2Fに行った方がはるかに正しいと思ったわけです。いずれにしても2Fに行って、面を外してあれしたんだと思うんです。マスク外して」〉

吉田調書の中の以上の部分が「吉田所長の命令に違反して、現場から逃げた」という根拠なのである。

しかし、この発言をみればわかるように、吉田所長は「2F」、すなわち福島第二に「行ってはいけない」とは全く言っていない。むしろ、その方がよかった、と述べている。つまり、一糸乱れず、彼らが福島第二に向かった判断を吉田氏は、むしろ〝自慢〟しているのである。

それはそうだろう。朝日が言うように福島第一から「逃げた」というのなら、なぜ福島第二に「全員が向かった」のだろうか。福島方面や相馬方面など、「逃げる」方角はいくらでもある。自分の実家や家族がいる方角に向かって「逃げる」のが普通だ。しかし、マイクロバスや自家用車で彼らが向かったのは、全員、「福島第二」だったのだ。これのどこが「命令に違反」して、現場から「逃げた」ことになるのだろうか。

朝日が「省略」した部分

サプチャンが破壊されたかもしれない場面で、逆に、総務、人事、広報、あるいは女性職員など、多くの〝非戦闘員〟たちを免震重要棟以外の福島第一の所内の別の場所に「行け」と命令したのだとしたら、その方が私は驚愕する。

サプチャンが破壊されたかもしれない事態では、すでに1Fには「安全な場所」などなくなっている。だからこそ放射能汚染の中でも吉田氏は彼らを免震重要棟から「避難させたかった」のであり、そして、もともとその先は「福島第二」しかなかったのである。

しかし、朝日新聞にかかれば、これが「命令違反による退避」ということになるのである。その根拠の薄弱さと、解釈の歪《ゆが》みについては、もはや言うべき言葉がない。

この時の状況説明で意図的なのか、朝日が「省略」している部分がある。

それは、この直前に菅直人首相が東電本店に乗り込み、テレビ会議を通じて、痛烈な演説をおこなっていたことだ。

「事故の被害は甚大だ。このままでは日本国は滅亡だ。撤退などあり得ない！　命がけでやれ」

「撤退したら、東電は一〇〇パーセントつぶれる。逃げてみたって逃げきれないぞ!」

撤退を〝全面撤退〟と勘違いした菅首相の凄まじい怒りは、テレビ会議の画像と音声で福島第一の緊急時対策室にも響き渡った。

サプチャンから大きな音が響き、圧力がゼロになったのは、その直後のことであり、吉田氏が、「必要最小限の人間を除いて退避」を命じたのは、そんな時だったのである。吉田氏はその時、突然、作業用ヘルメットをかぶっている。これこそ吉田氏の苦悩を表わすものだったと私は思う。

「撤退したら、東電は一〇〇パーセントつぶれる。逃げてみたって逃げきれないぞ!」

吉田氏は一国の総理がそう言い放った直後に、福島第二に「必要最小限の人数」を除いて部下たちを退避させなければならなかったのである。

この状況を考えれば、吉田氏の行動や発言の意味はすぐわかるはずだが、朝日の記事では、そんな事情には触れられていない。

一緒に死んでくれる人間

菅首相の演説があるさらに前、すなわち十五日未明に吉田氏は緊対室から廊下に出て、協力企業の人たちに対してこう叫んでいる。

「本当に今までありがとうございました。協力企業の方々はお帰りいただいて結構です」

その後、体力の限界だった吉田氏は、朝四時から五時頃、自分の席からぺたりと床に座り込み、座禅をするような格好で、物思いに耽《ふけ》った。

それは「一緒に死んでくれる人間」の顔を思い浮かべる強烈なシーンにほかならなかった。

吉田氏はその時のことを私にこう語った。

「ただ、ひたすらもう、どうしようっていうことだけが頭を巡ってですね、最後はどういう形で現場の連中と折り合いっちゅうか、プラントとの折り合い、水を入れ続ける人間は何人ぐらいにするか、とかですね。誰と誰に頼もうかなとか、そういうことですよ。それは誰に〝一緒に死んでもらおうか〟ということになりますわね。こいつも一緒に死んでもらうことになる、こいつも、こいつもって、顔が浮かんできましたね。水を入れたりするのは、復旧班とか、防災班の仕事になるんですよ。私、福島第一の保修では、三十代の初めから働いてますからね。一緒に働いた連中、山ほどいますから、次々顔が浮かんできましたよ。最初に浮かんできたのは曳田という保全部長です。これが復旧班長なんです。これはもう、本当に同い年なんですよ。高卒で東電に入った男なんですけどね。昔からいろんなことを一緒にやってきた男です。こいつは一緒に死んでくれるだろうな、と真っ先に思いましたね」

生と死を考える場面では、やはり若い時から長くつき合ってきた仲間の顔が浮かんだことを吉田氏はしみじみと語った。

「やっぱり自分と年嵩《としかさ》が似た、長いこと一緒にやってきた連中の顔が浮かんできましてね。死なしたら可哀想だなと思ったんですね。だけど、どうしようもないよな、と。ここまで来たら、水を入れ続けるしかねぇんだから。最後はもう、諦めてもらうしかねぇのかな、と。そんなことがずっと頭に去来しながら、座ってたんですね……」

朝日広報部からの回答

つまり、吉田氏は一緒に「死んでもらう」人間以外は、退避してもらうことを決断していたのである。自分の命令に「違反」して部下たちが「逃げた」どころか、吉田氏は他人からは窺い知れないほどの厚い信頼を部下たちに置いていたのだ。

「もうダメだと思いましてね。何があっても水を入れ続けないといけないからね。それには何人ぐらい要るのかな、と。ここにいる人間で、そこまで付き合ってくれるのは誰かなということを勘定していたわけです」

その結果、残ったのが外紙が報じた〝フクシマ・フィフティ〟である（実際の数は、「六十九人」だった）。

しかし、その男たちも、今回の朝日の報道によれば、

〈外国メディアは残った数十人を「フクシマ・フィフティー」、すなわち福島第一原発に最後まで残った50人の英雄たち、と褒めたたえた。しかし、吉田自身も含め69人が福島第一原発にとどまったのは、所員らが所長の命令に反して福島第二原発に行ってしまった結果に過ぎない〉

ということにされてしまったのである。

本店の方針に逆らってまで「事故の拡大」を防ごうとした、つまり家族と故郷を守ろうとした福島の現場の人々は、こうして「現場から吉田所長の命令に違反して逃げた」ことになっ

たのである。東電が憎ければ、現場で命をかけて闘った人たちも朝日は「憎くてたまらない」のだろう。

朝日新聞広報部からは、

「吉田氏が〝第二原発への撤退〟ではなく、〝高線量の場所から一時退避し、すぐに現場に戻れる第一原発構内での待機〟を命令したことは記事で示した通りです」

という回答が寄せられてきた。さらに回答には、

「本回答にもかかわらず、事実と異なる記事を掲載して、当社の名誉・信用を傷つけた場合、断固たる措置を取らざるを得ないことを申し添えます」

という文言《もんごん》もつけ加えられていた。泉下《せんか》の吉田氏が、この朝日新聞の言葉を聞いたらどう思うだろうか。

英雄たちを貶める目的

「吉田さんでなければあの事態を救えなかった」

「吉田さんとなら一緒に死ねると思った」

汚染された原子炉建屋に突入を繰り返した部下たちは私の取材にそう語った。そして吉田氏は部下たちのことを私にこう述べている。

「門田さん、私はただのおっさんですよ。現場の連中が、あの放射能の中を、黙々と作業をやってくれたんだ。そんな危ないところを何度も往復する。それを淡々とやってくれた。彼らがいたからこそ、何とかできたと思う。私は単に、そこで指揮を執《と》っていただけのおっさんです。だから、彼ら現場のことだけは、きちんと書いて欲しいんですよ」

吉田氏は、あのまま行けば、事故の規模は「チェルノブイリの十倍になっていただろう」とも語った。そんな最悪の事態を必死で止めた人々を、世界中から嘲笑《ちょうしょう》されるような存在に貶める目的は一体、何だろうか。

「記者は訓練によって事実を冷徹に受け止め、イデオロギーを排する視線を持たなければならない」

それは、新聞記者のあり方を問うジャーナリストとしての基本でもある。ありのままの「事実」を報じるのではなく、自分の「主張」にのみ固執する報道――私は日本人の一人として、そういう朝日新聞のあり方がどうしても理解できないのである。

かどた りゅうしょう
ノンフィクション作家。一九五八年、高知県生まれ。中央大学法学部卒業後、新潮社に入社。週刊新潮編集部に配属され、記者、デスク、次長、副部長を経て、二〇〇八年四月に独立。近著に『奇跡の歌 戦争と望郷とペギー葉山』(小学館)、『週刊文春』と『週刊新潮』 闘うメディアの全内幕』(花田紀凱と共著、PHP新書)など。

『WiLL』（花田紀凱責任編集）二〇一四年九月号

私はコレで朝日をやめました

石井英夫
元産経新聞論説委員

仰ぎ見ていた朝日

ひと昔ほど前か、サラリーマンが自分の小指を立て、「私はコレで会社をやめました」というTVコマーシャルがあって、笑いを誘った。

はて、何のCMだったか忘れたが、そのひそみに倣《なら》っていうと、「私はコレで朝日をやめました」。

正しくは「私は六月で朝日新聞の購読をやめました」だが、それならそれで黙ってやめればいいだけのこと。なぜわざわざ拙文を書いて、貴重な誌面を潰しているのか。わけはこうである。

老蛙生（＝私のこと）は『WiLL』誌で書評を書かせてもらっている。で、八月号でとりあげた平川祐弘氏著『日本人に生まれて、まあよかった』のなかに、「朝日新聞を定期購読でお読みになっている皆様へ」という一章があった。「日本をミスリードしつづけている朝日なんぞとってはいけない」という警告だった。

不肖、老蛙生も定期購読者の一人だったので、次のようないいわけで書評のしめくくりとしたのである。

「なぜこのしようもない新聞をとり続けているのか。それはこの新聞の主張と真逆の道を歩めば、日本は安泰だからだ。政治も外交も、正反対でやれば間違いがない。反面教師の論理を知るために、大枚四千三十七円

近づく 戦争できる国
「政治の道具に」「敵が増えるだけ」
自衛隊員らは
「偶発に引きずられるのが戦争」
旧日本軍兵士は
「沖縄が真っ先に狙われる」
街頭の大型ビジョンで流れる安倍晋三首相の記者会見＝15日午後、東京都新宿区、関田航撮影

こんな朝日に誰がした……昔から？（2014年5月16日付）

を払っている」と。

ところで、九月号の書評の原稿を編集部のK嬢に送った際、ふと「ついに腹にすえかねた。おれ六月で朝日やめたよ」ともらした。K嬢は「あら、では言行不一致ですね」と冷やかしたが、面白がって編集長に伝えたらしい。即座に電話がかかってきて、「ソレ、書いて下さい」という次第になったのである。

思えばウン十年、朝日をとってきた。親の代から数えれば九十年を超えるだろう。老蛙生が産経新聞記者時代には、この新聞は仰ぎみる高峰であり、手ごわいライバルでもあった。老蛙生は、朝刊コラム産経抄を三十数年も担当してきた。

『g^2（ジーツー）』（講談社ムック）というノンフィクション雑誌がある。その五月発行の十九号に、ノンフィクション作家の後藤正治《まさはる》氏が「天人コラムニスト深代惇郎《ふかしろじゅんろう》と新聞の時代」を寄稿していた。

実はそこに老蛙生も登場してきて、「石井がマラソンランナーであれば、深代は短距離走者だった」と書かれていた。天声人語の名コラムニストの引き合いに出されたのは光栄の至りで、後藤さんはこう続けている。

「……その点、大いに異なる二人ではあるが、石井は石井で、深代は深代で、それぞれの流儀で走り切ったランナーだった。コラムニストとして過ごした歳月は異なれど、ともに自身に宿るものを十全に発露して完走した――」

何ともくすぐったい次第だが、二年先輩の深代さんとは酒の席で「よくテーマがぶつかりますが、結論は全く反対ですね」と笑い合ったものである。天声人語と産経抄がとりあげるテーマは同じでも終着駅はいつも別、というより逆方向だった。両紙の発行部数と新聞の格(世間的な)は月とスッポンだが、若い頃から向こうっ気は負けなかったらしい。

深代さんは朝日には珍しい寛容と良識の記者で、謙虚なリスペクトに価する新聞人だった。

手の内はすべて知れた

しかしその時代から、世には朝日や朝日文化人を痛烈に批判する慧眼《けいがん》の士はいたのである。手元にあるだけでも、鈴木宣重《せんじゅう》『新聞報道への疑問』(世界日報社)、片岡正巳『朝日新聞の「戦後責任」』(展転社)、古森義久、井沢元彦、稲垣武『朝日新聞の大研究』(扶桑社)、三好修、衛藤《えとう》瀋吉《しんきち》『中国報道の偏向を衝く』(日新報道出版部)、稲垣武『「悪魔祓《ばら》い」の戦後史』(文藝春秋)、谷沢永一『こんな日本に誰がした』(クレスト社)などなどである。

しかし、「天下の朝日」の偏向と増長はますます続いた。最近のいわゆる従軍慰安婦の「性奴隷」と「強制連行」のウソとでっち上げの誤報には、訂正も謝罪もしていない。この問題は、山際澄夫氏の『すべては朝日新聞から始まった「慰安婦問題」』(WAC)に詳しい。

集団的自衛権問題に至っては、日本は自分の国は自分で守ることに決めただけなのに、朝日は「近づく　戦争できる国」という大見出し。一体、この新聞は国の安全保障をどう考えているのか。国民を惑わせるのもいい加減にしなければならない。

そんなこんなで、いまは朝日の論説は読むことはなく、ただペラペラとページをめくるだけ。「敵を知り己を知れば、百戦殆《あや》うからず」という教えはあるが、敵の手の内はすべて知れた。見るべき程のことは見つ(平家物語)。反面教師もへったくれもなくなった。

各層の人たちを総動員して、集団的自衛権ハンターイの大合唱を連載しているなと呆れていたが、六月末のある日、漫画家E氏まで駆り出した写真を見て、カッと頭に血がのぼった。テレビでよく見るおとぼけ仕草の漫画家である。いうならばおバカタレントである。

朝日辞めて梅雨明け気分

老蛙生はE氏の人格やキャラを否定するものでは決してない。しかし、おちゃらけたおバカタレントの見解に耳を傾けようとは思わない。一体全体、このお方は日頃から国の安全保障や自衛権について本気で考えたことがあるのだろうか。こんな御仁《ごじん》まで動員して狂騒する新聞に、大枚四千三十七円を支払うのはバカげている。

集団的自衛権を問う

手出せば倍返しされる

漫画家　蛭子 能収さん(66)

集団的自衛権って、自衛隊が同盟国のために海外で戦うことなんですか。正直、難しいことはよく分かりませんが、報復されるだけなんじゃないですか。

「集団」っていう響きも嫌ですね。集団では個人の自由がなくなり、リーダーの命令を聞かないとたたかれる。自分で正しい判断ができなくなるでしょ。

私は怒っても、感情を表に出さないようにしています。中学でいじめられていた頃からです。からかわれたり使いっ走りにされたりすると、腹は立つけど、相手を殴ることはしません。手を出すと倍返しされ、互いにエスカレートして、ナイフを持ち出すことになりかねません。歯止めがかからなくなり、最後には死を想像してしまう。漫画ならいいけど、現実に起きてはいけない。

自衛隊が同盟国と一緒に戦えば、そんな風になるんじゃないですか。自衛隊が相手を殺すことに賛成できないし、隊員が殺されるリスクも高まってしまう。

長崎で育ったので被爆者の苦しみはよく知っています。日本が戦争に関わらなければ、原爆は落ちなかった。日本が再び戦争に向かうことになれば、また広島や長崎のような被害が出る可能性があります。日本は、戦争をしない国になったんじゃないんですか。

戦争を避けるために、領土問題や国同士の争いを解決する国際的な仕組みを強化してほしいと思います。日本はもっと、そういうことに貢献した方がいいと思いますよ。

（聞き手・岩田正洋）

えびす・よしかず　長崎県出身。漫画の代表作に「私はバカになりたい」など。テレビのバラエティー番組に多く出演しているほか、俳優としても活動。

髪の毛くらい整えろ！（6月26日付）

そんな折も折、八月号が届けられ、百田尚樹、井沢元彦両氏の激論「反省なき朝日には不買運動しかない！」が載っていた。老蛙生には、もはや運動の片棒をかつぐ元気も根性もないが、ささやかな同調はできる。もう敵に糧《かて》を送ることはない。即座に朝日の新聞販売店へ電話をかけた……。とまあ、これが「私はコレで朝日をやめました」のいきさつである。

さて、朝日をやめてどうなったか。まだ半月だが、これがどうもしない。不便なことは何もない。気分はスカッと白南風《しらはえ》吹く梅雨明けの空です。

いしい　ひでお
一九三三年生まれ。五五年、産経新聞社に入社。産経新聞論説委員時代は、人気コラム「産経抄」の執筆を三十年以上にわたって担当した。日本記者クラブ賞、菊池寛賞受賞。著書に『日本人の忘れもの』（産経新聞社）など多数。

『WiLL』（花田紀凱責任編集）二〇〇五年五月号

人、われを「朝日の天敵」と呼ぶ

堤 堯
ジャーナリスト

誤報・虚報なんでもあり。本多勝一記者にはなんと人違いで訴えられた。元『文藝春秋』編集長が遭遇した信じ難い「朝日体験」の数々……。

日本で一番恐ろしい軍団

銀座にMというバーがある。ママが一人で切り盛りする小さな店で、カウンターに八人も坐れば満席になる。唯一の装飾は客が書いた落書きで、壁はもとより天井まで落書きの満艦飾《まんかんしょく》だ。貴方も何か書けばといわれて、

「必死に遊ぶ」

坂口安吾《あんご》が色紙に用いた文句を天井に記した。この店は朝日新聞の中堅・若手の溜まり場で、ときおり「敵情視察」を兼ねて出かけた。酔いにまかせて語られる社内事情はもとより、朝日人のメンタリティを知るのに格好の定点観測所だった。

朝日外信部のN記者に、当方がニュースの遅れを指摘したことがある。

「あのニュース、読売が二日前に報じてましたよね。お宅、時々遅いんじゃないの?」

「いやあ、どうってことないですよ、遅れたって」

「どうってことない? それじゃ新聞じゃなくて旧聞じゃないの」

「いやいや、一向に構わない。ウチが報道して、初めてニュースになるんだから」

これには驚いた。夜郎自大《やろうじだい》もきわまれりである。驚くと同時に、さてこそと納得するところがあった。このとき当方は「林彪《りんぴょう》事件」を思い出し

つつみ ぎょう
1961年、東京大学法学部卒。同年、文藝春秋入社。「文藝春秋」編集長、第一編集局長、出版総局長などを歴任。常務を経て退社。著書に『昭和の三傑——憲法九条は「救国のトリック」だった』がある。

ていた。

文化大革命のさなか、毛沢東暗殺を企てた林彪が娘・林豆豆の密告でコト破れ、国外脱出を図ったがモンゴルの砂漠に墜死した事件である。台湾や香港からの情報が林彪の死をしきりに伝えているとき、朝日のみは秋岡家栄《いえしげ》・北京特派員が得々と書いていた。国慶節の模様を伝えていわく、

「北京の空は青かった。林彪副主席は健在である……」

この誤報を『週刊文春』で皮肉った当方の記事は、朝日紙上に広告掲載を拒否された。のみならず、当方は秋岡特派員によって提訴された。

さきに『週刊文春』は、「林彪は死んでいる」と報じて広告掲載を拒否されていた。編集長は朝日の書き換え要求に応ぜず、該当部分を白紙にして掲載した。これは逆に何事かと読者の注目を引き、以後、朝日は白紙掲載を認めなかった。

朝日が林彪の死を認める記事を掲載したのは、実際の死より一年半が経過したあとだった。当時の社長・広岡知男が編集幹部に号令していわく、

「中国は大事な隣国である。お隣りにゴタゴタがあるとき、これをあからさまにするのは日中友好の精神に反する」

要はファクト（事実）より北京支局保持の社策を優先したのである。ために朝日の読者は長い間「林彪事件」を知らされなかった。

朝日出身の作家・伴《とも》野《の》朗《ろう》氏に聞いたことがある。当時、氏は香港に駐在していた。文化大革命を礼讃《らいさん》する自社記事のオンパレードに抗して、その実相を懸命に書き送った。

「書けども書けども、これが載らないのよ。アタマに来てデスクに抗議したけど、ラチがあかない。広岡がそんな号令出していたなんて、こっちは知らなかったからね」

ちなみに、秋岡特派員は朝日を退社したのち、日本における「人民日

報」の配給元となった。何をかいわんやである。

『諸君!』の編集長だったころ、朝日の科学部記者・木村繁氏に連載を依頼した。連載のタイトルは「日本を支える人と技術」。平明達意の文章で、日本の高度成長を支える人と技術を活写して、毎号の記事が楽しみだった。

　ところが、ある日。締め切りを一週間後に控えて、木村氏が浮かぬ顔して現れた。

「申し訳ない。連載を降ろして下さい」

　何事かと訊いてみると以下の次第だった。

　編集局の幹部に呼び出され、

「君があのような雑誌に連載していることを、苦々しく思っている者が社内には多い。かくいうボクも不愉快だ、といわれましてねえ」

「勝手に思わせておけばいいじゃないですか。別して思想的なことを書いているわけじゃないんですから。どんどん書いて本にしましょうよ」

「いやいや、あれは止めろというご託宣《たくせん》なんです。続けるわけにはいきません。続ければ恐ろしいことになります」

「恐ろしいこと?」

「ハイ、日本で敵に回して一番恐ろしい軍団はウチの社会部です」

　聞けば、かつて木村氏が原発容認とも受け取れる記事を書いたところ、怪文書が乱れ飛び、挙句は社の玄関先で糾弾のビラが撒《ま》かれるにいたった。

「お前、ほとぼりが冷めるまでアメリカに行って来い、というわけで一年間、島流しになりました。連載を続ければ、またぞろ島流しですよ。子供の学校のこともありますし、そんなことになったら困るんです」

　心底怯《おび》えている様子で、引き止める言葉を失った。

「いいですか堤さん、ウチの社会部に睨《にら》まれたら最後です。この日本では生きて行けませんよ。盗聴、ガサ入れ、何だってやる連中ですから。覚えておいた方がいいですよ」

　木村氏の最後の言葉はいまだに耳《じ》朶《だ》に残っている。

　すでに木村氏は鬼籍《きせき》に入った。だからこんなことが書ける。訃報に接したとき、勿体無い、いま少し生きてフリーの学術ライターとして大活躍して欲しかったと、しみじみ思ったことだった。

「ウチは盗聴新聞です」

　銀座のバーMの常連に朝日社会部のK記者がいた。ときおりカウンターの中に入ってバーテンダーの真似事をしてハシャぐ。好人物には違いないが、酔うと酒乱の気味がある。

毎日新聞のO記者を同道したおりのこと。

「こちら毎日のOさん」

当方が紹介するや、カウンターの向こうからK記者が吠《ほ》えた。

毛沢東（左）、「毛沢東語録」を持つ林彪（右）。彼は墜落死していた
（写真提供／共同通信社）

「なにッ、毎日？　毎日はありゃ馬鹿新聞だ。毎日の奴は馬鹿ばっかりだッ」

おとなしいO記者はじっと耐えて応えない。となれば、お連れした当方が喧嘩を買わねばならない。

「何をいいやがる、テメエの朝日こそ馬鹿新聞だ。この野郎、表に出ろッ」

ママの取りなしもあって殴り合いには至らなかったが、異常なまでの毎日蔑視の心情はいまだに理解できない。何か特オチでもあったのだろうか。

実はK記者と初対面で名刺を交換したとき、

「なんだ、あんたがKさんか」

「そういうあんたが堤さんか」

互いに驚いた。面識はなくとも旧知の間柄だったからだ。というのも——。


K記者がデヴィ夫人のインタビュー記事を書いた。当方とは旧知の夫人がパリから電話をかけてきた。怒り心頭に発している。

「私の言葉を捻《ね》じ曲げて書いているの。読者の軽蔑を誘うようにね。卑《ひ》怯《きょう》ですよ。冗談じゃない、許せないッ……」

「自分のコメントをチェックしないデヴィさんが悪いんですよ」

「だってこんな風にハメ込まれるなんて、思いもしない。でもね、危ないと思ったからテープを取っておいたのよ。訴えようと思うんだけど……」

一部始終を聞いて夫人の反論を『週刊文春』で記事にした。なおも訴えると息巻く夫人を、当時欧州総局長だった深代惇郎《ふかしろじゅんろう》氏が懸命に抑えにかかったとは、のちに聞いた。和解の条件については表に出なかった。

以上の次第を互いに語り合い、K記者がブスッといった。

「オレ、あの一件で辞表を出したんですよ。慰留されましたがね」

さらには、

「オレ、文春の入社試験受けて落っこちたんですよ」

初対面の〝敵役《かたきやく》〟にそんなことまで洩《も》らすところ、酒乱におよぶまでは実に好感の持てる人物である。Mに集まる朝日の記者にも好感の持てる若者が多い。

当方は商売柄、多くの新聞記者と面識を得たが、中でも朝日の記者が最も多い。先のN記者のように箸にも棒にもかからぬ記者もいるが、総じて朝日は人材の宝庫といっていい。一人ひとりを見れば好人物、しかもバランスの取れた人物が多い。

それが集《つど》うて新聞を作るとなると、なにゆえあのような新聞になるのか、当方にとっては不思議の一つである。それについての考察はのちに触れる。

朝日新聞の記者・佐々克明《さっさかつあき》氏（故人）は、かつての朝日新聞主幹・佐々弘雄の長男だった。いまや危機管理論で名を成した佐々淳行《あつゆき》氏の兄に当たる。その佐々克明氏に、当方が編集長をつとめる『諸君！』で連載をお願いしたことがある。タイトルは「病める巨象・朝日新聞私史」。朝日の内実を伝えて、毎回が楽しみだった。

朝日側にしてみれば、さぞかし煙たい連載だったろう。

その佐々氏から、連載の番外で朝日記者の盗聴エピソードを聞いた。

「盗聴が上手くなければ朝日では偉くなれません。ウチはいわば盗聴新聞です」

盗聴新聞とは穏やかではないが、エピソードの一つはこうだ。

経済部のA記者がゼネコンの談合情報を入手した。ホテル・ニューオータニの一室に忍び込み、テーブルの下に盗聴器をセットした。これがバレて警察に突き出され、哀れ即刻解雇となった。

「だから下手な奴はダメ。無慈悲に切り捨てゴメンです。上手な者が出世する」

と佐々氏はいったが、後年、朝日OBのK氏から聞いたところでは、事情はちと違う。

「A記者は経済部のエースでした。正義感の強い男でね、談合の次第を暴いてやろうとした。ところが機械オンチでした。ウチには機械オンチが多いんですよ。秋葉原で購入した盗聴器がうまく作動しない。焦って手直しに行ったところを御用になったんです。

特ダネはおろか、未遂犯、あるい

は不能犯ですよ。それを問答無用で解雇ですからね、冷たいもんです。読売なら社を挙げて庇《かば》ったろうと、ウチの官僚的な体質を問題にする声が社内では高かったですよ」

　いまひとつは――あさま山荘事件のおり、救出された人質・牟田《むた》泰子さんの事情聴取の内容が何かと洩れる。調べてみるとベッドの下に盗聴器が据《す》えつけてある。待ち構えていたところ、電池を取り替えに犯人が現れた。白衣を着た朝日新聞記者だった。

　当時の警察庁長官・後藤田正晴《ごとうだまさはる》と朝日幹部との間に政治交渉があり、事件は不問に付された。近く参院選に出馬する後藤田長官が、朝日に貸しを作ったのだろうと噂された。朝日の政治力もなかなかのものである。

「朝日の記者から政治家になった者は多いですよ。百人は下らないんじゃないですか」

　と佐々記者はいう。なるほど中野正剛《せいごう》、緒方竹虎、石井光次郎《みつじろう》、河野一郎、田川誠一……いずれも朝日記者から政治家に転じた。天下国家を論じているうちに、乃公出《だいこうい》でずんばの心境に至るのだろう。

　かつて当方は青瓦台《チョンワデ》に金鍾泌《キムジョンピル》首相を訪ねたことがある。首相のいわく、

「朝起きて、まずやることは朝日新聞を読むことです」

　隣国の首相が朝日をこうまで重要視している。だからこそ朝日批判は欠かせない。

なんと二年後の反論

　数ある朝日新聞記者の中で、箸にも棒にもかからぬ筆頭は本多勝一《かついち》なる記者である。この本多記者に訴えられたことがある。それも人違いで(!・)。笑うべき次第は以下の如くである。

『諸君!』八一年五月号が本多記者の著書『ベトナムはどうなっているのか?』を批判する記事を掲載した。筆者は殿岡昭郎《とのおかてるお》氏。

　ベトナムの寺院で尼僧《にそう》を含む十数人の集団焼身自殺があった。アメリカが撤退した後の、ベトナム政府の弾圧に抗議した覚悟の自殺だった。これを本多記者は、政府系仏教団の談話をそのまま引いて「セックス・スキャンダル」がらみの無理心中と伝えた。

　死を賭した抗議を、乱交の果ての清算とされては浮かばれない。焼身に先だっておこなわれた祈りと説経が録音テープに遺されていて、粛然

と死に赴く覚悟を伝えている。死者に思いを馳《は》せて殿岡氏が糾弾した。対して本多記者は、殿岡氏の引用の仕方がケシカランと難癖《なんくせ》をつけてきた。

訴状を見て驚いた。当方が掲載責任者として名を連ねている。五月号の編集責任者は先輩の村田耕二氏であり、翌六月号から代わって当方の責任編集になる。つまりは人違いである。

実は殿岡氏の糾弾を見て、本多記者が抗議のハガキを送ってきた。罵《ば》詈雑言《りぞうごん》の羅列で、反論にもなっていない。掲載するに値しないとしてボツにした。これを掲載しろ、イヤしないで押し問答があった。

「反論に値するもの」なら検討の上、掲載するに吝《やぶさ》かではない旨《むね》を答えた。なんと二年後、「反論に類するもの」が送られてきた。見れば殿岡氏が所属する東京学芸大学教授会宛ての内容で、

「このような者を助教授にしておいていいのか。納税者として黙っていられない」

と例によっての罵詈雑言である。

二年後といい、教授会宛てといい、共に雑誌の掲載になじまない。その旨を答えるや、提訴に及んで来たのである。雑誌の奥付をみれば掲載責任者の名が書いてある。二年もの間、責任者を当方と思い込んでいたのはお笑いというしかない。

被告人尋問に立った当方は陳述した。

「第一、私は掲載責任者ではありません」

述べたとたん、本多記者はもとより十人からなる弁護団や廷内を埋め尽くした本多シンパの表情は、狐に鼻をつままれたごとくにキョトン！

さらに当方は続けていった。

「ことほど左様に本多記者の事実認定はお粗末、杜撰《ずさん》きわまりないものであります。この裁判は、笑うべき人違いから出たもので、国費のムダ使い以外の何ものでもない。すべからく裁判所はこれを却下されたい」

懲りずに本多側は反論権を主張したが、すでに産経新聞と共産党が争った「反論権裁判」で最高裁の判例が出ている。反論の採否は編集権に属すとの判例である。もし反論権を認めれば、さしずめ朝日新聞などは反論の山が殺到し、ページがいくらあっても間に合うまい。

本多勝一との十五年戦争

裁判は十五年続き、一審から三審まで全て本多記者の敗訴となった。よほど口惜《くや》しかったのだろう、以来、本多記者はことあるたびに当方

をゴロツキ編集長と呼んだ。

原告尋問のおり、当方の弁護士と本多記者の間にこんなやり取りがあった。

「本多さん、貴方のこのご本の奥付けに記してある著者略歴を見ますと、京都大学教養学部入学とありますね。これはそのとおりですか?」

本多記者との裁判は15年、最高裁までつづいた
（写真提供／共同通信社）

「そのとおりです」

「卒業なさったんですか?」

「厳密にいえば、卒業してません」

「卒業してない?」

「在籍していたということで……」

「貴方が卒業なさった大学はどちらです?」

「千葉大学です」

「学部は?」

「薬学部です」

「ならば貴方の最終学歴は千葉大学薬学部、ということになりますね?」

「そういうことになります」

「ならば何故そう書かないんです?」


学歴詐称じゃないかとまでは、弁護士は突っ込まずに質問を変えたが、廷内に驚きの気配が漂《ただよ》った。それまで誰しも、本多記者は京大出身、それもかの京大山岳会出身とばかり思っていたのだから。

ちなみに本多記者の出世作『極限の民族』初版本（昭和四十二年刊）の著者略歴には、「京都大学農林生物学科を経て朝日新聞に入社」と明記されている。面妖《めんよう》である。

本多記者は「カナダ・エスキモー報道」で菊池寛賞を得た（昭和三十九年）。のちに『諸君!』が本多批判を展開するや、賞の返還を申し出て、批判を許さぬ夜郎自大ぶりが失笑をかった。朝日が育てたスター記者の、肥大化したエゴの象徴である。

日支事変の発端となった盧溝橋《ろこうきょう》、別名マルコ・ポーロ橋の近くに抗日記念館がある。ここを訪れた友人から聞いた。

「日本の暴虐を示す〝証拠〟がこれでもか、これでもかと陳列されているんだけど、ガラス・ケースの中に本多勝一の『中国の旅』が置かれている。向こうにしてみれば、これも〝証拠〟の一つなんですね。しばし考えさせられましたよ」

朝日新聞一千万部に連載された『中国の旅』は、いわゆる「百人斬り」論争を招き、山本七平氏は本多記者の所説を完膚《かんぷ》なきまでに論破して痛烈をきわめた。とはいえ、この書がいまに続く南京（虐殺）・教科書・靖國……日中間の歴史認識問題に果たした役割は大きい。これが撒き散らした自虐・謝罪の毒素は、サリン・ガスにも似ていまだに日本人の心を蝕《むしば》んでいる。朝日新聞社員の中にすら、

「本多は国賊だッ、あんな者は死刑にしろッ」

などと息巻く声を聴く。朝日にはまともな人士もいるのである。〝国賊記者〟にゴロツキ編集長呼ばわりされるのは、むしろ名誉なことである。

十五年続いた裁判は、毎回、本多記者を二十人からなる「親衛隊」が取り囲む。こちらを睨《にら》む眼差しに刺すような殺気があり、身の危険を感じることしばしばだった。

ある日のこと、地裁の門を出たところで後頭部を激しく殴られた。この野郎、来たかッと振り返って身構えたとき、

「カァー、カァー」

一羽の鴉《からす》が嘲笑《ちょうしょう》を残して飛び去った。のちに聞けば、近辺では有名な悪戯《いたずら》カラスだという。どこまでも腹の立つ裁判だった。

荒垣秀雄氏の奇癖

その昔、朝日と文春の幹部は仲が良かった。新橋の烏森《からすもり》に「T」というバーがあった。夜な夜な集まってはオダを上げる。「天声人語」の荒垣秀雄、『週刊朝日』の扇谷正造《おうぎやしょうぞう》、これまた朝日切っての名文家として鳴らした門田勲……。文春側からは池島信平をはじめ編集幹部が参加する。これになぜか大蔵省の幹部が合流していた。

ときおり当方も連れていってもらった。談論風発《だんろんふうはつ》、聞いているだけで面白かった。のちに荒垣秀雄氏の奇癖について知った。毎朝、軽妙洒脱《けいみょうしゃだつ》の筆で読者を楽しませていた「天声人

語」子が、実は湘南電車の中、女学生のスカートを捲《めく》り上げ、何度も警察に突き出されていたのである。

「そのたびに貰い受けにいくんですがね、たいした大事《おおごと》にならなかったのは、時代が良かったんでしょうなあ。いまなら一発でアウトですよ」

いまやボードに収まった朝日幹部の回想である。あの温顔、あの話術、あの名文……奇癖を聞いても当方の評価は毫《ごう》も変らない。

とんでもない奇癖の持ち主だった、「天声人語」子・荒垣秀雄 （写真提供／共同通信社）

朝日と文春の間に影が差したのは、まずはサンフランシスコ講和条約をめぐってであったらしい。朝日は全面講和を主張し、文春は多数講和をよしとした。中・ソにもハンコを捺《お》して貰えとする議論と、まずは西洋自由主義諸国と手を結んでとにもかくにも独立を達成しようとする議論の対立である。

さらに溝を深めたのは六〇年安保だった。日米安保は「日本を戦争に巻き込む」とする説と、当面日本の安全はこれに拠《よ》るしかないとする説である。以上を要するに、米・英に付くか、中・ソに付くかの選択だった。

中・ソを見聞して帰った文化人のコメントが、よく朝日に載っていた。いわく「ソ連には失業者がいない」、またいわく「中国には蝿もいない」……。

それを読んで、中国戦線で命を拾った親父がいった。

「蝿がいない？ そりゃあ大変だ。中国人は蝿もタカらない物は食わない。よほどひどい物を食わされているか、それとも食い物がないからかな」

親父の言葉の方に真実味を感じた。のちに知る、毛沢東の大躍進政策は、二千万を超える餓死者を出していたと。

当方の入社は六〇年安保の翌年。「社論」は異にしたが、バー「T」の和《わ》気藹々《きあいあい》はまだ続いていた。

『週刊文春』の特集班に配属され、朝日に関する記事を最初に書かされたのは、「天王山を迎えた八年目の朝日騒動」と題する記事だった。朝日の株をめぐる三つ巴の争奪戦をレポートした。

株の争奪戦は、この新聞社にあって不幸のタネとしかいいようがない。永井大三《だいぞう》専務の罷免《ひめん》に端を発した「朝日騒動」はドロ沼の内戦状態をもたらした。社主・村山家に対抗して社員側は「資本と経営の分離」を掲げ、株式受託委員会を結成して株集めに狂奔する。一方の社主・上野家がこれを奇貨《きか》として機をうかがう。株を持つ社員は三方からの勧誘を受けて右往左往する。

委員会対村山家の持ち株比率は、ときに五〇・数%対四九・数%でほぼ拮抗《きっこう》する。僅かの差をめぐって寝返る者はいないか、社内に疑心暗鬼が蔓延《まんえん》する。親から相続した一万株の威力で部長職を得る者も出る、といった具合で、こうなると落ち着いて仕事をするどころではない。人心が荒廃する。

村山家は編集局長・木村照彦に代えて茂木政《もぎまさ》を当てる。ところが木村は局長の椅子を明け渡さない。二人の局長が居並ぶ異例の事態となった。

木村は旧姓を太田といい、太田胃散の御曹司。社内結婚を家が認めず、お相手の木村家に婿入りした。東大時代は投手で、ショートを守った広岡知男は同期だった。その広岡が抗争の間隙《かんげき》を縫って社長に就任する。

のちに広岡はボードを追い出され、しばらくは退職金ももらえない。渡辺誠毅《せいき》のクーデターだった。広岡は「全朝日人へ」と題する文書を配布すること数度。一回につき六百万円は下らない費用の出所が話題になった。以上の次第をこと細かに記せば、まさに朝日血風録である。

この抗争が紙面に反映したこと、想像にかたくない。紙面の何たるかより、まずは株集め・人集めが一大事である。以上の次第は逐次、『週刊文春』や『文藝春秋』で伝えた。

あるとき木村照彦編集局長が社員を集めて訓示した。

「日本が滅びても、朝日新聞が健在ならば日本は復興する。すなわち朝日は日本の良心そのものであるッ」

これを受けたのか、歴代編集局長の中には『朝日ジャーナル』編集部に赴き、こう叱咤《しった》激励した御仁《ごじん》がいる。すでに『朝ジャ』はゲバ学生が小脇にかかえるシンボルとなっていた。

「朝日は日本の良心である。そのまた良心が君たち『朝日ジャーナル』部員である」

いわれて舞い上がったのか、やがて『朝日ジャーナル』の表紙に、びっくり仰天のイラストが掲載される。社旗にかぶせた文言《もんごん》にいわく、

「アカイ・アカイ・アサヒ・アサヒ
アカクナケレバ　アサヒデハナイノダ」

ついに発狂したか、とは業界の嘆《たん》声《せい》だった。発狂はそれにとどまらない。赤衛軍《せきえいぐん》事件の勃発《ぼっぱつ》である。

日本赤衛軍を名乗る一味が、朝霞《あさか》の自衛隊駐屯地に忍び込み、武器弾薬を盗み出そうとして自衛官を殺してしまう。これに朝日の記者二人が関与した。一人は社会部、いま一人は『朝日ジャーナル』の部員だった。こうなれば朝日の政治力も効かない。当然のこと、社を挙げての大騒動となる。

取材に当たった当方は、ときの社会部長・瀬戸口正昭氏にインタビューした。ヌラリクラリと言を左右にし、遁辞《とんじ》につぐ遁辞のオンパレードだった。あげく、

「下手なこと書いたら法的措置を取りますからね」

脅迫である。のちに聞いた。この人はカイロ特派員時代、アルジェリアの騒乱を取材して、迫真のレポートを打電した。

「いままた弾丸が記者の耳元をかすめる……」

砲煙弾雨《ほうえんだんう》の中に発する決死の報告である。ところがのちに判明した。現場はおろかカイロに鎮座ましまして、東大仏文科卒が書いた作文だった。社内での綽名《あだな》が、瀬戸口ではなく法螺口《ほらぐち》だったとは、のちに教えられた。

法螺口氏は名古屋代表をつとめたあと、しばらくして他界した。朝日の名誉をガードして、懸命に遁辞を重ねた表情を、いまとなっては懐かしく思い出す。

萬犬虚に吠えた教科書問題

八二年七月、教科書問題が発生した。文部省が検定で「侵略を進出に書き改めさせた」としてマスコミは挙げて文部省を攻撃する。これに呼応して中・韓が激しく反発し、対応に苦慮した鈴木内閣はいわゆる「宮澤官房長官談話」を出した。いまに続く歴史認識問題の勃発である。

「ホントに侵略を進出に書き改めた事実があるんだろうか」

『諸君!』編集部内で、そんな疑問が交わされているおりもおり、一読者から電話があった。

「問題の十九冊、全部調べてみたんですが、そんな事実はありません。私の見落としかもしれない、編集部で調べてみてはどうでしょうか」

調べて見ると書き換えの事実はない。全くの誤報、いや虚報だった。虚報が外交問題に発展したのである。渡部昇一氏に依頼して、「萬犬虚

に吠えた教科書問題」を掲載した。これは『諸君！』のスクープとなった。いや正確には一読者のスクープだった。読者の名は板倉由明、横浜で鐵工所《てっこうじょ》を経営するお人だった。のちに板倉氏は「南京虐殺事件」の虚妄《きょもう》を証して獅子奮迅の健筆をふるい、九九年に没した。

さて虚報の始末をどう付けるのか。『諸君！』は各マスコミに回答を求めた。朝・毎・読・ＮＨＫ……いずれも言を左右にして事実誤認を認めない。産経一紙のみ、非を認めて記事を訂正した。ために中・韓の反発は鎮静した。

朝日新聞編集局次長の回答は、要するに以下のようなものだった。

「仮に今回、書き換えがなかったとしても、いまや日本は復古の風潮にある。さきの侵略戦争を反省し、これを謝罪する態度を示してこそ近隣諸国との友好につながる云々《うんぬん》」

またしてもファクト（事実）より社策優先である。古森義久氏の好著『日中再考』によれば、いまだに中国の人々は、あの一件が虚報だったとは知らされていない。いまだ日本は侵略を進出に書き換えるなど「歴史の改竄《かいざん》」に狂奔していると認識しているそうな。

教科書虚報事件は以後の南京（虐殺）・教科書・靖國問題につながり、いわば年中行事のごとくにして日本民族の顔に墨を塗り、悪玉に仕立てる因をなしている。かつて韓国の要人から、こんなボヤキを聞いた。

「教科書といい、靖國といい、まずは日本の新聞が騒ぐ。これにわが国のマスコミが呼応する。となると国民の手前、わが政府も一応は怒って見せなきゃならなくなる。本当はどちらも、もはやどうでもいいことなんですよ。一番悪いのは中国やわが韓国に御注進におよぶ日本の新聞なんです」

〝反日新聞〟〝反日記者〟の罪は重い。当方が『文藝春秋』編集長に転じたあとも、黙過できない虚報・誤報が続いた。

毒ガス誤報事件

たとえば——宮崎の都城《みやこのじょう》連隊の兵卒が書いた陣中日記なるものが、デカデカと掲載されたことがある。例によって日本軍の〝残虐行為〟を思い悩む内容である。朝日の扱いは、鬼の首でも取ったかのようだ。

ところが連隊の有志が調べ上げ、真赤なニセ日記であることを『文藝春秋』誌上で糾弾した。朝日は調査の結果、連隊に詫びを入れて訂正した。

またたとえば——毒ガス誤報事件

があった。記事は得々と書く。日本軍が中国で毒ガスを使用し、明白な国際法違反を犯した。これが動かぬ証拠だとして、毒ガスがモクモクと立ち昇る写真を麗々《れいれい》しく掲げている。

当該戦場に関係した御仁が『文藝春秋』編集部に名乗り出て、記事の虚妄を暴いた。第一、毒ガスは無色・無臭、しかも地を這《は》うようなものでなければ用をなさない。色付きでモクモク立ち昇る煙を毒ガスとするのは、少しでも戦場を知っている者ならお笑いというしかないという主旨だった。

先に触れた「百人斬り」論争は、向井、野田の両少尉が南京までの途上、どちらが先に百人斬るかを競ったとして、東京日日新聞（現・毎日）の浅海《あさみ》記者が面白おかしく報じた記事に端を発する。

歴史教科書問題で、芝公園をデモする在日韓国人女性たち
（写真提供／共同通信社）

「五十六人斬って、刃こぼれがたった一つしかないぞ」

本多記者はこれをそのまま鵜呑みにして、あたかも「殺人ゲーム」よろしく『中国の旅』に書いた。

向井少尉は「関《せき》の孫六《まごろく》」を自慢する。ところが山本七平氏は、日本刀で斬れるのは精々がヒト桁《けた》、物理的・工学的に日本刀の脆《もろ》さを証明して「百人斬り」の虚構を暴いた。

周知のように浅海記者の記事は〝証拠〟とされ、向井・野田両少尉は中国に呼び戻されて処刑された。三島由紀夫は自慢の銘刀「関の孫六」によって介錯《かいしゃく》を受けた。事件の現場に飛び込んだ佐々淳行氏のいわく、

「刀はグンニャリ曲がってましたよ。意外に脆いもんですな」

三島と森田必勝《まさかつ》、二人の首を斬っただけで銘刀がこの始末である。毒ガスといい日本刀といい、無知か故

意か、日本を黒塗りにして喜ぶ記者の心理は理解の外である。

朝日は日本のプラウダか?

文藝春秋社の入社試験は、筆記試験で一番の成績を得た者を、それだけで合格者のリストから外す。頭デッカチの秀才を警戒するのである。雑誌記者に秀才は要らない。足腰と好奇心の強さ、発想力と人脈形成力があればいい。

当方が試験を受けたとき、一番はかの松井やより嬢だった。例によって外され、彼女は朝日新聞に行った。ほどなく名前入りで〝健筆〟を振るい始める。あるとき農協のフィリピン買春ツアーをこっぴどく糾弾する記事を書いた。畏友《わいゆう》・毎日新聞の内藤國夫記者(故人)が彼女にいった。

「あんなこと書いていいのかよ。朝日だって販売店をごっそり招待して、フィリピンへ連れて行ってるじゃないか」

「そんなことわかってるわよ。わかってるけど、そんなこと書けるわけないでしょ」

おのれを高みにおいて茶の間の正義を振りかざし、他を糾弾して容赦がない。温かみがない。正義の士を任ずるあまり、ジェスチャーが嵩《こう》じてついには虚構の糾弾記事となる。サンゴ事件はその最たるものだろう。

「サンゴを傷つけたのは誰か?」

怒りを込めて自然破壊を糾弾した当の記者が犯人だった事件である。周知のように、これは社長退陣に発展した。

糾弾の鉾先《ほこさき》は、日本の過去に及ぶ。先に触れた「百人斬り」、ニセ日記、毒ガス報道……いずれも日本を黒塗りにする競争を演じて、「手柄」を競っているとしか思えない。戦後の再出発に当たり、朝日は自らの戦前・戦中の報道を痛切に反省する宣言を掲載した。〝黒塗り競争〟は贖《しょく》罪《ざい》の意識が過ぎるのか、それとも日本の過去を糾弾することで、おのれの「潔白」を演出したいのか、そこらへんの深層心理は朝日人にしてからがよくわからないのではあるまいか。

朝日に塩田陽平という記者がいた。社主・村山家と社員株式受託委員会の間を連絡した。その間の経緯を、塩田氏に依頼して連載してもらったことがある。タイトルは「朝日新聞への遺書」。朝日を愛すればこその、切々たる「遺書」だった。その塩田氏から、こんな話を聞いた。

社主・村山藤子《ふじこ》が専務時代の渡辺

誠殺と対峙《たいじ》した、そのおりの会話である。

「専務、貴方はときおりアメリカやイギリスに出張すると称して、モスクワにちょくちょく行かれるそうですね。貴方をモスクワで見かけた人が何人もおりますよ。いったい何しに行かれるんです?」

「父の墓がモスクワにありまして、墓参りです」

「お墓はモスクワのどちらに?」

「ええ、まあそれは……」

口籠《くちご》もる渡辺の父親はモスクワ駐在の武官で、かの地で亡くなった。

「なんでもその墓はかのスパイ・ゾルゲなど、歴代、ソ連邦に功労のあった人物たちが眠る墓地の一角にあるそうです。確かめることができれば、何事かが解るかもしれません」

鬼籍に入った塩田陽平記者の言葉は、いまだに耳に残っている。

かつて『諸君!』を担当したおり、「朝日は日本のプラウダか?」と題する記事を掲載したことがある。もとよりプラウダはソ連共産党の機関紙である。このプラウダと見紛《まが》う主張が朝日に散見《み》される、それを香山健一・渡部昇一両氏が対談で指摘した。この号は朝日に広告の掲載を拒否された。

「プラウダとは真実という意味でしょう、その何処《どこ》がいけないんです?」

答えはもうひとつ要領を得なかった。以後十年近く、『諸君!』の広告掲載は拒否され続けた。

十五年ほど前、七人ほどの小さな勉強会で経済部の箱島信一記者と知り合った。

(あれッ、こんな人が朝日でつとまるのかな)

そんな危惧《きぐ》と驚きを覚えた。九大は向坂逸郎《さきさかいつろう》ゼミの出身とあればゴリゴリの左翼を想像する。ところが財界を担当し、ロンドン特派員を経験するうちリアリズムとプラグマティズムに目覚めたのか、至極バランスの取れた物言いの人物と思われた。

その後も折に触れての会合が続いている。その「箱ちゃん」が十二代目の社長に就任した。これで朝日のペレストロイカも進むかなと思いきや、その期待はもうひとつ叶えられない。朝日のDNAに刻まれた何物かは、よほど牢固《ろうこ》として根深いものらしい。

モーゼはエルサレムへ進むまで、四十年をシナイ山や砂漠に費やした。世代の交替を待ってのことだった。所詮は朝日も世代の交替を待たねばならないのかもしれない。読者は待ってくれるだろうか。

《編集部註・週刊『世界と日本』掲載の連載(平成十三年十月~十二月)を短縮した》

朝日に踊らされて国滅ぶ

『WiLL』（花田紀凱責任編集）二〇〇七年十月号

谷沢永一
関西大学名誉教授

終戦直後、国民の誰もが生活難に喘《あえ》ぎ、あらゆる物資の不足を嘆いた混乱の時代を思い出していただきたい。そろそろ陽が傾いて勤め人が帰宅に向かう時間、占領軍の若い兵士たちが新橋駅へ三々五々《さんさんごご》集まって、ネッカチーフの姫君が出勤されるのを心待ちしていると、新聞配達が構内の売店へ夕刊をドサッと置いて行った。すると居並ぶ靴磨きのおばさんたち一同がひとりひとり立ち上がり、夕刊を買って読み出したものだから、兵士たちはあまりにも意外な事態に愕然《がくぜん》とし、白昼夢《はくちゅうむ》を見る思いで情景を容易には信じられなかったと伝えられる。

ニューヨークでは、このような汚れ仕事に従事している庶民の群れが、新聞を丹念に読むなんて絶対にあり得ないからである。

事程左様《ことほどさよう》に我が国民にとって新聞はすでに必需品となっていた。現に当代では五大新聞が世界有数の発行部数を誇っており、日本ならではの現象として常識化している。

我が国にこれほど新聞が普及するようになったきっかけは日露戦争であった。旅順はいつ陥《お》ちるか、奉天大会戦は果たして互角の勝負に持って行けるのか、遠征のバルチック艦隊は対馬《つしま》海峡へ向かってくるのだろうか。女子供まで国民がひとり残らず情報に餓えているこの機会を逃してはならぬと、各紙は一斉に部数を増やした。

そこまでは至って結構であったけれど、首を長くしている読者の期待に応えるべく、各紙とも今や戦況は我が軍に有利であると、できるだけ誇大に報道して、日本強しと常に強調する癖がついた。この舞文曲筆《ぶぶんきょくひつ》こそが新聞の使命であると、記者たちを気負いこませ駆り立てる伝統が生じてゆく。

日露戦争の本質はイギリスによるロシア叩きであり、持ちかけられた日英同盟によって、我が国が尖兵《せんぺい》の役割を果たしたにすぎぬなどと、愛国精神の旺盛《おうせい》な記者たちはほのめかしさえしない。いわんや満州ではすでに補給が途絶えようとしているところ、クロパトキンの方が退却してくれたからこそ助かったなんて、一行半句も記さなかった。

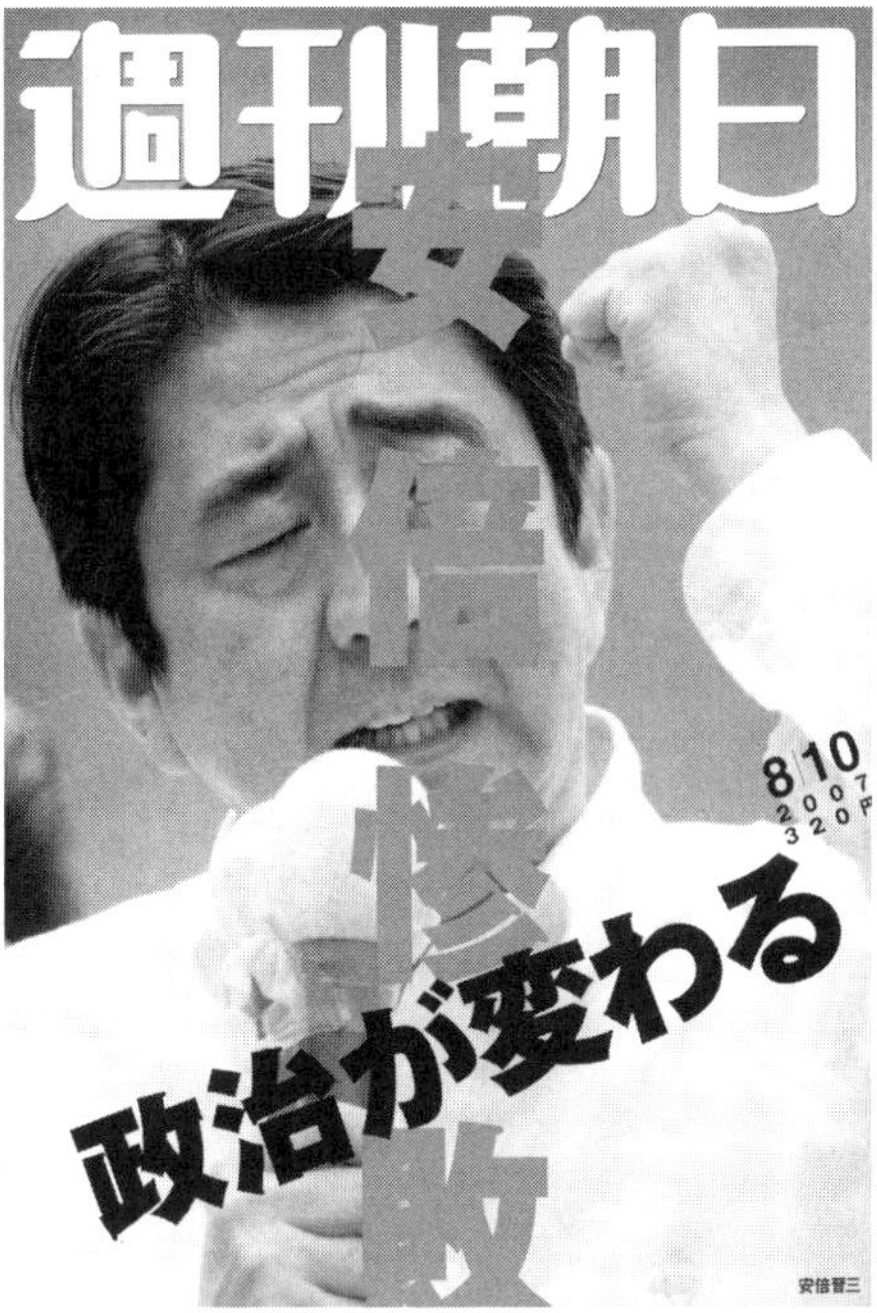

こんなところまで悪意が

新聞はひたすら読者に媚《こ》びて、日本海海戦の完璧な成功をクローズアップし、それを根拠に日露戦争すべての局面において、我が国は決定的に勝ったのであると、国民を幻想に導き、過大に喜ばせ、優越感に浸らせた。

それゆえ、いざポーツマス条約によって、我が国の取り分が、期待に反して僅かであると示されるや、新聞はこぞって日本政府の弱腰を叩き、ひたすら国民を扇動し、国を挙げての不満が爆発するように仕向けた。

このとき、国際関係の実態を知悉《ちしつ》し、政治の現実を冷静に凝視する徳《とく》富《とみ》蘇《そ》峰《ほう》の国民新聞だけが、我が国の戦果はこれが限界であると率直に説いたので、たちまち民衆の怒りを買って焼き打ちに遭い、社屋は全焼して新聞事業も頓挫した。

殷鑑《いんかん》遠からず。日本の新聞社すべては、とことんの真実を書いたら危ないと思い知り、以後、我が国の新聞社は国民におもねる筆法を、新聞事業の中軸と思い定めて現今に至った。

新聞の奴隷根性

その程度ならまだ許せる。新聞は更に一歩を進めて今度は陸軍の勢威《せいい》におもねり、陸軍による横暴な記事差し止めを甘受して逆らわぬよう、低姿勢を本旨とするに至る。二・二六事件でさえ記事にしない。それのみならず、昭和十三年五月二十一日の都井睦雄《といむつお》が三十人を一夜にひとりで殺害するという世界記録をつくった津山事件も、時局がら好ましからずと報道を封じられた。

かくのごとく十分に鍛えられてきた日本の新聞が、アメリカ占領軍による徹底した検閲《けんえつ》にひれふしたのも宜《むべ》なるかなである。戦前の内務省による検閲は至って無邪気な伏字方式であったから、××とあれば、革命、×××の場合は、共産党、と誰でも読みとれる小手先細工であった。

しかし、占領軍の悪智恵は日本人のお人好しを徹底的に愚弄《ぐろう》した。削除した部分が削除されたと察知されないよう当初の版面を動かさず、生じた空白と全く同じ字数で書きかえ差しかえするよう命じられる。そんな慌ただしい措置には堪《た》えられないから、我が国のジャーナリズムすべては、あらかじめ社内で慎重に自己検閲を進め、少しでもヤバイ叙述は事前に占領軍のお気に召すよう言い替えた。御主人様の機嫌を損なわぬよう、奴隷根性で自粛するこのような操作にかけては、日本人持前のみみっちい職人芸が冴えわたる。

こうして、よく訓練され体得した自己検閲の繊細な技巧は、占領軍が完全に去ったあとも、日本の新聞の基本的体質として伝統を形成した。讒謗律《ざんぼうりつ》によって明治政府に屈し、記事差し止めを甘受して陸軍の指令をうかがい、厳粛な自己検閲により占領軍の御意《ぎょい》に叶ってきた、この、上《うわ》目遣《めづか》いと顔色見と猫背と会釈と小声と平伏と前屈みと小腰とを丸めて団子にしたような姿勢が、日本人記者にとっては早く到達したい修業の目標となった。

そして占領軍が去るや間髪《かんはつ》を容《い》れず、君臨するようになった新しい御主人様が、改めて申すまでもなく霞が関の上層官僚である。その支配方式として定着したなんとも卑《いや》しいシステムが記者クラブ制度であることは周知であろう。

各省庁から都庁および地方自治体

の庁舎すみずみに至るまで、いったい何時《いつ》からなのか日付けを詳《つまび》らかにしないけれど、必ず広大な記者クラブが特定のグループをなす各社に供せられている。閉鎖的な連合に加盟せぬ他社の記者は出入りを許されない。都庁に至っては副知事四名の個人執務室を併せたよりも記者クラブの方が広いそうな。

　そこには執筆用の机と文房具各種のみならず、浩然《こうぜん》の気を養うための内外酒類一揃いと麻雀《マージャン》の卓も備えつけられ何不自由もない。部屋代をはじめそれらすべては国有地である省庁の負担であり、つまりは一切合財《いっさいがっさい》、税金で賄《まかな》われている。定刻になると省庁の広報担当が現れ、その日のニュース源を読みあげるかコピーを渡してくれるので、各社の記者はそれを持ち帰るのみ。

　古い譬《たと》えではあるが、要するに彼らは伝書鳩である。各省庁にとって少しでも都合の悪い出来事は、すべて隠蔽《いんぺい》されるから報道されない。新聞やテレビで伝えられなければ、その事件は存在しなかったことになり、宙空《ちゅうくう》に消えて無くなる。もし心意気のある記者が自分なりに取材しようと各階を駈けまわっても、未発表のネタを教えてくれる変わり者はいないし、その行動は他社の記者に嫌われ、村八分にされるのが落ちである。

　広報担当者が表明しなかった事柄まで範囲を広げて紙面に載せたりすると、たちまち痛烈な竹篦返《しっぺがえ》しを食らうであろう。この記者クラブ制度は、報道の自由を損なう弊害であると指摘して、全員引き上げを敢行した新聞社、テレビ局はまだ無い。

　このような次第であるから、現代の日本人は厚く堅い目隠し装置のなかに押し込められている。アメリカでは大統領が代わるたびに、上層官僚のうち五千人ぐらいを入れ替えるそうであるから、この措置を民主主義の中軸と考えるとすれば、官僚が終身雇用である我が国は、民主主義ではなく官主主義である。

　その官がメディアを支配し管理しているのであるから、日本国民は購読料を払って、一塩ふって味付けした官報を押しつけられているにすぎない。

一致団結して安倍誹謗

何事か何物かを支配する実力を培《つちか》った者が、そのままおとなしく鳴りをひそめているわけにはいかない。優越した支配機能を持つ権力は、必ず自ら統制できる範囲と分野の拡大を目指す。

　その生理的とも見做《みな》すべき権能

に、最も早く目覚めた朝日新聞が、報道伝達の域を乗りこえて、主義主張《イデオロギー》を謳《うた》いあげる政治活動に踏みこんですでに久しい。何程かの力を持つ人物や組織が自己肥大して、遂には増長する自己の欲求に駈られ、時代を動かそうと企図《きと》するに至るのもまた自然の勢いである。

　その代表選手である朝日新聞が、かねて安倍晋三を憎むこと甚《はなは》だしく、ガセネタをふりかざして失脚を狙ったのみならず、望まなかった安倍内閣が成立してしまった以後、あらゆる機会を捉《とら》えて安倍晋三を誹謗《ひぼう》してきたのは明白である。

　しかし、幸いにも、朝日一紙のみが孤軍奮闘して安倍叩きに執着する時代は終わった。参議院選挙に至るや、他の各紙も遂に声を発し、新聞界が一致団結して安倍批判の斉唱を始めたのが印象的である。

　各種スポーツのチームに限らず、何事にせよ整然たる一致団結の姿は美しい。けれども、並立して個性的な特色を発揮しながら競争を重ねるのが本旨である筈《はず》のメディアまでもが、突然、合唱しながら特定假想敵《かそうてき》に襲いかかるという風景は異様である。噺家《はなしか》の独演会ではなく、楽団の合唱ともなれば、当然のこと指揮者が必要であろう。

世間の風には従え

　各新聞をこれだけ整然と同一方向へ走り出させるには、よほど緊密な連繫《れんけい》がなくては不可能、と観察するのが常識として自然ではあるまいか。このように歩幅を等しく行進できたというのも、記者クラブにおける談合なくして考えられない。安倍を倒せ、倒せぬまでもきついお灸《きゆう》をすえよ。この指令を発したのが上層官僚であると想像しても誤りなかろう。

　その理由は実に簡単、安倍晋三は小泉純一郎がやりかけた仕事を受けつぎ、官僚の権限を縮小する措置を目標としているからである。安倍は組閣したその日、閣僚の年俸をカットする旨《むね》を公言した。実に厭《いや》な奴だというわけで、すべてのメディアは一斉に黙殺して報道しなかった。何故なら、それは官僚に対する宣戦布告であるから、そんな危険思想が蔓延《まんえん》しては、世が闇となるではないか。

　参院選挙の事前報道において、各紙が一斉に安倍を貶斥《へんせき》したのは、官僚による復讐の意思表示であったろう。

　次に、今回のメディア界における珍事は、新聞を批判するのを使命とする筈の硬派週刊誌までもが、陰に陽に安倍批判に加担した摩訶不思議《まかふしぎ》である。世間の風が一方的に吹き荒れていると感知した編集部が、週刊誌のみ反対を向き孤立すれば、部数が減るかもしれぬと恐れたのではないか。

日本人の根性を最も適切に言い当てる評語は、隣百姓《となりびゃくしょう》、である。播種《はしゅ》そのほかさまざまな農事の日取りを自分ひとりで思案するより、村落の御一同に足並み揃えるのが最も無難ではないか。

総体に昨今は、会議室にせよ飲み屋にせよ、私はこう思う、と自分ひとりの見解を表明する型《タイプ》が激減している。近頃の男女は老幼すべて賢いから、みんなこう言うてる、という三人称複数の間接表現を活用する。世間の風の冷たさにこみあげる涙（山田孝雄作詞「昭和枯れすすき」）という唄の文句をカラオケで聞くたびに、世間の風に従わなければ損だ、と胸のなかで繰り返しているのかもしれない。

今回は新聞とテレビおよび週刊誌が、誰にも感じやすいかたちで風を吹かしたので、その風をみんなしみじみと肌で感じたのであろうと推測される。記者クラブでは、いつも仲間として動いている官と民が、手を取りあって成果を確認したであろう。

宗達《そうだつ》は風神雷神を描いて後世に名声を得たが、このたびは風神のみお出ましになって思う存分に活躍した。風の元締《もとじめ》はさぞや好い気分であったろう。

ただし、ヘーゲルを皮肉るセリフを考えるのに精を出したマルクスは、対句癖《ついくへき》に淫《いん》してこう言った。いわく、歴史は二度繰り返す、一度目は悲劇として、二度目は喜劇として。この場合における悲劇とは真当な成果を指し、喜劇はその反対である。

主導権は民主党に

ところで、今回の演出は、結果として所期の効果を生むであろうか。読売新聞（二〇〇七年八月三日）の推測がもし当たっているとすれば、日本銀行総裁や会計検査院検査官など、国会の同意を必要とする重要な人事案件の行方が不透明になっている。そのほか、医療行為の単価を決める中央社会保険医療協議会の公益委員や、人事院人事官、原子力安全委員会など、計三十五機関の約二百三十人も、また国会の同意を必要とするらしい。さあ、どうなるか。

首相指名や予算および条約につい

ては、衆院での議決が参院に優越する。また法案についても、参院で否決されたところで、消滅せずに衆院へ戻され、衆院で三分の二以上の賛成で再び可決し、成立させる道が残されている。

しかし、同意人事についてはこのような起死回生の規定はない。それゆえ、内閣の指名が参院で野党の反対により否決されれば、その人事は葬り去られる次第となる。

日銀総裁の地位はこれまで、大蔵省（現・財務省）からの転身者と日銀生えぬきとが交替で就任するのを慣例としてきた。ただし、大蔵省から来た総裁の下には、生えぬきの副総裁が小判鮫《こばんざめ》の如く貼りついて、総裁を事実上棚上げする方式が続いている。

民主党は、〇三年の日銀人事の際、生えぬきの福井俊彦総裁、財務省出身の武藤敏郎《としろう》副総裁、御両人の就任に反対するなど、〇三年から〇九年六月までに約二十件、延べ四十二名の同意人事に反対している。

このため、首相が指名しても、民主党など野党が反対すれば、必然的にその人事は消滅すること間違いない。結局、民主党が同意人事の主導権を握ること必定《ひつじょう》であるから、今後は、民主党の了承が得られるであろう人選を考えるしか打つ手がないので、官僚OBへの眼差しは特に厳しくなるだろう、との見通しが政府内でも語られている。

それゆえ、官僚に冷たい安倍晋三の政治力を低下させるため風を吹かせた奮励努力が、逆に官僚OBの、重要ポストに天下る機会を減らす方向を生むのかもしれない。

このたびの選挙結果で、安倍憎しの官僚や安倍嫌いのメディアは有頂天《うちようてん》となり、自分たちの職能に自信を強めたであろう。そして今後は、寄り合い所帯の民主党をコントロールしようと、手ぐすね引いているのかもしれない。

しかし、上層官僚およびメディアの企図によって、勝ち得たのかどうかは甚だ疑問である。近いうち、予想せぬ結果になった、と臍《ほぞ》を嚙む日がめぐってくるであろう。

政治が人を狂わせる

むかし井戸塀《いどべい》政治家と呼ばれる惨《みじ》めな人種が全国に少なからず見受けられた。政友会なり憲政会なり特定の政党に肩入れし、維新の志士を気取って奔走するうち、家屋敷まで人手に渡った素寒貧《すかんぴん》を指す。政治が血を騒がせ人を狂わせる成り行きは今も変わらない。近くは藤山愛一郎の運命が格好の教訓となるであろう。

新聞社がこのたびの如く政治狂いにのめりこむと、いずれは適切な地にそびえる本社ビルが、駅近ゆえ高級マンションに変身する日が来るに決まっている。

遥か以前から、貧《ひん》すりゃ鈍《どん》する、と言い伝えてきた。すべての新聞が目下ジリ貧に向かっている衰退は周知である。今は押し紙、つまり販売店に実際の購買者数を遥かに越す無駄な新聞を引き取らせ、それによって架空の部数を喧伝《けんでん》してなんとか面目を保ってはいるものの、新聞事業の近未来は確実に暗い。

そういう切所《せっしょ》にあっての政治狂いは、とうてい正気の沙汰とは認められぬではないか。今からでも遅くはないから、足を洗って出直しなさい。

週刊誌もまた本来の姿に戻るべきである。財務省の邪《よこしま》な意図的漏洩《リーク》をうやうやしく頂戴して、みずからは抜け駆けスクープと信じているようでは、とうてい記者魂とは評価できない。

ネタは持ち込みを待てばよい、記者は足を棒にしなくてもよい、薄汚い醜聞《スキャンダル》でも意表を衝《つ》きさえすればよい。そのようなノンキ節がメディアを席巻《せっけん》するとき、日本文化の行方は果たしてどうなるのであろうか。

たにざわ えいいち
関西大学名誉教授。一九二九年、大阪市生まれ。関西大学大学院博士課程修了。専門は日本近代文学、書誌学。社会評論にも幅広く活躍。サントリー学藝賞、大阪文化賞、〇四年には『文豪たちの大喧嘩―鷗外・逍遥・樗牛』（新潮社）で読売文学賞を、〇六年には『紙つぶて 自作自注最終版』（文藝春秋）で毎日書評賞を受賞。著書に『人間通』（新潮選書）など多数。二〇一一年、逝去。

『諸君！』一九八三年四月号

なぜ虚報批判に答えないのか
朝日新聞は日本のプラウダか？

渡部昇一
上智大学教授
香山健一
学習院大学教授

朝日から来た「脅し状」

本誌　渡部先生も、香山先生も、教科書検定誤報事件をきっかけにして、それぞれ新聞批判の論文を発表されたわけですが、それに対して朝日新聞社から、渡部先生の場合は「反論」の形で、香山先生の場合は「抗議書」という形のものがきたわけですね。それに対して今度は両先生とも二度にわたって、朝日新聞社に質問書を出された。渡部先生の場合は『諸君！』の新年号で、「朝日新聞への公開質問14ヵ条」、二月号でさらに、「朝日新聞はなぜ回答しないのか」をお書きになった。

香山先生の場合は、『文藝春秋』十一月号に、「新聞記者の理を問う——教科書問題誤報事件・情報汚染のメカニズム——」、二月号で「『新聞権力』よ、驕《おご》るなかれ」をお書きになった。その過程で、朝日新聞から来た「抗議書」に対する「質問書」及び「再質問書」を二回お出しになっているわけですね。

しかるに両先生とも、朝日からいまだにナシのつぶてというか、返事が来ない。

きょうは、その半年に及ぶ朝日新聞とのやりとりを振り返っていただきながら、新聞の体質や新聞倫理などについて、大いに論じ合っていただこうということでお願いしたわけです。

渡部　昨年の秋でしたか、たまたまある会があって、香山先生と一緒になったんですね。そうしたら、「きょう、こんなのきてましたよ」って、朝日新聞からの「脅し状」見せてもらいましてね。

香山　ああ、そうでしたね（笑）。

香山健一氏　（写真提供／共同通信社）

渡部昇一氏　（写真提供／共同通信社）

渡部　あれは、香山論文の「天声人語」批判が「初歩的な事実誤認に基づく中傷」であり、この中傷によって、朝日新聞「天声人語」の「名誉が著《いちじる》しく傷つけられた」とかというものでしたね。

香山　その通りです。私の書いた『文藝春秋』十一月号の「新聞記者の倫理を問う」のなかの「天声人語」批判のくだりが、「初歩的な事実誤認に基づく中傷であり、この中傷によって『天声人語』欄の名誉が著しく傷つけられ」たので、執筆者である香山教授ならびにこれを掲載した文藝春秋に対して、重大な決意をもって抗議します。「早急にこの事実誤認に基づく中傷を撤回し、名誉回復の措置をとられることを要求します」というものだったのです。

この「重大な決意をもって抗議します」とか、「早急にこの事実誤認に基づく中傷を撤回し、名誉回復の措置をとられることを要求します」とかいう文章のスタイルは、普通、法律の世界では、「早急に謝罪して、名誉回復の措置をとらない場合には、名誉毀損《きそん》の告訴をするぞ」という意味、つまり名誉毀損の訴訟をおこす前の、事前警告の文体に多いものなのですね。これを黙殺したり謝罪しなかったりすると、いよいよその次の告訴状がやってくるわけです。

渡部　仰々《ぎょうぎょう》しいですね。

香山　その「抗議書」の本文に続いて、将来告訴状の論理を構成することになるかもしれない「事実誤認」の説明文があり、そのなかに例の「綱引き」の比喩《ひゆ》や「かけ声」の話で、私の「天声人語」の読み方は間違っている、こう読むべきだという話が出てくるわけです。仰々しい割には、ばかばかしい(笑)。

渡部　中傷という言葉で思い出しましたけれど、これは前に「赤旗」とサンケイの喧嘩のときにありましたね。共産党側は、よく「誹謗《ひぼう》中傷」という言葉を使う。向こうが悪口言うのは批判なのに、こちらが批判すると必ず「誹謗中傷」なんです。この奇妙な論理のすりかえを、香山さんが鋭く指摘なさったことがありましたね。あれは左翼攻撃に対する画期的な批判の図式であると思いました。批判された時に「誹謗中傷された」というのはつまりは左翼用語なんですね。

共産党の言論弾圧に酷似

香山　あの共産党による言論弾圧事件というのは共産党側が敗訴を続けながら法廷で争われているわけですが、最初サンケイ新聞、日経新聞などに載った自由民主党の意見広告の中で、自由民主党が共産党の民主連合政府綱領を批判したわけですね。政党が相互に他党の綱領や政策を批判し、論争し合うのは自由社会では当然のことなのですが、それに対して共産党は、「誹謗中傷」「名誉毀損」であると抗議し、訴訟を起こしてきたわけです。

しかも、その告発の対象は、意見広告を出した自由民主党ではなく、その広告を掲載したサンケイ新聞一社なわけです。共産党が自由民主党を告訴するのではなく、サンケイ新聞だけを告訴してきたことにも、共産党の言論弾圧戦略の性格が明確に表われている。しかも新聞労連などは、こともあろうにサンケイ新聞の側に立って言論の自由を守るたたかいをするどころか、共産党支持のキャンペーンを張った。

ところで「誹謗中傷」「名誉毀損」という論理は無謬性《むびゅうせい》の神話、つまり、共産党の民主連合政府綱領が絶対に正しいもの、誤りなきものだという大前提に立たない限りはなりたたないわけですね。

自由民主党の共産党批判が「誹謗中傷」「名誉毀損」だというのなら、共産党の自民党批判なんていうものはそれこそほとんど全て「誹謗中傷」「名誉毀損」になってしまう(笑)。

実は、ここが大変重要なところで、言論の自由を認め、複数政党を認め、意見の多様性を認め、事実についても、評価についても、いろんな見方があり得るんだということを認めるか、認めないかの違い、「誹謗中傷」「名誉毀損」という言葉を乱用するか、しないかの違いになるのではないでしょうか。

渡部　そうですね。

香山　ですから朝日が送りつけてきた「抗議書」の論理、思想、文体そのものが、実は先の共産党の言論弾圧事件にも共通するある体質を、よく表わしていると思うんですね。「誹謗中傷」「名誉棄損」といった途端に、言論の場における自由な論争はなくなるんです。あとは法廷における訴訟、裁判しかない。

実績と経験則から脅しを

渡部　ふつうだったら、ああいう抗議書を受けた編集部は「それじゃ、ひとつ勘弁してくれ」とか「もうあの筆者には書かせないから」みたいなことで腰砕けになっちゃうのかもしれませんね。

香山　だから「抗議書」を出して威嚇すれば、これまではかなり効果があったんですよ。その実績と経験則に従って、今度も脅しをかけてみた。

しかし、それがこれまでのようには効かなくなったところに、世論の成熟と自由民主主義の定着と進歩がある(笑)。筆者だって、「誠に申し訳ありませんでした、以後、言葉を慎みます」とでも謝罪すれば、それで、朝日は満足したでしょう。

渡部　でしょうな。それで一本取ったと……。

香山　しかし、今度の場合、私の方には、いったいどこが「初歩的な事実誤認に基づく中傷」であり「名誉毀損」なのか、いくら考えても全然思い当たるところがない。ですから謝罪しようがないんです。そこでいったいどこが該当箇所なのか、朝日新聞に質問したわけですね。

ところが、そんなことを質問されるなどとは思ってもいなかったのかもしれない。とにかく未だに返事がないわけです。「中傷」だ、「事実誤認」だと自分で叫んでおいて、それではどこが「事実誤認」なのかと質問すると答えられないというのでは、言論機関として少々ひどすぎると思う(笑)。

渡部　『文藝春秋』といえば、ナショナル・マガジンのナンバーワンですね。しかも〝背中〟にまで刷ってあるわけだ、香山さんのあの反論は……。それに対してまだ一カ月も返事がないわけですか?

香山　全くなしです。新聞倫理は地に墜ちたという感をますます深くしますね。困ったことです。

渡部　ということは、少し世の中を侮辱しているんじゃないかな。単なる論争じゃなくて、脅し文書をよこしたのに対する質問の返答ですからね。

香山　私は例の『文藝春秋』の論文にも書きましたけれども、もともと人間というものは、全智全能の神ではないので、誤りを犯し易い存在だと思っていますからね。けれども、あの「抗議書」を受け取ったあと、何度あの文章を読み返してみても「事実誤認」について思い当たる節がないわけです。

だから私の論文の一体どこが「事実誤認」なのか、どこで朝日新聞の大切な「名誉」を傷つけたのか、もう少し的確にお答え願いたいという、ごく常識的な質問を五つの点についてしたわけですね（笑）。

ところが一カ月たっても返事がこないから、もう一度念を入れて「再質問書」で回答を促《うなが》したんです。向こうさんも忙しくて返事が遅れてるのかもしれないと思いましてね。

しかし、それから一カ月近くたっても回答がこないまま年を越しそうだったので、それではもうそろそろ読者に事の顚末《てんまつ》を打ち明けて、私と朝日新聞のいずれに理があるか、世論の判断に委《ゆだ》ねるしか方法はないと思い、論文発表に踏み切ったわけです。

渡部　それでもこないの？

香山　こないんですねえ。ただ、朝日の先輩ですとか、中堅・若手の優秀な記者たちとか、他社の新聞記者も含めまして、予想以上に広範な支持や激励のお手紙をいただきましてね。私は、まだ朝日内部には健全な良識と立ち直る力があると、大変心強く思った次第です（笑）。

記者が調べるべきこと

渡部　私のに対しても、最近会った方も、妙に弁解がましいようなこと言うんですよ。ただ、この場合ちょっと狂ってると思いましたのは、「新聞社というのは、とにかく間違うことも多いんです」と、こういう謝り方なんですね、個人的に……。でもそんなことはもう十月号で終わってるんですよ。

香山　そこが根本問題の一つですね。

渡部　つまり誤報問題などは、「萬犬虚に吠えた教科書問題」で終わったんですよ。それ以後なんですよね、ほんとの問題は。

月刊の『潮』で本多勝一《かついち》氏なんかが目茶苦茶な〝反論〟を書いてるわけ。わずか数ページの論文に、ざっと数えただけで、十回ぐらいこちらを、「ばか、ばか、ばか、ばか」と言ってる。見てますと、大体十月号から十一月号にかけてのことに対する答えみたいだけど、実際は私の論文に対する反論じゃなくて、私個人を「ばか」と言ってるだけのものなんです。

◉記憶に残る朝日批判記事

だから強《し》いて言うとすれば、社会部長の中川昇三氏が答えにくけりゃ本多勝一氏でもいいと思うんですよ。彼が筆をとって書いた唯一の人ですからね。内容のある反論をしていただければ、こちらも真面目に応じたいと思う。

香山　言論には言論で応ずるべきです。ところが、真正面から正々堂々の自由な論争をしない、あるいはできないという陰湿な体質の人がよくやる行動様式としては、この論争とは全く別なところで、例えばでたらめなスキャンダルをデッチ上げて、人々がこの論争を忘れた頃になって、キャンペーンを張って個人攻撃をしてくるという手口ですね。

　現に「渡部、香山など新聞批判をする学者の身辺を徹底的に洗ってやれ」などと「怪気焔《かいきえん》」を挙げて顰蹙《ひんしゅく》を買っている社会部記者もいるという未確認アングラ情報さえ流れている始末ですからね。

渡部　いままで世の人々が新聞を恐れたのは、新聞と議論するのを恐れたんじゃなくて、議論では勝つ見込みがあっても、どこかでいいかげんな個人攻撃やデマ宣伝の仕返しなどをされたらかなわない、というんで随分遠慮してきたんじゃないですか。

香山　だけど、われわれも長年新聞代を払って新聞記者を食わせてやっているわけですからね。その新聞代が、われわれの個人攻撃やデマ宣伝の軍資金に流用されたのではかなわない。

　そんなことに大切な新聞代をムダ使いするよりも、新聞記者が真面目に調べるべきことはまだまだ沢山ある。例えばレフチェンコ証言の内容とか信憑性《しんぴょうせい》とか、背景とかね。朝日はレフチェンコ証言を、「萬犬虚に吠える」って書いたわけですね。レフチェンコがアメリカで記者会見をした翌日、ろくに調べもせずに「虚」だと断定した朝日の調査能力は、これはもう相当立派なものだと感心してしまう……（笑）。

渡部　おそらくそれは朝日がレフチェンコ証言の内容を知ってたから、「虚」ととにかく断じておかなくちゃと思ったんじゃないですか。

香山　レフチェンコの対日マスコミ工作の内容は、米議会での証言を聞くまでもなく朝日は十分に知ってたということですか、なるほど、それなら話の辻褄《つじつま》が合いそうな気もする（笑）。

渡部　皮肉に言えば、そうとしか考えられない。

香山　しかし、それにしても教科書検定に関する報道が虚報であったことを認めるのにかかったあの長い時間と、レフチェンコ証言を虚報だと断定するあのすばしこさの差は、あまりにも激しすぎますね。

重大な作為が感じられる

渡部　レフチェンコ報道問題でひどいと思うのは、『諸君！』がやって下さったんですけどね、レフチェンコですら不出来といったKGBの「CIA協力者リスト」を使って大真面目で記事にしたんですからね（本誌一月号掲載「レフチェンコ証言報道にみる朝日新聞の虚報」参照）。

香山　レフチェンコ自身が米議会証言で、はっきりとKGBさえも「役に立たない」と言っていた文書「CIAインサイダー」を選んで、証言全体をデタラメという方向にもっていこうとしている――何か重大な作為が感じられますね。

渡部　権力は堕落しますからね。絶対の権力はまた絶対に堕落する。朝日は戦後、絶対の権力だったでしょう。

香山　その堕落の原因を探究してみることは大切ですね。つまり三権＝立法、行政、司法というのは、相互にチェック機能が働くわけですよ。現に元総理大臣さえも、逮捕されたり、法の裁きを受けたりしているわけですよ。新聞だけが強力な批判勢力を持たずに第四権力をほしいままにしてきたから、かえって腐敗し、堕落してしまった。

渡部　そうですよ。

香山　新聞は批判馴《な》れしていないですね。私は、つくづく思うんですけれども、例えば大学が批判されたら、名誉毀損だと抗議する先生はそんなにいない。逆に皆一緒になって、大学の悪口を言い始めるんじゃないかな。「現在の大学はたかがレジャー産業じゃないか」なんて言われても、「いやあ、全くその通り」とかね。つまり、大学などは、しょっちゅう批判されてますから、批判馴れしてるわけですよ。もっともあまり批判馴れしすぎて不感症になるのも考えものですがね。

渡部　朝日の反応の仕方というのは、あれやっぱり全体主義体質なんですな。

香山　同感ですね。

渡部　だから全体主義諸国に対して、非常に熱烈な愛情を示しますな。

香山　どうも不思議なことですね。

渡部　戦前の朝日だって、政党政治は随分批判しているんですよ。ところが一たび右翼全体主義が出てくると、えらく熱烈支持になってしまう。

戦後は左翼全体主義国に対して、熱烈支持の基本ポリシーを持ってるわけです。だから日本の大新聞、特に朝日は、全体主義的体質が強いですよ。

香山　その通りですね。

渡部　全体主義の一番嫌いなことは、自分を批判する奴なんですよ。ヒトラーは、自分を批判したら殺したでしょうけどね。

日本で工作活動をしていたKGBのレフチェンコ
（写真提供／共同通信社）

香山　日本で根本的に間違っているのは、ファシズムやナチズムというのは、ヒトラーや、右翼や、「右傾化」の話だとだけ思われていることですね。「左傾化」したらそんなものと関係ないと思い違いしているんですけれども、ナチズム(Nazism)というのは、本来国家社会主義(National Sozialismus)の略称なんですからね。国家社会主義が、結局ああいうものを生んでいったわけですから。その体質の根本は右も左も同じなんですね。

自由主義か全体主義か

渡部　国際社会主義か、国家社会主義か、一字違いなんだね。

香山　そのとおりです。スターリンはむしろトロッキーらとの論争でも、一国社会主義路線を選び、国家社会主義の道を進んで、「収容所群島」を作ったのですからね。

　このところ目白の学習院大学の前を通って、田中角栄邸へ毎日のように宣伝カーが押しかけ、交通渋滞をひきおこして、大変迷惑しているわけですが、右翼のシュプレヒコールは「国賊田中角栄は腹を切って死ねー。神国日本を泥沼で汚した角栄は死ねー。警官はそのピストルで角栄を撃てー」とラウドスピーカーでがなりたてるわけです。うるさくて仕事にならない。

　この右翼の発想は戦前の軍国主義者やテロリスト同様、自分と意見の違う人間を「殺せ」「問答無用」ということでしょう。

渡部　そういうことです。

香山　言論の自由を認めない、存在そのものを認めない、とにかく抹殺するということですよ。その手段として役に立ちそうなら、どんな手段でも使うということなんですね。だから、私は、左右両翼のいずれたるを問わず、全体主義というものの基本的なリトマス試験紙は、一口で言うならば自分と違う意見を許容し、尊重するかどうかだと思うんです。

渡部　そういうことです。だから多数党民主主義というのが、なぜ根本的に重要かというのはそこなんですね。

香山　その意味では今度の朝日との論争も、朝日が自由主義の立場に立つか全体主義の立場に立つかの根本にかかわる本質的な問題を含んでいると思うんです。綱引きのとき、かけ声があったかなかったかという枝《し》葉末節《ようまっせつ》の問題ではない。

　私の読み違いだという朝日の「抗議書」の趣旨は、綱引きをするときに、かけ声をかけて引くケースと、かけないで引くケースと、A、B二つのケースがあると、そういう一般論を冒頭に述べてるんだというんですね。

　そのあと「天声人語」は鈴木内閣が発足してからの「現状論」を述べているのに、私が「一般論」と「現状論」を混同しているというわけです。

　「現状論」といったって「政府自民党対民衆の綱引き」など、というものが国立競技場であったわけではないんですからね。あくまでそれは比喩《ひゆ》にすぎないのです。これらの点については、既に詳しく書きましたが、朝日と論争してみて、改めて非常に強く感じましたのは、まず「事実」というものと、事実の「解釈」というものとが、全く区別されてないということですね。

渡部　それが多いんですよ。

香山　ですから「事実誤認」だといって、私に対して「抗議書」を突き付けてるんですけれども、「事実誤認」の説明の文章は、「天声人語」の「読み違い」、つまりは「解釈の違い」と言っているんですね。「事実」の話と「解釈」の話とが混同されてはかなわない。「天声人語」の読み方まで、いちいち朝日新聞に指図されたり言語統制されたんではかなわない。

渡部　それはそうです。

香山　文章は、書いた途端にいわばその人の手を離れるわけですからね。どう読もうが、読者の自由ですね。まして朝日のいうように読め、それ以外の読み方は「中傷」で「名誉毀損」だというのは、私の友人の国語学者、論理学者の意見でも、それはちょっと無理がある。朝日新聞は日本語の能力が相当落ちているのではないかと思われるような無理な解釈ですね。

　しかし私は、にもかかわらずあの

論文でも、「朝日新聞の主張するような読み方は日本語の読み方として絶対にできない」とはけっして言っていないわけです。日本語の読み方について、私は独裁権を持ってると思ってないですからね。

ところが「天声人語」はこう読むべきだ、それ以外の読み方は「初歩的な事実誤認」「誹謗中傷」だとおっしゃる。これではまさに全体主義の発想ですね。

渡部　宗教ならいいんですよ。カトリック教徒が、聖書の解釈権はローマ教皇にあるというようにね。ところが一国にカトリック以外の宗教があるべきでないとなったら、これは話はまた別だね。

主義を信じないやつは敵

香山　ヘブライ大学のJ・L・タルモン教授が書いた『全体主義的民主主義の起源』(The Origins of Totalitarian Democracy）のなかで非常に面白いと思って読んだことがあるんですが、タルモン教授は宗教上のメシア主義が、いかにして政治上のメシア主義に変わっていったかという思想史的プロセスを分析しているわけです。

宗教上のメシア主義である間は、救済というのは心の問題にとどまるわけですが、それがひとたび政治上のメシア主義に変質すると狂信的な全体主義となってしまうというのです。「信ぜよ、さらば救われん」。

ところが信ずるものが、現実的な政治の上の主義主張ということになってきますと、この正しい「主義」を信じない奴は「敵」だということになる。「敵」を抹殺するのは「正義」や「真理」のために止むを得ない、正しい行為だということになり、ここから非人道的な虐殺、テロ、言論弾圧などが「正義」の名において行われることとなる。

渡部　全体主義という言葉は、ぼくは戦後上智大学に入って、ロゲンドルフ先生から習ったんですよ、先々月亡くなられた……。先生は、全体主義の本質を、非常によく教えて下さった。

ところが、いつの間にか全体主義という言葉がはやらなくなったんで、どうもこれ復活する必要があるんじゃなかろうかと思って、ここ二、三年しきりに全体主義という言葉を、ぼくは意識して使っているんですよ。どうも左翼の人は、全体主義という言葉嫌いだね、ヒトラーとの差がなくなるから。

香山　そうですね。だから全体主義の中に、いわば右翼全体主義と左翼全体主義という二つのバリエーションがあるわけですね。

渡部　そういうことですね。

朝日、赤旗、プラウダ

香山　教養としてマルキシズム、コミュニズムをとるか、あるいはナチズムなりファシズムをとるかという違いがあったり、諸悪の根源をユダヤ人に求めるか、ブルジョアジーや帝国主義の手先に求めるかの違いであったり、合理主義と非合理主義をどう位置づけるかなどの違いがありますけど、基本的にはそのいずれもが一元主義であって、自由主義の前提となる多元主義とは異なるということではないでしょうか。

渡部　そういうことなんですね。

香山　その意味で新聞が、「名誉毀損」だ、「事実誤認」だと言って、質問書にも答えないというのは言論の自由、多元主義の否定に通ずることになりかねない。自分の意見だけが「真実」であとは「事実誤認」「解釈の誤り」というのでは「赤旗」が、「唯一の真実を伝える新聞」と自画自賛しているようなもんでしょう。

「プラウダ」というのは、「真実」「真理」という意味です。つまり、真実、真理を独占しているわけです。「プラウダ」に載ったことだけが真実で、ソルジェニーツィンの言うことは虚偽、外国のマス・コミの言うことも全て虚偽なんですね。

渡部　何が真実かの決定権をソ連では、クレムリンが持ってるわけですね。

香山　同様にヒトラーの第三帝国では、ヒトラーとその徒党が、「事実」の認定権と「解釈」の権限を独占していたわけですね。こうした左右両翼の全体主義に共通する誤謬《ごびゅう》と恐ろしさというものが日本の大新聞の多くには判っていない。

その点こそが日本の大新聞の多くが戦争の悲劇からも自由の弾圧の歴史からも何にも学んでいないのではないかと思うところですね。

渡部　しかし、十年前に朝日のあのような形で批判を展開したら、もっとひどい目にあっていたような気はしますね。

香山　そうですね。全体主義と言論の自由との対立関係を考えてみるための想定問題として、もしモスクワで国民が「プラウダ」に対して、「これは事実と違うんではないですか」といって質問したらどうなるかを想定してみるといい。まず絶対に返答はしませんね。そもそも質問書を提出すること自体が怪《け》しからんということになりますね。

渡部　「真理さま」に向かってね。

香山　答える必要のないことなんですよ。それでも答えろというのがいたら、あれはあいつらの勝手な意見だと言うことで片付ける。

渡部　それでも変わらなければ、これはやっぱり精神病院に入れるという工合にソ連ではなるらしい。

香山　ずっと前に事実の報道という問題で朝日を何度か批判したことがあるんです。たとえば、これは昭和四十六年の九月十日の朝日新聞ですけれども、社会面のトップに、「匿名発表に環境庁怒る」と、毒物垂れ流し工場の環境対策について、大きな記事が出たんですね。この記事の趣旨は、毒物垂れ流し工場の調査を通産省がやったのに、企業名を発表しない、怪しからん、これはもう明らかに大企業と行政が癒着している証拠だと叩いているわけです。

　そしてご丁寧にその翌日九月十一日に、「なぜ公害工場を公表しないのか」という社説を出す。この中で、通産省が毒物垂れ流しをしていた工場の名前を公表しないのは怪しからん、と次のように書いているんですね。

「企業も公害防止についての責任を自覚すべきだと思う。人の健康に関わる有害物質を、垂れ流しにすることは、法規制がなくても許されないことである。重金属のような有害物質が、工場廃水に混じることは、何としても防ぐべきだ。それさえもできない状態では、水質基準の生活環境項目の許容限度を守ることはできない」

朝日は公害タレ流し企業

渡部　実に立派な意見だ。

香山　ところが、その二日後に通産省が、この毒物垂れ流し工場名を公表したところ、その中になんと朝日新聞東京本社が入っていたんですよ（笑）。通産省発表の毒物垂れ流し工場の全国リストには「朝日新聞東京本社、千代田区有楽町二丁目1番地」というのがはっきり書かれていた（笑）。こうなると朝日がこの全国リストを載せるかどうかということが大問題になるはずですね。しかし、朝日はこの事実を読者に記事で知らせるということをしなかった。

　全国リスト発表後の九月十四日の朝日新聞社会面の下の方に、小さな記事が出ているだけなんですね。これが弁解めいた社告以外に記事として取り上げた唯一のものなんです。これがまた何と書いてあるかというと、「メンツが大事、通産省豹変、毒物垂れ流し工場いまになって発表」というので六社の社名しか書いていない。そこには勿論朝日の「あ」の字もない。

読者にしてみればあれだけのキャンペーンをくり広げたあとの社告では関係のある話かどうかさえ、判断がつかないわけですよ。これはもう明らかに朝日新聞による環境破壊であると同時に、国民の「知る権利」の侵害であり、それこそ環境汚染と情報汚染の複合汚染と言わなければならないでしょう。

渡部　朝日が毒物垂れ流し工場の全国リストに入ってるということは、どこでお知りになったんですか。まだ、たいていの人は知らないでいますよ。

香山　読売が小さく書きましたし（笑）、通産省に私は問い合わせてみたんです。

渡部　社説で工場名を公表しろと要求しておきながら、朝日がそのなかに入っているとなると、国民にその事実を知らせようとしないというのは全く卑劣ですね。

香山　卑劣かつ無責任ですよ。それからご承知のとおり、朝日新聞社をはじめ新聞各社が公取から排除命令を受けた事件です。これも読者に詳しく知らせるという責任を果していない。ここにその昭和四十九年十月二十四日付の公正取引委員会の「排除命令」のコピーがありますが、そこには株式会社朝日新聞社、右代表取締役広岡知男宛に、「公正取引委員会は、右の者に対し不当景品類及び不当表示防止法、以下景品表示法という。第六条第一項の規定により、次のとおり命令する」とある。

要するに、新聞の拡販競争が、景品表示法に違反してるというので、朝日をはじめ各新聞社に、排除命令が出されたんですね。こういう事実は、一面トップか、社会面のトップ記事にして詳しく報道してくれなければいけないし、フェアではない（笑）。

渡部　そうですね。ですからほかの媒体、たとえばＮＨＫなどは、完全に新聞とは独立のニュースを流して欲しいですね。互いにチェック・アンド・バランスでやるほか仕方がない。

相互批判を新聞同士で

香山　ですから出版社が新聞社を批判したり、論争があったっていいんです。これは言論の自由の発展のためにも、どうしても必要なことなんですね。私は以前から言ってるんですけれど、本来こうした相互批判は新聞同士も積極的にやるべきことなんですよ。

渡部　本当はね。

香山　そのために新聞が沢山あるん

じゃないですか。記者クラブでみんな纏《まと》まってやるんなら、メディアの多様性、言論の自由の意味がなくなって、全員「プラウダ」特派員のようなものです。

渡部 そうですよ。

香山 教科書の誤報事件のときでも、阿弥陀籤《あみだくじ》を引いて手分けをして、他社の記者が調べたことを、完全に鵜呑《うの》みにするか、あるいはほとんど鵜呑みにするというのなら、われわれの税金を使っている記者クラブにあんなに各社多勢いる必要がなくなってしまうわけです。

朝日が今度の教科書問題について、戦前の日本軍国主義を美化するもんだというふうに書いたら、例えば読売は真正面から、朝日のその社説はおかしい、事実と違うといって論争すべきなんですね。

同業他社を批判しないという不文律だと言われてきてるんですけど、それは言論機関としてはあるまじきことです。

渡部 いま内容で争ってるのは、週刊誌であり、月刊誌なんだな。週刊誌は毎週が国民投票、月刊誌は毎月が国民投票で、これは絶対に拡販で売ってるわけじゃないわけですよ。だから週刊誌のプレステージが、じりじり、じりじり上がってる。

香山 渡部先生や私などが朝日とやっている論争は長い目で見ると、日本の新聞同士がやがて論争するようになるためのトレーニングみたいなものかもしれないと思うんですけどね。

渡部 きっと新聞社同士お互いが報道されたくない暗いこと一杯抱えてるんですね。

香山 あれを談合と言わずして、どこに談合があろうか……(笑)。

渡部 ぼくは談合問題のときに、『中央公論』の「経営問題」特集号に、談合こそ日本的経営の本質部分であって、これを軽々に指弾すべきじゃないと書いたんです。建設業者に談合がなかったら、強い業者が少しの損を顧《かえり》みず無茶な値段で注文とれますからもう中小は全部潰れてしまいますよ。それが「各々、その処を得しめる」ということで、中小企業も全部生かされてきたのが談合なんで、廃止はそう簡単にいきませんよと。

「知る権利」が及ばない?

香山 新聞がよくいう「知る権利」ということですがね。この「知る権利」には新聞界にも聖域はないと思うんです。つまり、朝日新聞社の社内のことだけは知らせるわけにはいかないとか、記者クラブの中のことだけは、教えるわけにはいかないとか、朝日の記者ないし朝日の役員の過去の経歴だけは絶対に秘密であるとか、そんなスパイ防止法のなり損いみたいのが、新聞社の中にだけあるというのは、奇怪な話なんですね（笑）。

　看板どおり新聞は「公器」だとおっしゃりたいのならば、朝日新聞という公器の社長、役員、記者などはもちろん「公人」ということになる。

渡部　国民の世論に直接関係ある大企業だから、公人と同じということですよ。

香山　私器であるにもかかわらず公器というのでは、少し嘘偽りが多過ぎますね。

渡部　都合のいいときは公器で、都合が悪くなると、「私企業」に逃げちゃうんですよ。

香山　都合がいいとき「公器」になって、都合が悪いとき「私器」になるものを「凶器」というんです（笑）。クルマが凶器になるときもそういうわけですね。

　一番問題なのは、さっきからの繰り返しになるんですけど、たとえば社説で書いたことが、もう即真実だとか、報道したことが事実だということを盲信したところから、間違いが起こりますね。

渡部　活字に書かれると、ほんとだと思いやすいですからね。特に新聞というものは、そういうところがあります。新聞はたてまえ上は意見という立場でなくて、報道という立場なんですね。しかし実際大きな見出しは、完全に整理部の「意見」ですね。にもかかわらず読むほうには、客観的ニュースとして伝わるという、実に巧妙なるインチキがひそんでいる。

　新聞の見出しというのは、特別に研究に値いすると思うんです。まさにあれは「報道の名を借りた意見」なんです。しかも、内容とまるで関係ない方向に持っていけるものであるにもかかわらず、依然としてニュースという性格を持ってます。だから大きな見出しで間違ったことを言われて、おかしいと思っても、本文をよく見ますと、本文には見出しを部分否定するようなことが書いてあるんです。

見出しによる操作

香山　私は、新聞の誤報、虚報というものにも、いろんな型、いろんな手口があると思うんですね。いまおっしゃった見出しによる操作は、確かにその一つですね。要するに沢山ある中から、ある言葉だけを大きくクローズアップすると、それだけが三つ並べられることによって、別なイメージができてしまうわけですね。

もう一つは、この世の中、事実というのは無数にあるわけですね。例えば百の事実があって、百の事実の中で九十七のことを重く書かないで、三つだけを恣意的《しいてき》に選んで報道することと自体が、すでに誤報や虚報に通じるわけです。たとえば日本のいいことが九十七あって、悪いことが三つあって、三つだけ書いて、いいことを全く書かなかったら、これはやはり誤報になる。

そうかといって百の事実全部はとても書けないわけですから、紙面、速報性の限界もあるなかで、むしろ新聞記者というものは、常にどういうバランスで、どういうサンプリングで記事を書かないと、事実からの乖離《かいり》が大きくなり嘘になるかということを、いつも明確、かつクールに意識した情報心理のプロでなければいけません。

特集 新聞大研究

「新聞権力」よ、驕るなかれ

朝日新聞から届いた「抗議書」をめぐって

香山健一

この反論に返事なし

渡部　これはもうやや陳腐になってきたけどアメリカの巡航ミサイルがどうのって、何でも言えますけれど、その前にソ連のミサイルの話が出なければ、アメリカだけが攻撃用のミサイルを準備してるみたいに読めるのね。両方出さなければ、話にならないんですよ。しかしソ連の新型ミサイル配備の方が時間的には先だ。

香山　ええ。朝日の記事を比較しますと、アメリカのスリーマイル島の原子力発電所の事故などでは一大キャンペーンを張るのに、今度のソ連の原子炉衛星の事故では、とにかくもう汚染は全然心配ないとなぜか、安全性だけを、非常に強調していますね。完全に事実だけを言うんだったら、それと同じような安全性の高さを言わなければならないことが、ほかにいくらでもあったはずなんですけどね。どうも偏見が強すぎる。

偏見の構造

渡部　おっしゃる通り、例えば原子力船の「むつ」の危険性などは、その危険性から見りゃ、もう問題にならないほど小さいでしょうが、しかし、「むつ」のほうはもう危なくて、危なくて、とても大変なんですよ。

香山　それはやはり偏見の構造だと思うんですね。偏見というものがあると、片方は危険に見えて、片方は安全に見える。つまり右寄りは危険で、左寄りは安全というふうな単純な偏見があるために見えたり見えなかったりした例というのは、拾っていくとそれこそ山のようにある。

これももう昔の話で有名過ぎる話ですけども、朝日新聞が林彪《りんぴょう》の失脚を認めることが、先進国の新聞の中で一番遅れたわけですね。有名な昭和四十七年二月十日の朝日の夕刊ですよ、一面トップに「林氏、失脚後も健在」なんてね。

このときはすでに、林彪は、毛沢東暗殺を企図《きと》した極悪人として殺されてしまっていた(または死亡していた）わけですが、AFPが林彪失脚を打電しても、朝日はむしろそれをデマだと打ち消す報道を一生懸命やる(笑)。

渡部　この時はもう死ぬか殺されるかしていたわけでしょう。

香山　そうなんです。林彪はその後の中国共産党の公表によれば、この朝日の「林氏、失脚後も健在」という記事の五カ月前の昭和四十六年九月十二日に、クーデターに失敗し飛行機でソ連逃亡を図ってモンゴルで墜落死亡ということになっているわけです。

ところが、この林彪死亡後も朝日の秋岡北京特派員はなぜか「流説とは食違い—毛主席語録も健在—中国の国内事情」(昭和四十六年十一月二十五日）で、異変を否定し「なおナゾ解けぬ〝中国政変〟説」(同十二月四日）でも、中国政変説に疑問をぶつけて、「林氏の著作、まだ店頭に」と書いているんですね。

渡部　必死になって、弁護してるんだとしか思えない。

香山　この一連の記事を見ていると、とにかく文革の偉大なる指導者であり、毛沢東の後継者であったはずの林彪に対して、あるセンチメントが滲《にじ》み出てるわけですね。こういう記事はいずれも、中国文革礼賛《らいさん》記事を書き続けてきた朝日の記事体質の延長上にあるわけです。林氏は失脚したかもしれないが、とにかくまだ健在だと、もう五カ月に亘る連続誤報の最後の土俵際で頑張ってるような、健気な林彪擁護論ですよ、これは……。

危険な左翼全体主義的発想

渡部　しかし、それはもう少し意地悪く見ると、もの凄い北京政府の体質批判なんだな。普通失脚すれば、消されるという前提でもの言ってるんだから。

香山　語るに落ちてる(笑)。

渡部　そういう毛沢東体制、文革のもとでの中国社会の安定ぶりを必死になって盲目的に支持するという朝日の体質そのものが、もう全体主義シンパですよ。

香山　その通りです。

本誌　四十六年の十二月六日号で『週刊文春』が〝林彪失脚〟という特集記事を書いたんです。それを朝日新聞に広告を載せようとしたんですが、朝日は、「これは載せられない」と言って断った。林彪失脚は、わが紙としては確認できていない。確認できていないことをたとえ広告であろうと載せるわけにはいかん。広告といえども記事の一部になる。中国に対して失礼だ云々《うんぬん》と、こういう話でね。

香山　それが、朝日新聞の一番危険な左翼全体主義的発想なんですね。

渡部　そう、「真実」は自分だけが知ってるという独善と驕《おご》り。

香山　自分たちだけが真実を独占してるという発想ほど、全体主義の特色をよく表わしてるものはないわけですね。

ラッセル卿の「懐疑論集」を引き合いに出すまでもなく、要するに人間というのは、たいした予見能力も情報収集能力もないわけですから、われわれが真実だと思ってることが、どこでどんでん返しがあるか分からない。だからこそ言論の自由と多様性が大切だし、裁判にだって、三審制度や再審請求制度というものを設けてあるんでね、分からないわけですよね。

ところが、それが自分たちはまだ林彪の失脚を確認していない、だからこんな広告は怪しからん、載せるわけにはいかない、という全体主義的発想からは、論争する態度も出てこないし、質問に答えようという態度も出てこない。

渡部　ぼくに関係した雑誌記事でも、朝日は、広告は出さないといったケースがあるんですよ。つまり朝日というのは、つい最近まで、自分が批判されるようなことは、ほかの雑誌の内容としての広告記事でも出さないという強引さがありましたね。

共産党の言論弾圧

香山　当時、ある出版社が、日本共産党の民主連合政府綱領批判の本を出しましてね。その広告の文章に、「民主連合政府綱領を、完膚なきまでに論破した」という趣旨のキャッチフレーズが付いた広告を作ったそうなんです。これをある新聞社へ持っていったところ、「完膚なきまでに論破した」というのが問題になって、そこを直せと言われたというんですね。おそらくこれは、単に新聞社というよりも、例のサンケイの論争があったりしたときでしたから、広告の分野におそらく共産党の息のかかったのがいて、そこのところを注意していたんじゃないですか。この件で、私の意思と、内部の共産党員の意思とが、どこでどうなってるのか分かりませんけど、とにかく事実としてはそれで明らかに訂正要求が出てきた。そうなってくるとこれはもう完全に言論統制なんですね。

　もうだいぶ前の話なんですが、いまの左翼全体主義の体質と通じ合うので言いますと、例の共産党が名誉毀損、誹謗中傷を乱発していた時期のことです。そのとき繰り返された共産党による言論弾圧事件というのは、ずいぶんいろいろなものがありましたね。

　たとえば昭和四十九年一月十三日の東京12チャンネルの「世界の主役」という番組で、チリのアジェンデ政権が崩壊したのちに政権の座についたピノチェット議長のインタビューを放映しようとしたわけです。

　この番組の内容が事前に共産党にもれ、共産党がこの番組の放映を中止せよと政治的圧力をかけてきた。共産党は民主連合政府のモデルと宣伝してきたアジェンデ政権の実態が国民の眼に触れるのをなんとか阻止したかったのでしょう。そこで、放映中止できないのなら、共産党の言い分を二十分間、放映しろということになり、もめにもめた挙句、一分二十秒間、番組の最後のところで共産党の言い分を放映してしまったのです。

　その当時、その種のことが沢山ありましたね。たとえば「ロストウ教授に聞く」というインタビュー番組に対しても、労組や共産党が放映中止の圧力をかける。

　黛敏郎《まゆずみとしろう》さんの「題名のない音楽会」にも、共産党や労組からの政治的圧力がかけられるという状態でした。

これでは文字どおり左翼全体主義による放送検閲《けんえつ》じゃないかと私は憤慨し、猛烈に抗議したものです。

公器として許せない

渡部　正に検閲なんだな。

香山　そのときに先生おっしゃったように、「誹謗中傷」という共産党のよく使う言葉は、実に恐るべき言葉だということを叩いて、一応それなりに言論の自由を守り抜く上で効き目があったようですね。

渡部　あれは当時非常に新鮮で、効き目がありましたね。

朝日新聞初代労組委員長、聴濤克巳
（写真提供／毎日新聞社）

香山　あれ以来、あの言葉は左翼全体主義者もちょっと使いにくくなったんですね。だけど朝日なんか、いまだに使ってるわけです（笑）。

本誌　朝日新聞の幹部は、歴代労組幹部の経験者で、労組幹部でなければ朝日の幹部になれないという話がありますね。

香山　そしてその裏に戦争直後の朝日新聞初代労組委員長、聴濤克巳《きくなみかつみ》氏という論説委員がいた。彼は、ご承知のとおり、その後、産別会議の初代議長になった人物ですね。のちに、「私は共産党員だ」と名乗りをあげて、選挙に出て共産党リーダーとなった。産別会議というのは、例の2・1ストの中心になったところで、当時炭労、国労、日教組、海員組合等を結集しており、要するに戦争直後の労働運動の中心が、朝日だったということなんですね。

渡部　香山さんの研究によりますと、現朝日の幹部たちはずっとその頃の労組の中心人物閥で出来ているんですね。これはみんなに知識として、提供する必要ありますな。共産党自体は全体主義集団ですから、そのイデオロギーを私は認めないけれども、全体主義者にさえも言論の自由を認めてやるというのが自由社会ですね。

香山　自由社会というのは、自由社会を否定しようとする政治勢力やイデオロギーにさえも、自由を認めるわけですからね。

渡部　だから右翼にも言論の自由を認めるべきだし、共産党にも言論の自由を認めるべきだと思うんです。しかし、朝日のような大新聞が、社是で不偏不党を唱えながら共産党やその全体主義体制を支持するかのごときキャンペーンを展開することは「公器」として許せないことです。

だからぼくはいまの教科書問題とは無関係に、朝日に何カ条か問い合わせたきことどもがあるわけですよ。いつか機会を見て、公開質問状の形でね。たとえば現在の共産主義国家を、朝日はどう考えているかということです。

新聞倫理綱領を守れ

香山　朝日新聞綱領というのは、たとえば、一に「不偏不党の地に立っての言論の自由を貫く」といってるわけです。あるいは、「真実を公正敏速に報道し」とか、「常に寛容の心を忘れず」とか、「品位と責任を重んじ」とか、いろいろと言ってはいるわけです。これにほとんど全部違反してますがね。

昭和二十一年に新聞協会の手で新聞倫理綱領が制定されて、その後若干、補正されていますけれども、この中には非常に重要なことが幾つか言われていまして、たとえば「報道、評論の限界」というのは、「新聞の自由」との関係で非常に大事なことだとして次のように言ってるわけです。

「(イ)、報道の原則は、事件の真相を正確・忠実に伝えることである」。たとえば、この前の教科書誤報事件は、明らかにこの「正確・忠実」の原則に違反してるわけです。

「(ロ)、ニュースの報道には、絶対に記者個人の意見を差し挟んではならない」。つまり、記者が、あのイデオロギーが好きだとか、あいつは気に入らないとかいうことをやってはは絶対にいけないわけです。

渡部　変な見出しも、それに入りますね。

香山　ええ。新聞倫理綱領にはまた「(ハ)、ニュースの取り扱いに当たっては、それが何者かの宣伝に利用されぬよう、厳に警戒せねばならない」というのもあるわけです。ニュースの取扱いというものは、常にそういう危険を持っている。

渡部　市川房枝女史に関する報道なんか、まさにそうだった。

香山　とにかくよほど注意していないと、何か宣伝に利用しようという動きが必ずといっていいほどあるわけです。党派的なものもあるだろうし、そうでないものもね。

「(ニ)、人に関する批評は、その人の面前において、直接語り得る限度に留むべきである」というのもある。これはいま全然守られてないですね。

「(ホ)、故意に真実から離れようと

する片寄った評論は、新聞道に反することを知るべきである」(笑)。随分と厳しいことを言ってるんですが、これなども私は自由主義者として大歓迎ですね。

渡部 大賛成ですな、ほんと。

香山 これらの諸項目が守られてさえいれば、今日の新聞に対して、私は批判することは、あんまりないと思うんですね。

渡部 ないです。ほんとに。

香山 だからこの前書きましたけど、ヴォルテールが言ってるように、あなたの意見に私は反対だと、しかし、あなたが意見を言う自由というものが、もし奪われそうになったら、自分の命を賭してもあなたを守るというのがリベラリズムの根本でしょう。

私はもっとこの新聞倫理綱領を守れという国民運動が、起こってしかるべきだと思うんですね。これを守ってない新聞が、憲法や政治倫理を守れなんていうのは、相当におこがましい(笑)。

新聞の「公平性」調査

渡部 ところで、反核運動はどうなりましたか。あまりこの頃言われませんな。

香山 言われませんね。そのことと関連のある話なんですが、新聞信頼度調査というのを、新聞協会の新聞研究所が、このところ毎年一回やってるんです。

これはどういう調査かといいますと、質問が何項目かありまして、まず「正確性」「新聞は世の中の動きを正確に報道していると思いますか」をはじめとして、「社会性」「日常性」「公平性」「反映性」「品位性」「信頼性」などを質問しているわけです。全国二百地点で二千サンプル、男女十八歳以上を面接でやってる。回答率が、この場合七二・三%ですから、この種の調査としてはまぁまぁでしょう。

答え方のほうはどうなってるかといいますと、①「していると思う」②「まぁまぁだ」③「どちらとも言えない・分からない」④「あまりしていない」⑤「していない」の五段階なんです。調査としては「どちらとも言えない」というのと、「分からない」というのは、本来、別カテゴリーにしなければいけないものですけれども、まあここでは立ち入らないことにしましょう。

それは別として、強い肯定から強い否定まで五段階に分けているのですが、この調査で非常に面白かったのは「公平性」の調査結果なんです。「公平性」というのは、「新聞はいろいろな立場の意見を公平に取り上げていると思いますか」という質問なんですね。それに対して、①「公平だと思う」というのはわずか八%、②「まぁまぁだ」四一%、③「どちらとも言えない・分からない」が二二%、④「あまり公平でない」というのが二一%、はっきり⑤「公平でない」というのが八%あるわけです。

ですからこの結果を見ますと、「公平だ」という「積極肯定」と「公平でない」という「積極否定」が完全に同じなんですね。八%対八%。「まぁまぁだ」というほうが、「あまり公平でない」より多いですから、勿論全体としては肯定側へ寄ってはいるものの、「積極肯定」と「積極否定」とが同じだという事実は、新聞としては重大視しなくてはならない数字だと思うのです。

さらにこれを階層別分類で見て、重要だと思うのは、たとえば学生層をとってみますと「積極肯定」が五%、「積極否定」が一四%と完全に逆転してしまっているわけです。

渡部　はアー、学生がね。

香山　つまり、学生については新聞の公平性に関して、「積極肯定」よりも「積極否定」の方が三倍近くもあるわけです。そして「まぁまぁ公平だと思う」という「消極肯定」が三九%に対して、「どちらかというと公平でない」という「消極否定」が三五%となっている。「どちらとも言えない・分からない」は七%しかないわけです。これを「肯定側」と「否定側」に分けますと、「肯定側」が四四%、「否定側」が四九%となるわけです。学生の間では新聞は公平でないという意見のほうが、多数派なんですよ。

もし私が新聞研究所のこの調査を担当した人間だったら、こういうところを非常に重視しますね。ところがこの調査は全体としてはまぁまぁ信頼されているというふうに楽観視し過ぎているきらいがある。

面白いのは、逆に農林漁業なんかは公平性の肯定率が高いんですよ。学歴別で見ると、学歴が高いほど否定的評価が大きくなるんです。大卒で見ますと、「積極肯定」四%、「積極否定」一三%で、これも四対十三でしょう。三倍以上が否定なんですね。「消極肯定」と「消極否定」は、四一%と三一%で「消極肯定」が、かろうじて一〇%上回っているだけですから、足したって四十五対四十四ということで、大学卒で見たって新聞の公平性の評価は真二つに割れている。

『悪魔の飽食』のデタラメ

渡部　学歴が高いほど新聞の評価が低いというのは面白いですね。

香山　戦前にくらべて新聞を批判的に読む人が多くなったということは、世論の成熟が進んだということで日本社会の将来にとって希望が持てますね。日本の新聞の将来のためにもよいことです。

渡部　本当はね。

香山　だから何書いてもシラケるんだと思うんです。反核キャンペーンでもそうでしょう。投書欄なんか見ていても、やっぱりひところよりは変わってきている。

例の森村誠一氏の『悪魔の飽食』のニセ写真事件にからんで朝日は昨年の十二月二十四日号で「森村誠一氏、交通障害児に三千万円寄付」という記事をのせましたね。これなんかは「何者かの宣伝に利用されぬよう、厳に警戒せねばならない」という倫理綱領の条項に率先違反している(笑)。

渡部　おかしいですねえ。

森村氏が交通遺児に寄付したこと自体、よいことで批判する気はないんですけれども、その前に基本的にやるべきことが沢山あるはずなんですね。三千万円でどのくらいのことができるかわからないけど、まずタイム、ニューズウィークなどの主な記者と会見の席でも設けて「私は間違っていた。あの写真はインチキだった……」と弁明することですよ。ニセ五千円札事件は法の裁きをうけているのに、こちらのニセ写真、ニセの作り話はなんら法のとがめもうけていない。

しかし、『悪魔の飽食』のデタラメが国際的に日本人同胞に与えた被害の大きさは、こちらのほうがくらべものにならないほど大きいですよ。

香山　「赤旗」日曜版であれだけ全国的に配布されたうえに単行本もベストセラーですからね。欠陥商品だとわかったのなら直ちに回収すべきですね。儲かった三千万円の金は本来そういうことに使うべきだ。他の欠陥商品ならみんなそうするでしょう。メーカーが欠陥商品を回収しなかったら、新聞はそれこそ連日大騒ぎして叩きますね。そういう使いわけをするから読者も新聞は公平ではないと思うようになるんですよ。

渡部　『悪魔の飽食』のニセ写真事件や教科書検定誤報事件というのはいわば「情報水俣《みなまた》事件」というべき事件ですよ。しかも『悪魔の飽食』のカバーでこのインチキな本を褒めちぎった人間は二人とも朝日新聞の記者だ。

香山　そこに何か『悪魔の飽食』と朝日との癒着がある。

渡部　筑紫哲也、本多勝一《かついち》の両氏。いずれも朝日が誇る二大スター記者だ。朝日にとって宵《よい》の明星《みようじよう》、明けの明星みたいなもんです（笑）。

　この二人が『悪魔の飽食』を「コペルニクス的な転回の書」だとかいって、言葉を極めて『悪魔の飽食』というニセモノを褒め称えてるわけだ。悪魔の所業を褒めた人間は、やはり悪魔といわざるをえませんね（笑）。

香山　その程度の真実と嘘が見抜けないような人間が、作家とか記者とか、フィクションとか、ノンフィクションなどという言葉を使わないで欲しいですね（笑）。言葉が汚れる。

渡部　もっとひどいのは、森村氏はほとんど証人と会っていないということですね。ノンフィクションなのに……。会って事実を調べると悪魔がいなくなって困るのかな。

香山　社会心理学者のフェスティンガーの古典的概念の一つに「認知的不協和」というのがあるんです。これは、ある偏見の構造をもった人間は、そのなかで安住してますから、そこが崩れると安定を失うわけです。だから偏見の構造を崩す恐れのある情報に対して激しい拒絶反応を示す。そのためにその情報が、耳に入らないんです。証人に会わないというのも、そういうことなのかもしれません。

　新聞の話に戻りますけど、ぼくが直接知ってる朝日の記者が多勢いますけど、それぞれ個人的には立派な人が少なくないんですね。それなのにどうしてこういう状態になるのか――そこが問題ですね。

渡部　そこでぼくは思うんだけど、戦前の日本の陸軍なんて、こんなふうじゃなかったかとね。秀才も多いし、立派な人も沢山いる。負けたら腹切ろうなんて人もいたけども、ごく少数の人間が牛耳《ぎゆうじ》っちゃって、わけのわからない戦争とか、どこで止めるかも決めない戦争を起こしちゃったりしたんですよ。どこか根本がおかしいんですよ。そうするといい人材がいればいるだけ、その社会に対する害は大きくなる。日本の旧軍だって有能な人が大量にいなきゃ戦争にならなかったわけですよ。

香山　そうです。かえって、善人の罪は重いですね。

渡部　ナチス時代のドイツ人だって、個々に会えばよかったと思いますよ。だからいまの朝日の内部のことは知りませんけど、ごく少数の人が路線を決めてると思うんです。この路線に乗って記事を書けば紙面に出るとか。

香山　出世するとかね。

渡部　広岡さんが社長のときには、日中平和のためならば、多少の虚報はしようがないという趣旨のことをいったそうですからね。戦争に勝つためならば、多少のデマはしようがないという参謀本部と同じですよ。

論争の土俵を提供せよ

本誌　最後に、お二人ともこれだけは朝日に答えて欲しいというのがあったらおっしゃってください。

渡部　例の公開質問14カ条を一カ条に絞ってもいいですよ。一番答え易くて、しかも答えて欲しいのは「週刊朝日」に載せたあのインチキ表ですね。あれを作ったのは誰か。それだけでいいですよ。あの表は印刷して載せましたし、素人《しろうと》では作れないというところがミソですね。しかもケアレス・ミスなんていうもんじゃ、けっしてない。

香山　私は、とにかく質問に答えろ、ですね(笑)。答えられないのなら、せめてその理由だけでも答えるべきですね。

渡部　社会部の中川昇三部長が答えられないなら、本多勝一氏でもいいから朝日を代表して答えてくださいよ、と言いたいね。『潮』なんぞの関係ないところでゴチャゴチャ罵《ば》詈《り》雑《ぞう》言《ごん》言わないで、ちゃんと朝日を代表して答えてくれれば『諸君!』は誌面を提供してくれるでしょう。

本誌　もちろんです、掲載するに足る内容のものならば。渡部先生には、「ご意見として承るに留めたいと存じます」と書いてきた。香山先生のほうには、口頭にもせよ編集部を通じて、「あれは意見だから答える必要はない」と、同様の答えなんですよね。ならば、何で最初の論文も、「ご意見として承る」と言わなかったかと……。

渡部　そうですよね、むしろ最初のほうがご意見なんですよ、われわれのは。あとで質問を「ご意見」にすりかえちゃってるわけですよ。

香山　さらに言うならば、朝日新聞が本当に公器なら、こんどの論争についても朝日はみずから土俵を提供すべきですよ。紙面を提供してしかるべきですね。

渡部　教科書問題だって公けの問題ですしね。一面を質問にさいて、一面に回答を出さないとフェアじゃないですね。

逃げる気か、朝日！

安倍晋三
自民党幹事長代理

『諸君！』二〇〇五年十二月号

お手盛り委員会の見解

――NHK特集番組「戦争をどう裁くか」に対して、安倍さんや中川昭一氏らが圧力を加え、改変させたとの一月十二日付報道について、朝日がつくった『「NHK報道」委員会』（以下「委員会」と略）という組織が「相当の理由」があったとの結論を出し、九月三十日、それを受けて朝日新聞の秋山耿太郎《こうたろう》社長が記者会見を開きました。その内容は、取材が不十分だったと認めながら、〃訂正はしない〃という、ひじょうに不可解なものでした。まず、今回の朝日が行った検証についてどのようなご感想をお持ちですか。

安倍　はじめに「結論ありき」で、朝日新聞としては、なんとか幕引きにしたいと考えたのでしょう。そのために利用したのが客観性を装って作られた委員会です。しかし、この委員会のメンバー構成をひとめみれば、とても紙面に謳《うた》われているような中立的な「朝日新聞社が委嘱《いしょく》した第三者機関」（十月一日付）とは思えませんでした。

というのも、社外識者とされる四人のメンバーのうち、原寿雄《としお》（元共同通信編集主幹）、本林《もとばやし》徹（前日弁連会長）、長谷部恭男（東大大学院教授）の三氏は、朝日の「報道と人権委員会」の現委員、もう一人の丹羽《にわ》宇一郎《ういちろう》氏（伊藤忠商事会長）も、四人いる朝日の「紙面審議会」のメンバーだからです。完全な意味での社外識者という「第三者」ではなく、常日頃から朝日と密接な関係にある方々ばかりなのです。「これでは公正・公

自民党幹事長代理時代

平な第三者機関なのではないお手盛り委員会である」という印象を持って当然でしょうし、私もそういう印象を強く感じました。

　実際、どのような結論だったか、別表（245ページ）にもありますが、まず今回の問題の核心のひとつである我々への取材に関する録音テープの有無について十分な追及がなされていません。あれほど詳細なやりとりが紙面化（七月二十五日付）され、また月刊『現代』九月号にも流出しているわけですから、常識人であれば「テープがあるはず」と考えるのが当然です。もしテープが出てくれば、それをチェックすることによって、今まで活字化されていた内容が正しくないことが判明するかもしれない。針小棒大というか、ひっかけるような質問の仕方であったことが明らかになる可能性もでてきます。ウォーターゲート事件のようにテープそのものに改竄《かいざん》の跡が見つかるかもしれない。そんな初歩的な、誰でも思いつくことを全くやっていないのです。

　さらに、委員会は、朝日の本田記者など社内関係者にヒヤリングしただけで、対立する当事者である私や中川昭一さん、元NHK放送総局長の松尾武さんから話を聞くことすらしていない。三人とも、朝日の報道が「事実と違う」と一貫して抗議しているのですから「もう一方の主張も聞きたい」と思うのが自然の流れだと思います。ところが、「事実を聞きたい」という申し込みすらない。委員会のこのような態度には、唖然《あぜん》とするばかりです。

　秋山社長は、そんな委員会の人選について悪怯《わるび》れることもなく「いずれも大変識見があり、かつ、メディアの事情に通じた人で、公正に、客観的に判断をしていただいたと思う」と会見で語っています。一方、委員会も委員会で、九月三十日の会見では、

「真実解明のための法廷や裁判所ではない。誤解のないようにお願いしたい」（長谷部委員）と明かすなど、開き直っているようにも見えます。

朝日のチアリーダー

――というか、ある意味で、もう退却、逃げる気でいるんじゃないですか（笑）。

安倍　そうかもしれません。朝日は何とか世間に対して〝一件落着〟のイメージを作るために体裁《ていさい》を整えなければいけなかったのでしょう。

　なにしろ、朝日新聞の不祥事は、中国新聞からの記事盗用（平成十二年）、『週刊朝日』の地村保志夫妻の無断インタビュー（十五年）、曽我ひとみさん家族の住所報道（同）、慈恵医大取材の無断録音（十六年）、『週刊朝日』への武富士からの資金提供（十七年）、長野総局の取材メモ捏造《ねつぞう》（同）と、近年立て続けに起きています。

　もはや、朝日新聞自体が今回の捏造報道について検証・調査などしても、誰も信用しないという状況ですから、第三者的な委員会を作ることで体裁を整え、「訂正・謝罪の必要なし」で済むような結論を出させようとしたのではないでしょうか。委員の方々は、そんな朝日側の底意《そこい》に迎合し、「朝日のチアリーダー」を買って出たと思われても仕方がないのではないでしょうか（笑）。

――安倍さんに関しては、ＮＨＫ幹部を放送前に呼び出して「偏った内容だ」「一方的な放送はするな」「公平で客観的な番組にするように」（朝日、一月十二日付）と求めたか否かが大きな争点になっていました。委員会の見解ですら、「いつ、どんなふうに呼び出し、それに応じたのかなど、詳細を確認する取材はなされておらず、詰めに甘さが残る。『政治的圧力』があったかどうかを裏づけるうえで、『呼び出し』の有無は重要な要素である」と指摘し、「取材が十分であったとは言えない」と断じています。

　秋山社長自身も「再取材でも裏が取れなかった」と認めています。ところが「真実と信じた相当の理由はある」「否定もできない」という理由で訂正はしないという。

　本来、新聞記者に限らずジャーナリストであれば、裏の取れないことを断定的に事実であるがごとく紙面化してしまったのですから、記者本人が事実だと信じ込んでいたとしても、明確に謝罪、訂正するのが自然です。

安倍　正に、この「呼び出し」の有無が、今回の朝日「番組改変報道」記事の、「圧力をかけたか、かけていないのか」を知る上での核心だと思います。

例えば、放送前に、関係者を呼び出して「放送はするな」と言ったら、それは圧力でしょう。また、「圧力をかけたいのに相手が自分のところに来ない」と洩《も》らして、それが先方に伝わり、相手が慌てて飛んできたというのであれば、これも「間接的な呼び出し」ということになるかもしれません。

しかし、今回のケースの場合、NHK側が予算の説明のためにきて、一連の会話の中でたまたま、その番組の話が出たので「公正・公平にお願いします」という意見を述べたまでです。NHKが与党議員のうち二百五十人程度に予算説明をした（朝日、七月二十五日付）なかの一人として、私は接しただけなのです。この「公正・公平に」という意見が「圧力」になるというのは牽強付会《けんきょうふかい》です。これが「圧力」になってしまうのなら、そもそもNHK側が会いに来ること自体を断らなければなりませんし、向こうが述べたことに対してひとこと

朝日新聞社側の主張

取材についての評価

- さらに裏づけをとる努力が必要だった。真実と信じた相当の理由はあるにせよ、取材が十分であったとは言えない（朝日新聞「NHK報道」委員会・見解）
- 当初の報道内容を裏付ける具体的な事実を確認できませんでした。（略）記事の中に不確実な情報が含まれてしまったことを深く反省しております（秋山社長10月1日付コメント）

安倍氏のNHK幹部「呼び出し」の有無

- いつ、どんなふうに呼び出し、それに応じたのかなど、詳細を確認する取材はなされておらず、詰めに甘さが残る（「NHK報道」委・見解）
- 再取材でも裏が取れなかった（会見・秋山社長）
- 「呼び出し」でなく「会って」と表現しても政治家の影響を伝えることができたし、中川氏の面会は「放送前日」と断定しない方が適切だった（「朝日新聞社の考え方」10月1日付）訂正は出さないのか
- 訂正するかどうかについて、今回の「NHK報道」委員会もその必要はないという意見が大勢でした。委員の個別意見でも、「総括報告等の証言記録は裏づけにはなり、『訂正しない』という判断は理解できる」「社会的有力者が公人として応答した当初の発言より、報道後になされた否定発言の方が信用できる、という合理的根拠は見出せない」との指摘がありました。私たちのこれまでの判断に、ご理解をいただいたと考えています（「朝日新聞社の考え方」同）

「NHK報道」委員会の位置付け

- いずれも大変識見があり、かつ、メディアの事情に通じた人で、公正に、客観的に判断をしていただいたと思う（会見・秋山社長）
- （委員会から）安倍氏に事情を聞くなどはしていない。実態的な真実を解明するための、裁判所ではない（会見・長谷部恭男委員）

録音テープの有無

- 政治家をはじめとする公人やそれに準じる人物の取材においては、対象テーマの重要性に即して、取材の正確さを確保するため、例外的に録音が必要とされる場合があり得よう（「NHK報道」委・見解）
- 取材プロセスは明らかにしないというのが基本的立場。当事者が（公開しても）いいと言っても、取材には第三者について（の情報）など、いろいろな話が含まれているかもしれず、難しい（会見・吉田常務）

今後の対応

- NHK報道問題についての最終対応としたい。やれることはやった。誠意は尽くした。納得できないなら法的な対応を検討して頂いても結構です。（取材対象の）安倍晋三議員らについては、どう対応されるのか見守りたい（会見・秋山社長）

の感想も言ってはいけないことになってしまいます。

ですから「呼び出し」の有無は、まさに事の核心なのです。その証拠に「番組改変報道」の第一報となった一月十二日の朝刊一面には、私が放送前日に事前に「呼び出した」云々《うんぬん》とする記述が、見出し、リード、本文の中に四カ所も出ています（「前日、幹部呼び指摘」「NHK幹部を呼んで」「NHK幹部が、中川、安倍両氏に呼ばれ」「事前に呼び出されたのは初めて」）。

この「呼び出し」云々の有無は、関係者の証言によって証明するしかないと思いますが、私だけではなく、私のところを訪れたNHKの三人全員が一貫して「呼び出しではない」と断言している。そんな状況で自信を失ったのか、TBSの「News23」（二月十四日）に出演したときなど、元朝日記者の筑紫哲也氏が「細かいところでは『呼びつけたか』か『呼びつけないか』という問題があります」などという（笑）。「明らかな核心部分」を否定され困って、問題を逸《そ》らし、古巣を庇《かば》おうとする姑息《こそく》な言い回しでしたが、思わずその意図があらわになってしまったのは愚かだったと思います。一番重大なポイントを矮《わい》小化《しょうか》し、「呼び出しの有無」についてフェードアウトさせようという意図だったのでしょう。

「呼び出し」根拠は何か

――読売、毎日、産経の各社説（十月一、二日付）も、この「呼び出し」の有無について、朝日の対応の杜撰《ずさん》さ、訂正を出さないことについての甘い認識について指弾しています。

安倍　朝日が「呼び出した」とする根拠は何だったのか。

実は、私に対するインターホン越しの取材（十七年一月十日）で、いきなり四年前のことを「内部告発では、01年1月29日の午後、松尾、野島両氏が安倍、中川両氏に呼ばれ、『偏った内容だから放送を中止しろ』と言われたということになっているが」「それで2人を呼んで放送中止を求めたのか」（朝日、七月二十五日付）との質問に出てきた言葉「呼ばれ」「呼んで」が唯一の根拠とされているようです。

私は、休日で休んでいる夜に、インターホン越しで答えたということもあって、「放送中止」云々などという強い言葉の枕詞《まくらことば》として「呼び出した」という言葉があったということなど全く記憶にないのです。少なくとも「安倍さん、NHK幹部を呼び出したんですか」という質問は、本田記者からはありませんでした。

――もしテープがあれば、それを公

開すれば、その疑問点は明らかになるはずですが、朝日は、その枕詞を安倍さんが一つ一つ否定しなかったことをもって、すべて肯定したこととするスタンスです。

安倍　しかし、それは暴論ですよ。例えば、「四年前の五月十三日、少し寒かった夕暮れ時に、あなたはAさんと会いましたね」などと言われても、答えは「いや会っていませんよ」とか「たしかに会いました」となりますよね。しかし、本当は寒かったかどうかが事の核心だとして「あの日は、実は三十度の季節はずれの暑い日だった、それなのに『少し寒かった』とあなたは嘘をついている」といわれるようなものでしょう(笑)。

　また、インターホン越しの取材ですから、私が質問を受けていたときたまたま家内に話しかけられて、一瞬質問の後半部分しか聞き取れていないことだってあるかもしれないですから。

　何度でも言いますが、そもそも私が「呼び出した」などということは一言も言っていない。朝日が、私がNHK幹部を「呼び出した」と四度も活字にした根拠は、所詮、こんなふうに杜撰で、意図的なひっかけ質問による取材に基づくものなのです。

　さらに極端な例を挙げれば、私と記者との取材内容がテープに録られているとして、もし「それで二人を呼んで放送中止を求めたのか」という質問の前半部分「それで二人を呼んで」をインターホンから少し離れたところで吹き込んで、それからすぐにインターホン越しに「放送中止を求めたのか」と質問し続けるという芸当だって可能でしょう。

――まるでスパイの世界ですね(笑)。それだとテープに削除などの偽造がなくても陥《おとしい》れられることだってありえますね。

安倍　運動家ならそんなこともやりかねない(笑)。

朝日が「するわけない」

――そんなぞんざいな取材にもかかわらず、委員会は「真実と信じた相当の理由はある」と結論付け、テープの有無の確認を請求すらしない。

安倍　ですから、非常に驚きました。委員会が、テープについてこれ以上追及すると結論が変わらざるを得なくなるのを恐れたのかも知れませんが……。彼らは「(記事を書いた)本田雅和記者がそんなことをするわけがない」としか反論できないでしょうが、それはまさに朝日や委員会の「思いこみ」で、真実追求のためならば、何事もあり得るという前提で調査すべきなのです。

――サンゴを傷つけた「ＫＹ事件」のことを想起すべきでしょうね。〝朝日の記者がそんなことをするわけがない〟という思い込みが初期対応のまずさにつながった教訓を朝日は忘れているのではないか。

安倍　そもそも、誠実な取材とは、四年も前のことであれば、事前に書面を出して、しっかりと取材相手に事実を思い出してもらい、正確な答えを聞き出すことではないでしょうか。それでは取材先が何か隠そうとするかもしれないと思うのかも知れませんが、今回のようなドタバタした手荒な取材では間違った証言を掴んでしまう可能性の方が大きいと思います。記者であれば、それを当然恐れるのではないでしょうか。

一月十二日付の記事は、朝日新聞社、もしくは本田記者にとって単なる一本の記事かも知れませんが、私や中川さんは、その記事のために政治生命を失ったかもしれないのです。報道から半年以上経過して分かったことは、あの記事は「政治家とＮＨＫの距離」が主題ではなく、正に私と中川さんの政治生命を失わせようという下品なトーンの攻撃記事だったということです。

そういう記事であったにもかかわらず、「当初の報道内容を裏付ける具体的な事実を確認できませんでした。とくに『呼び出し』については委員会から『詰めの甘さ』を指摘されました」（秋山社長）と述べておきながら、本田記者の処分もなし、私への謝罪もなしというのでは、報道機関としての倫理観を既に放擲《ほうてき》しているといってもいいでしょう。

――謝罪や訂正をしない根拠として、秋山社長は「（安倍氏ら）三人が証言を覆した」とした上で、「最初の証言が正しいのか、後の証言が正しいのかを詰め切れる材料を持ち合わせておらず、最初が正しかったと信じてそれを裏付ける材料を探したが出てきていない。さりとて、後の証言のほうが正しいという事実も確定されていない」（九月三十日会見）としています。

安倍　私は一切、発言を翻《ひるがえ》していません。そもそも、私は「呼び出した」などと言ったことは一度もありません。秋山社長の言っていること自体が事実に基づかないわけで、秋山社長も記者として失格（笑）、それでよく社長が務まるものだと思います。

公正な報道とはなにか

――取材に対して、安倍さんは先述の通り、一貫して「公正な報道をしてください」と言ったと発言しています。これは、朝日の検証記事などを読んでも明らかですが、朝日の手にかかると、これが「圧力」になってしまうようです。

安倍　「公正な報道をしてもらいたい」と意見するのは、国会議員として当然です。ちょっと考えてみてください。もし、ＮＨＫや民放テレビが、逆に極めて保守的な政権寄りの報道をしようとしていて、野党議員が「公正な報道を」と求めたら非難するでしょうか。恐らく批判するどころか、「よくやった」と言うのではないでしょうか。

　実際に社民党は、テレビ朝日の報道局長に宛てた「テレビＣＭに関する質問状」(十三年六月二十六日)の中で、同党のＣＭが一部カットされて放映されたことに対して、「(それまで同党は)公平・公正なる報道をお願いしたつもりです」と指摘しています(笑)。これは「圧力」なのでしょうか。極端な例でいえば、ＮＨＫが殺人を肯定する番組を制作しようとしているという情報が耳に入ったら、当然「報道機関として公正な報道をしてくださいね」と言うでしょう。ですから、私が番組に「圧力をかけた」と言う方々は、「女性国際戦犯法廷」を支持したいという左翼的な視点に立っている方々で、とても中立的な立場からの批判とは思えません。

——朝日新聞の発想からすると、与党の権力者がマスコミになにか言うことは「戦前のような言論弾圧だ」と短絡的に結びつけ、一方で野党なら少数派だから少々の圧力をかけても問題はないということなのかもしれません。

安倍　もちろん、権力を持っている側は、報道の自由に対して常に尊重する立場をとり、自分の発言が圧力になるのかどうか、抑制的かつ謙虚な態度を取らなくてはいけません。しかし、今回の「公正・公平」という発言については、これは圧力になるわけがない。

——七月二十五日の再取材後の報告記事で、横井正彦・前社会部長は「今回の再取材で、記事の描いた『政治家の圧力による番組改変』という構図がより明確になったと考えます」と総括しています。

　ところが九月三十日の委員会の見解では、「『政治的圧力が番組編集に少なからぬ影響を及ぼした』などの表現の方が適切だったのではないか」と疑問を呈しているのです。

安倍　「記者の側に『呼ばれたに違いない』という思いこみがあり、詳細に事実を確認していくという詰めが甘くなった」(「本林徹委員の意見」十月一日付)という意見も委員から出されています。お手盛り委員会でも、この程度の「公正・公平」な視点を指摘しているのに、朝日は「訂正しなくてもよい」という都合のいい結論部分にだけ飛びついている。やはり「はじめに結論ありき」なのです。体裁を繕う意味で、委員会や委員によるこのあたりまでの批判は一応甘受しようという戦術なのかもしれませんが……。

うやむやのテープ問題

――委員会の見解は、取材の録音について、「一般に無断録音は、取材対象者との信頼を損ないかねず、認められるものではない。しかし、政治家をはじめとする公人やそれに準じる人物の取材においては、対象テーマの重要性に即して、取材の正確さを確保するため、例外的に録音が必要とされる場合があり得よう」としています。朝日の社内倫理規定では、無断録音は禁止されているにもかかわらず、それには触れずに、取材相手によっては、さも録音が肯定されたかのようです。

安倍　とても卑怯《ひきょう》なやり方です。昨年（二〇〇四年）の慈恵医大の事件では無断録音した記者を処分し、「今後、一切無断録音はしない」と内規で決めました。いわば朝日新聞社の〝法律〟です。今回の本田記者も無断録音したのは間違いないのです。

しかし、録音していないとなると、記事の信憑性《しんぴょうせい》がさらに薄れてしまう。一方、録音していたことを公表すると内規に反していることが公になってしまう。こういうジレンマが続いているのです。そこで、お手盛り委員会を使って、あえてテープの有無は示さず、一方で万が一に備えて無断録音したことに対しての免罪符を与えてもらう、という構図ではないでしょうか。

先述の通り、テープは簡単に改竄できます。聞いていて不自然かどうかということも含めて、本来は委員会が専門家に渡して調べてもらうべきなのです。ところがそれも求めず、親切に〝いや、録音ということもありえますよ〟と言ってくれているのです。

――委員会の見解からいえば、これからの朝日新聞は常に公人に対しては録音する、ということになります。

安倍　ただ、その録音するか否かの裁量権は誰にあるのか。現場の記者にあるのでしょうか。でも、話を聞いている途中ではじめて重大な発言が出てくるかもしれない。結局はインタビューをする前にその取材は録音すべきかどうかを社内で議論しておかなければならなくなるんじゃないですか。しかし、恐らくそんなことはできないでしょう。ですから、今までの朝日の「法律」を変えるのなら変えるで、それ以前に「法律」に反した者は当然処罰しなくてはいけないでしょう。委員会の見解と、朝日がこの件で今後実際どう対応するかは、分けて考えるべきでしょう。

流出はやり取りだけか

——九月三十日の会見では、月刊『現代』九月号に取材資料が流出した不祥事についてのみ管理責任者の処分があり、秋山社長が報酬五〇パーセントを三カ月間自主返上するほか、吉田慎一常務取締役や横井社会部長が更迭《こうてつ》されました。

安倍　流出した取材資料はインタビューのやりとりだけなのでしょうか。朝日の検証記事（七月二十五日付）に「安倍氏宅のインターホンと同機種の場合、通常約3分間で自動的に切れ、会話を続けるには再度押す必要がある仕組み」とあり、月刊『現代』にもインターホンが「三分で自動的に切れる仕組みになっていた」との記述があります。朝日はインターホンの種類、製造メーカーまで調べたようですが、私の自宅のインターホンはドアロック解除のシステムと一体になっているのです。

つまり、もし、インターホンの機種名も外部に流出したとなれば、自宅のセキュリティーにもかかわる重大な問題です。防衛策として、自宅はドアロックのシステムを変えなくてはいけないと考えています。そんな個人情報の流出まで引き起こした恐れのある不始末をしでかしながら「実行犯は分からない」といってお茶を濁しています。

例えば、A社が欠陥商品を作って、その欠陥が原因の事故で亡くなった方がいたとする。A社がその欠陥の原因を究明した結果、「どの工程に問題があったのか、誰が関わっていたのかも分からない」などと記者会見したら、朝日は鬼の首を取ったように批判するでしょう。この事実ひとつとってみても、いかに朝日が身内に甘いか分かります。今回の一件で朝日は、このような企業の不祥事などのケースを批判する資格を失ったと言ってもいい。

内部の極めて重要な情報が安易に外部へ流出し、そのルートが解明されないということは大変な危険をはらんでいます。この程度の個人情報管理ですから、一般の購読者の口座番号や住所、電話番号なども含む個人情報が流出する可能性だって当然あるでしょう。私の多くの友人も、それを危惧《きぐ》してか、朝日新聞の購読を中止しました。

——毎日新聞の社説（十月一日付）でも「社内の流出元を突き止められな

いというのは、まず取材のプロとして失格ではなかろうか。しかも、この流出はジャーナリズムの自殺行為にも等しい深刻な問題なのである」と断じていますね。

　朝日新聞は、一連の不祥事について「これらの問題は一つひとつ性格も原因も違う。しかし、こうも続いて起こると、何か構造的な問題があるのではないかと感じざるをえない」（八月三十一日付社説）と、まるで他《ひ》人事《とごと》のように論じています。

安倍　築地の警察署にでも届け出て、捜査してもらった方がいいんじゃないでしょうか（笑）。

――犯人を突きとめた警察官を記者にスカウトするといいかもしれません（笑）。

安倍　それにしても、朝日の構造的な問題、特異な体質を考えるとき、「番組改変報道」問題については、「女性国際戦犯法廷」と朝日新聞社の関係をもう一度確認しなければなりません。

　そうみると、当事者と、それを報道する「報道機関」という中立的な関係ではなく、事実上、一体化し、寄り添っている関係であったのではないか。同法廷の主催者の一人、故松井やより氏は朝日の元編集委員、それを報じたのが松井氏にあこがれて入社してきた本田雅和記者。二人は示し合わせて……、こういう構図が浮かび上がってくるのです。

公安関係者から事前に情報

――本田記者は同法廷が開催された二〇〇〇年当時から一貫して肯定的な立場で署名記事を書き続け、松井やより氏から同法廷について「ちゃんと記事にしてね。きちんと報道してね」と依頼された事も自ら明かしています（「女性・戦争・人権」第六号）。

安倍　さらに同法廷には、北朝鮮の工作員が検事役として参加していますが、北朝鮮との関係についても疑いたくなることは、他にも山ほどあります。「番組改変報道」の一報記事は一月十二日に掲載されましたが、ちょうどその時期は、横田めぐみさんの「遺骨」が偽物だったと判明した（十六年十二月八日）直後で、北朝鮮に経済制裁を求める世論が一気に強まり、私や中川さんが厳しく指弾していた時期です。まさにこのときに、ねらい打ちのように私と中川さんが攻撃されたのです。

　はじめて明かすことですが、私は「番組改変報道」が出る直前の一月のかなり早い時期に、ある公安関係者から「北朝鮮シンパの組織から、肉体的な攻撃ではなく、マスコミを通じた謂《い》われもない攻撃があるかもしれない。気をつけてください」と忠告されました。それが、今回の一件と偶然の一致なのかどうか分かりません。

少なくとも、この法廷には北朝鮮が荷担し、当時、平成十四年の小泉首相による九・一七訪朝前とはいえ、拉致《らち》問題が国会などですでに北朝鮮の仕業ではないかと議論されはじめていたという状況を考えれば、半世紀以上むかしの戦前の日本軍の行為や昭和天皇をことさら批判することによって拉致問題に対する国民の非難を和らげるという目的が存在していたのではないでしょうか。そんな法廷をことさら紙面でアピールしていたのが朝日であり、朝日の本田記者だった。

マンモスと同じ道をたどる

――朝日側は、「女性国際戦犯法廷」に対する朝日のスタンスや、本田記者と運動家の関係を指摘されると、記事は「ＮＨＫと政治家の距離」を問題にしただけであって云々、という話に逃げてしまいます。

安倍　そうやって、朝日は問題をすり替えているのです。その法廷自体がどんな問題をはらんでいたか、その法廷、主催者と記者との関係は適正だったのかなどは委員会の報告でも一言も触れていません。

私がこのような主張をすると、今度は私の方が「問題をすり替えている」と批判されますが、ＮＨＫが報道しようとしていた番組内容に一切触れずに、今回の議論ができるのでしょうか。

――むしろ、「朝日新聞と運動家の距離」こそ問題ではないかと。

安倍　それこそ今回に限らず永続的なテーマになるのではないかと思います。つまり、憧れの先輩が立ち上げ、長年取材し続けた「女性国際戦犯法廷」に対して客観視などできるはずもない本田記者が「思いこみ」という次元ではなく、法廷の関係者と「共同謀議」を行ったのではないかとすら疑いたくなります。こんな類の運動家と記者の「共同謀議」によるおかしな記事は探せば他にも出てくるんじゃないですか。

――一月の報道時点では、朝日同様、安倍さんの側を批判しがちだった毎日新聞でさえ、社説（十月一日付）で、「今、国民が知りたいのは有識者の評価などではない。かねて疑問が寄せられてきた『取材記者はＮＨＫと政治の関係より、本当は安倍氏らの歴史認識を批判したかったのではないか』といった取材意図も含めた事実だ」と指摘しています。

安倍　その通りで、朝日は、あの記事が親北朝鮮的な左翼運動の一環であったかなかったかということもきちんと検証しておくべきでしょう。一面左トップに大きく掲載されたということは、朝日新聞自体も本田記者の論調をバックアップして、それに乗ってしまったと見られても仕方ない。だから、あとになって「詰めの甘さ」が判明しても、訂正・謝罪できないのでしょう。

私のように与党の政治家でも、大新聞と闘う、事を構えるというのは大変なプレッシャーです。家族も大変でした。これは一新聞社を相手にするだけでなく、朝日新聞が発行する週刊誌、月刊誌、そして、テレビ朝日を敵に回すことで、さらにメディアには筑紫哲也氏をはじめ多数の朝日新聞出身者がいるのです。その周辺には「朝日シンパ」のコメンテーターたちがたくさんいます。だから、いくら朝日が間違ったことを言ったとしても、多くの政治家がたじろぎ、擦《す》り寄ることに終始してしまう。

そんな環境ですから、朝日は少々強引な取材や報道をしても、「政治家は細かいことを言わずに自分たちに擦り寄って当然だ」と極めて傲慢《ごうまん》な姿勢になっていく悪循環があったのかな、と思います。

しかし、朝日新聞の今回の杜撰な委員会の報告や開き直りともいうべき秋山社長以下幹部の態度には、読売、産経はもちろん、日経、毎日からも、社説において極めて厳しい批判がなされました。朝日がしっかりとこの問題に決着を付けなければ、「報道機関全体に対する国民の信頼が揺らいでしまう」という危機感があったのでしょう。読売は「『これで決着』と言うのであれば、報道機関として無責任な対応ではないか」「責任あるメディアとしての『けじめ』が必要なのではないか」と咎《とが》めた。日経も「真実を伝える作業に支障をきたす結果になりかねない。影響は朝日新聞にとどまらない」と危惧した。そして、毎日は「事実解明なしで新聞社ですか」とまで書いた。それでも朝日は口をつぐみ続けるのでしょうか。だとしたら「言論の自殺」に手を貸すことになる。

新聞報道によれば、朝日は既に、今年一月に比べて二十数万部も部数を減らしています。これは長年の読者が、宿痾《しゅくあ》のごとくこびりついた朝日の捏造体質に辟易《へきえき》している結果でしょう。朝日新聞は、真剣に反省をしなければ、報道機関として、もう二度と立ち直ることもできないと思います。このままでは、かつてのマンモスと同じ道をたどるかもしれません。

非難には冷静な対応を

――ところで、小泉首相は十月十七日、靖國神社を参拝しました。さっそく朝日は「負の遺産が残った」と題した社説で「首相が反対をものともせずに公然と参拝する。その映像はただちに世界に伝えられ、『歴史を反省しない国』というイメージが再生産されていく」（十月十八日付社説）と嘆いていています。

安倍　一国の指導者として、国のために殉じた方々に対して尊崇の念を表するのは当然のことだと思います。いわゆる「A級戦犯」が合祀《ごうし》されて以降、参拝をしている大平正芳首相も、鈴木善幸《ぜんこう》首相も、中曽根康弘首相も、また小泉総理も、自由と民主主義を守り、報道の自由、信仰の自由をしっかりと守り、人権を守り、世界の平和構築のために努力をしてきたリーダーです。この戦後六十年間積み上げてきた事実をみれば、誰も彼らを「軍国主義者だ」と指摘する人はいないでしょう。

我々はこの事実に自信を持ち、謂われのない中国からの非難に対しては冷静に対応していけばいいと思います。それにしても、朝日はどうして理屈の通らない主張をしている中国や北朝鮮の言い分ばかり強調するのでしょうか。

一般論ですが、一九三〇年代にモスクワに駐在していた「ニューヨーク・タイムズ」紙の特派員で、そのソ連報道が評価されてピュリッツァー賞まで授与されている、ウォルター・デュランティという記者は、レーニン、スターリンを礼賛《らいさん》するあまりソビエトの言いなりとなり、ウクライナの強制餓死や飢餓を報じないどころか「飢餓報道はほとんどがデマ」と語ったといいます。

彼は、ソ連に対して厳しい記事を書く記者に非難を浴びせていたのですが、ソ連崩壊に至る過程でさまざまな歴史的事実が明らかになりデュランティの親ソ報道が間違っていたことが分かった。ピュリッツァー賞を剝奪すべきという議論も最近アメリカでありました。ちなみに彼はソ連当局に「性的指向」の秘密を握られて意のままに操られていたことがはっきりしているとのこと。

もし北朝鮮や中国で体制が変化し一党独裁体制が崩壊したら、日本のマスコミからもデュランティのような記者が何人もいたことが発覚するんじゃないですか（笑）。

『諸君！』一九八二年十月号

萬犬虚に吠えた教科書問題
モラトリアム日本の終り

渡部昇一
上智大学教授

「侵略」を「進出」に書き換えた⁉　そんな例は今回の検定では一つもないではないか。それをあるかのごとくに報じて、隣邦諸国を憤激させ、国民を惑わせた元凶は誰だ？

一、ことの起りは教科書検定

「諺《コトワザ》ニ曰《イワ》ク、一犬形に吠ユレバ百犬声に吠ユト。世ノ疾《ヤマイ》、コレ固《モト》ヨリ久シキカナ」

と後漢《ごかん》の王符《おうふ》は大息長歎《たいそくちょうたん》した。

彼は字《あざな》は節信、その名の如く節は高く、信を捨てて世に従うことを潔しとせず、隠退して時の政治を批判する著述に没頭する。その王符の目に映じた時政の弊害は何であったろうか。

それは確かな根拠のあることでもない噂や讒言《ざんげん》が横行し、しかもそれが事実のチェックもなしに取り上げられ、それによって忠臣良吏の首がとんだり、貶流《へんりゅう》・貶黜《へんちゅつ》がしばしば起ろうということであったろう。「こんなことは今更新しくもないことだが」という嗟嘆《さたん》が、「此固久矣哉《コレモトヨリヒサシキカナ》」の「矣哉」によく現われている。

王符が「諺ニ曰ク」と言った「諺」の方を普通われわれは「一犬虚ニ吠ユレ

教科書さらに「戦前」復権へ

文部省　高校社会中心に検定強化

「侵略」表現薄める
古代の天皇にも敬語

国民意識統合ねらう
「検定の密室化」も着々

IJPC
縮小し事業継続
通産省見通し　資金、イラン負担で

「産業スパイ」
三菱も同ルー
疑惑のペ社と取

1982年6月26日付、朝日新聞1面

バ、萬犬実ヲ伝フ」という形で覚えている。一匹の犬が物かげにおびえたか何かして、別に吠える根拠もないのに吠えたら、そこいらの犬どもが、みな本気になって吠え出して、何か本物の強盗事件でもあったかの如き事態になってしまった、というような意味である。この場合、最初の一人が、虚に吠えたのでなく、実に吠えたのであれば、つまり近所に本当に泥棒でもやってきたのに吠えたのであれば、その犬は良犬である。しかし虚に吠えたのであれば困ったものだ。そのために近所がみんな夜中に起きてくる。しかもその犬が、いつも虚に吠えるくせがあるのであれば、獣医に連れていかねばなるまい。

　七月二十六、七日頃から、新聞では連日、歴史教科書の検定問題が大々的に取り上げられている。そして今の時点（八月十日現在）では大きな外交問題に発展しているようだ。ことの起りは、日本の高校歴史教科書が大陸に対する「侵略」と書いていたのを、文部省の検定によって「進出」と書き改めたというのである。「侵略が進出に書き変えられた」というので、新聞、テレビ、週刊誌がいっせいに取り上げはじめた。

あっという間に話題に

　このさわぎのもとになったのは、二十六日に北京の日本大使館に肖向前外務省第一アジア局長が渡辺駐中国公使に申し入れしたことである。これについて朝日新聞の七月二十七日夕刊は、北京支局二十六日発のものとして、「教科書検定問題に関する中国政府の申し入れ内容は次の通り」としている。

　一、最近、日本の新聞が文部省の歴史教科書検定について多くの報道をした。これから判断すると、検定の過程で、日本軍国主義が中国を侵略した事実について改ざんが行なわれている。たとえば華北侵略を「進出」と改め……（傍点現筆者）

と始ってなお四十数行続く。

この「侵略を進出へ変えた」というのが耳に入り易く、目にも印象的だったので、あっという間に全国の話題になった。「独立国の教科書に文句をつけてくるとは内政干渉だ」という閣僚の発言もあったし、一方、「戦犯の元凶文部省」と暑中見舞に書いてよこした知人の英語学者もいる。しかし多くの人はその中間ぐらいのところの意見だったのではないかと思われる。

　私はたまたま深田祐介氏（本年度直木賞受賞作家）と週刊誌のため対談していたのであったが、それが終った時、「よその国から教科書に文句をつけられるのもいい気分ではないが、それにしても〝侵略〟を〝進出〟に書き変えさせるという文部省も因《いん》循姑息《じゅんこそく》だね」というような話であった。深田氏とは今までも何度か同席する機会があったが、特定の政治的傾向を示されたことのない人であり、いわば良識ある実務家の意見を代表していられる人だと思っている。

　事実、その後何回か、この問題について話題になった時は、どの人も「外国から教科書のことをあれこれ言われるのは不快だが、〝侵略〟を〝進出〟と書きかえさせるような文部省もよくない」というような意見であった。そしてこんなところが国民の大多数の感じたことではないだろうかと思う。

　これから一週間してから中野好夫氏は朝日新聞（八月五日夕日）に次のように書いておられる。

「……まことに奇怪千万でわからぬのは……文部省当局（いわゆる調査官も含めてだ）の頭の構造である。たとえばいかに言霊《ことだま》の幸《さき》わう有り難いお国柄とはいえ、『侵略』を『進出』に……等々にさえ書き改めれば、それで厳たる事実が抹殺できると本気で考えているのだろうか。不思議な頭ではある……」

　また毎日新聞の八月四日の「記者の目」（喜多照三氏）にも、「『侵略』か『進出』かなど、言葉の使い方が一つの焦点になっているが、では『進出』を『侵略』に戻すなど、用語を変えれば、それで問題が解決するかといえば、そうとは思えない……」

　また八月十日に至っても〝中国や韓国の人たちが「侵略」を「進出」と書き直させる文部省のやり方に憤激するのは当然である〟（日経「鐘」八月十日夕刊）という記事もあって、「侵略を進出に変えさせた」ということは、みんなの頭の中に定着したようである。

　更に「北京二十七日石川特派員」として毎日新聞（七月二十八日）が伝えるところによれば、姫鵬飛《きほうひ》元外相も、「なぜ日本の文部省は突然このようなことをしたのか」(傍点現筆者)と遺憾の意を表明したという。

ところがあろうことかあるまいことか、今回国際的大問題に発展するきっかけになった侵略を進出に変えた歴史教科書などは来年度使用される予定のものの中に一つもなかったのだ。北京の外務省第一アジア局長は正に形に吠えたのである。そして万犬がそれに唱和したのである。

日本人だけが「万犬」なのならまだよい。しかし外国政府も吠え出したのだ。たとえば韓国の李奎浩《イギュホ》文教相の韓国議会での答弁を読みたまえ。

「現在われわれが問題としているのは八三年度から使う教科書である。八月末まで展示し九月から印刷に入る予定なので、今月末までに是正せねばならない」(朝日新聞八月九日朝刊十一版六ページ)

文教相がこのように吠え立て、その吠え声は全韓土に共鳴し、タクシーの日本人ボイコットまで始まった。重ねて言うが、八三年度に「侵略」から「進出」に変わった教科書などはただの一点もないのである。

二、開き直る朝日新聞の言い草

天下のマスコミが「侵略を進出に変えた」と騒ぎ立てている時に、「はてな」と考えた人もいた。こんな国際的大問題なのに、「どの教科書がそれをやったか」という具体的な名前が出てこないのである。非常に早い時期にその点について「はてな」と頭をひねった人が私の知人・友人の中にも少くとも二、三人はいた。

その一人の板倉由明氏は、実業に従事するかたわら、ＰＴＡなどの仕事をしているうちに教科書に興味を持つようになった。それでこの問題が起るとすぐに、七月二十七日の午前十一時頃に朝日新聞の社会部に問い合わせた。それに対して朝日の栗田氏は大要次のような答えをした。

「今さがしているが、侵略を進出と変えた例はあるはずである」

また毎日新聞のアクション・ラインは一向に要領をえなかったという。一方、午後の二、三時頃に文部省の教科書検定課に電話したところ、担当の石本氏は、「そういう例はありません」と答えている。文部省当局は、この問題がマスコミで大きく取り上げられた時点において、マスコミは実例を確かめずにさわいでいることを知っていた。

同じく二十七日のＮＨＫのニュー

ス・センター九時には、日本の大陸進出という教科書を、周囲を黒塗りにして出したことを板倉氏は確かめた。しかしこれはNHKの不思議な工作である。北京政府の批判は、「侵略とあったのを進出に変えた」ということであり、正にその批判に根拠があったことを示すためにNHKは「進出」と書いてある教科書を画面に出して見せたわけである。しかし改変の実際を示すためには、同じ教科書の「侵略」とある版と、「進出」とある版とを並べて示さなければならない。しかしNHKはそれをしなかった。いな出来なかったのである。そういう風に今回書き変えた教科書は一つも実在しないのだから。

NHK報道の効果絶大

　ではNHKはなぜそんなインチキをやって千万人を超えるといわれるニュース・センター九時の視聴者をあざむかなければならなかったのだろうか。善意に解釈すれば、おそらく朝日の栗田記者同様、「あるはずだ」と思いこんだのであろう。しかし実際にはない。それでとりあえず、何でもよいから「進出」という表現の使ってある教科書を取り出し、そこだけ示したのであろう。それを準備した人は深い考えがあってやったのではないかもしれない。

　しかしその効果は絶大であった。何しろNHKのニュース・センター九時は高視聴率の番組で、見ている人の数が厖大《ぼうだい》である上に、NHKの報道番組には信用がある。NHKのニュース番組で「侵略を進出に変えさせられた日本の歴史教科書」と報道されれば誰でも信じてしまう。それ以後、日本国中の人がそういう言い方をしても仕方がない。

　しかしもしも、作為があってそういう画面をNHKが作ったとするならば恐るべきことである。七月二十七日のニュース・センター九時の教科書の画面を準備した責任者の名前だけははっきり知りたいものである。

　いずれにせよ、NHKのニュースとしてはそういう北京政府の抗議があったことを伝えるだけで十分だったはずである。画面を面白くしたい、迫力あるものにしたいという制作者の意欲はわかるのだが、無いものをあるが如くに放送しては絶対にいけない。意見番組なら、意見を言っている人の個人的責任がはっきりしているわけだから、できる限りの自由があってしかるべきである。

　しかし報道番組、つまりニュース番組では、意図的虚構は絶対にいけない。ニュースはニュース・ヴァリューで十分であって無理に面白くすることはないのだ。たとえそのために視聴率が多少下ってもやむをえない。NHKが煽動的、あるいはセンセーショナルな画面作りをする必要がないようにと、議会はNHKに聴取料の徴収を認めているのである。

　板倉氏は実務家だから事実に主として関心が向う。翌七月二十八日に再び朝日新聞の社会部に電話して、「侵略を進出に変えた教科書の例は見つかりましたか」とたずねる。それに対する朝日新聞の栗田氏の回答の要旨は次のようなものであった。

「今回は見付からなかったが、以前にはあったはずだ。字句の問題などではない。文部省の態度が問題なのだ」

　つまり朝日新聞は調査したのである。しかし北京政府の批判に当る実例は見出しえなかった。それで「字句などは問題でない」と説教しはじめたわけである。しかし北京政府が問題として来たのは字句なのである。そしてその字句をめぐって世の中が騒いでいるのだ。しかもその字句騒ぎの少からざる部分は朝日新聞であるのに。

「朝日的」な論法

　しかし栗田氏の論法はいかにも朝日的である。朝日は文革時代にも北京政府に都合のよい報道を流し続けた。素人《しろうと》の目で見てもおかしなものが多く、事実の報道よりは北京の手先になって日本宣撫《せんぶ》工作をしているといった印象があった。それは印象だけでなく、重大な事実を恣意的《しいてき》に祓《はら》い、北京政府の賛美になることなら嘘と知った上でその嘘を流し続けたのである。その実例は数多くあばかれているので、今更ここに並べる必要はないであろう。

　しかしそういうひどい偏向を指摘されても朝日新聞は動じなかった。そして「日中友好のためにはやむをえない」と言い続けた。それは戦前、戦中を通じて、朝日新聞が国策推進とか戦意昂揚などの目的のために、好戦的な偏向記事を流し続けたのと、全く同じパターンなのだから気味が悪い。

　朝日新聞に少し酷なことを言い過ぎたかとも思うので、朝日新聞も多少は事実に気を使ったらしい例もあげておこう。それは七月二十八日の朝刊に、〝「侵略」こうして「侵入」に〟と大きく出していることである。侵略を進出にかえた例はなかったので、侵入と変えた例を持ち出したのである。

　侵略と侵入はまずは同意語である。たとえば研究社『新和英大辞典』では「侵略」にも「侵入」にも、invasion

とかaggressionの英訳を与えている。また逆にinvasionという英語を『岩波新英和辞典』で引くと「(とくに武力による) 侵入、侵略」としてあり、『研究社新英和大辞典』には「(武力によって侵入する[される]こと、(敵の) 侵略、侵攻……」とあって、両辞典とも「侵略」も「侵入」も全く区別しておらない。

他の辞典とても同じことであろう(ちなみに、「進出」の場合でも、英語で言ってみると、「侵略」よりうんとちがう表現かどうか首をかしげたくなる。advanceのほかにmarchやdebouchmentなどの軍事用語、それにinvasionも和英辞典にはあげてある)。

「侵略」を「侵入」に変えたのであれば、北京政府は問題にしなかったであろうし、また、日本の世論も沸かなかったであろう。そこで朝日新聞は、〝「侵略」こうして「侵入」に〟と横書きの大見出しをつけたほかに、縦書きの大見出しもつけ、「まず進出に修正迫る」(傍点現筆者) としている。どうしても「進出」という言葉を出したいのである。

だから紙面をさっと見る人は——だいたいの読者は大見出しで記事の内容を臆測する——「進出」があってそれが修正され、そして「侵入」にまた変えられたのだと思う。「進出」に変えた教科書など今回一点もないのに、見出しだけ見ると、それがあったように錯覚させるような紙面作りをしているのである。整理部の腕の見せどころである。

そして「そうした事実はない」という抗議に対しては(前日にすでになされている)、〝「侵略」こうして「侵入」に〟という見出しをつけているではありませんかと逃げうるのである。

成り立たない弁解

煩《はん》をいとわずにその記事の内容を読んでみると、教科書の筆者の談話なのである。この著者の言い分は、「日本の中国侵略と抗日運動」(傍点現筆者) という節の見出しに「修正意見」をつけられたので、「侵入」に変えたという話なのである。その時の教科書調査官とのやり取りをテープに録音していたのだと言う。

しかしこのプロセスは教科書問題の中のブラックボックスであり、北京政府の抗議とは全く関係ないはずである。抗議は出版され、使用される教科書に向けられており、またそれ以外はありえないことだからである。

しかもこのテープを取ったという

著者の心事はこれを疑わざるをえない。もし現行検定が本当に嫌なら教科書を書かずに、ほかの百千もある発表誌を選ぶのが正道であり、また潔い。教科書は収入的にはアルバイトであることは万人の知るところであり、教科書を書く書かないは、本務校の勤務や生活基盤には何らの関係もないはずだからである。また「侵略」を「侵入」と変えた時、少くとも同意語と見なしうるという認識があったはずである。

更に救い難いのは、「侵略」を「侵入」となおすのが本当に嫌なら――つまり「侵略」と「侵入」に本質的な意味の差を認めるなら――文部省の意見に従わなくてもよかったと思われるからである。というのは現行教科書でも来年度の教科書でも「侵略」を使い続けているものがあるからである。この点からみても「侵入」に変えた弁解は成り立たないのだ。

こんなことは明敏な朝日新聞にわからなかったはずはない。にもかかわらず「進出」という大見出しをつけたかったのである。「進出」に直された教科書は一つもなくても、「直されかかった」という証言でも引き出したかったのであろう。そして北京政府の抗議には事実的根拠があるという印象を国民に与え続けることが出来れば、戦略目標は達成したと言う考えだと推定される。

三、朝日新聞は文化大革命がお好き

「華北侵略を進出と改ざんした」という北京政府の抗議は根拠がない。もっとも「最近、日本の新聞が文部省の歴史教科書検定について多くの報道をした。これから判断すると……」という前書きつきの抗議文であるから仕方がないと言えば言えるかも知れないが、一国が外交ルートを通じた抗議文を他国に出す時に、事実チェックもなしにそれをやるというのは甚《はなは》しく軽率である。しかもチェックは少しも難しいことではない。日本の教科書を見るぐらいは何のわけもないことである。

社会主義国家の中には教科書が機密文書扱いになっており、国外で見ることが不可能な国があることは、私自身も実際に知っている。しかし日本はそんな国ではないのである。

北京政府は人口調査に努力しているという。社会主義国家、つまり計画経済の国が、人口統計もなしに三十年もやってきたというのは驚異であるが、それはその国の流儀だからわれわれには直接関係がないと言える。しかし外国への抗議をそんなに手軽にやられてはたまらない。

正式の外交ルートがあるのだから、「おたくの新聞では教科書問題でさわいでいるようだが真相はどうか」と非公式に確かめることもできたであろう。そうすれば日本の教科書を見る手間さえはぶくことができる。

かんぐれば今の北京政府はわざと外交問題を作りたかったのではないか、とさえも思われるのである。これは私の素人意見をのべるよりも、文革時代から大陸情勢に的確な解明を与えてきた実績のある人の意見を徴した方がよいであろう。

まるで「人民裁判方式」

幸いに岡田英弘氏は「指桑罵槐《しそうばかい》」というエッセイを書いておられるので（『月曜評論』八月九日号第一面）、その要旨を紹介させていただくことにする。ちなみに「指桑罵槐」とは「桑を指さして槐《えんじゅ》をののしる」という意味で、たとえば文革時代に孔子と儒家を批判したのは、本当は歴史論争でなくて孔子は毛沢東のこと、儒家は周恩来、鄧小平の陣営のことだったというが如し、とのことである。

「この問題が日本の各紙で報道されたのが六月二十六日、一月近くも前のことでその時には新華社が論評抜きで伝えただけ、このニュースを掲載した新聞は『人民日報』だけ、それも四日おくれて何の問題にもならなかった。それが七月二十日からのせきを切ったようなキャンペーンである……これは明らかに中国国内における対日関係担当者の失脚をねらった政治攻勢である。

指されているのは日本文部省だが、ののしられているのは日中友好路線推進派である……九月には日中復交十周年の鈴木首相小川文相の訪中が予定されている。鄧小平の地位の行く方は微妙である」（傍点現筆者）

この見方をすると現在の北京政府の対応の仕方がわかるような気がする。正当な事実の釈明に耳をかす気がないのだ。

外交問題を起す気でいるところなのだから、具体的な事実などは関係なくなる。つまりは日本の文部省が人民裁判方式ともいうべき言いがかりをつけられていると言ったらよいかも知れない。

人民裁判方式というのは、糾弾者が罵《ののし》って被告を罪に落すのであって、被告側が道理のある答弁や事実にもとづく反論をやったって無駄なのである。今の日本側の釈明に対する北京の態度はそれを彷彿《ほうふつ》させるものがある。「お前の言うのは弁解にすぎぬ。まず土下座してあやまれ」と言わんばかりである。

日中友好などというものではない。しゃにむにあやまれ、と言っているのだ。土下座外交を求めているといったら正確と言えるかも知れない。そして日本が理も非もなく土下座したらどうなるか。それはこの十年間、日中友好を推進してきた人たちのメンツがつぶれ、失脚につながりうる――。これが蓋然性《がいぜんせい》の高い筋書きであり、岡田氏の言う「指桑罵槐」の意味なのである。

それはすさまじい権力闘争の表面に出た一部と言ってよかろう。RP東京によると八月六日のソ連国営タス通信が、北京による日本の教科書検定批判は、日本との軍事的結託を強化するための煙幕だ、と批判しているという。これもこの問題に何やら底のありそうなことを暗示している。

マスコミ人の文革シンパ

では日本の大新聞がなぜそういう隣国の権力闘争に熱烈呼応するのか。それは日本のマスコミには文革シンパが多いからであろう。東京＝北京に正式のルートがなかった頃、野党の一部はいい思いをした。人口数億の大国に日本政府が正式の接近ができないのに、野党の代表が歓迎されたのであるから、永久野党の挫折感を救うものとしてチャイナ・カードを振り廻すことは快感そのものだったに違いない。

大新聞もこれこそ政府の弱点として攻め口にした。そのためには多くの重大な事実にも目をつぶり、ひたすら毛沢東革命、北京政府、紅衛兵《こうえいへい》などを賛美したのであった。

しかしいわゆる「日中復交」が成ると、政府同士の正式ルートが開かれる。北京政府にしてみれば本筋の交渉相手は日本政府である。文革賛美の野党は従であり、大新聞も従となる。これはかつて日本政府よりも太いパイプを持っており、北京政府の代弁者然としていた気分になったことのある人たちにとっては甚ださびしいことだったに違いない。

ところが「幸いに」教科書問題について反応があった。向うでキャンペーンがあれば、こっちも負けてはおられない。かくして両国に共鳴作用とも言うべき現象が起ったのである。しかしくり返して言うが事実関係はこのさわぎの理由には本来なりえないのだ。

七月二十七日頃からの連日の報道

にもかかわらず、半月近く経った現在でも各教科書の名前をあげて具体的記述の変化を記述したものは、私の目に入ったものでは『世界日報』(八月六日三面)だけである。

『週刊朝日』(八月十三日号二十ページ)には「検定でこう変った日中、日韓関係史」がかかげてあるが、教科書の名前は一切上げていない。「検定前」と「検定後」を一覧できるようになっていて一見同じ教科書が検定前と検定後ではこう変わったという印象を与える目的らしいが、検定前の欄にあげられている記述と、検定後の欄にあげられている記述が同一の教科書だという保証は一切ない。

教科書は二十種近くも出ているのだから、いかにも改変が多くあったように見せかけるための悪質な詐術とも言える代物《しろもの》である。そして「侵略」が「進出」と変えられた実例(!)もあげているのだから、これは明かに意図的に作った虚報だ。もちろんその教科書の名前はあげていない!

大新聞の信用を傷つける

これに反して『世界日報』のものは、各教科書の実名をあげ、それがいかに変更されたか、また変更されなかったかをも具体的に一覧表にしてのべている。たとえば現行のもので「侵略」を使っている『高等学校世界史』(清水)と『高等世界史』(帝国)は五十八年度にも「侵略」という表現を使い続けている点をはじめとし、その他の問題にされた点についても具体的な調査結果が示されている。

そしてこの記事の作成者として小坂明、恒崎賢仁記者の名前をあげているのも責任を明かにしている点で気持ちがよい。そしてこの調査によると、日本の歴史教科書は「実際は変っていない」と断定できるとし、また検定が強化されたということは言えないということも明かにされている。

しかし実に不思議なことではあるまいか、『世界日報』のような小さい新聞が学術的とまで言いたいほど事実を重視しているのに反し、充実した資料室や調査網のある大新聞がまるでと言ってもよいほど事実を見ることに無関心であるのは。

朝日新聞は板倉氏の電話問い合わせのせいもあってか、「侵略」を「侵入」にかえたという一例を取りあげたが、すでに指摘したように同じところに「進出」という大見出しを使って錯覚を起させようとしている。

毎日新聞は、父の代からの愛読紙で、それを読んで育った懐しい想いのある新聞なのであるが、この教科書問題ではただ感情的なばかりで、「事実はどうか」ということに対しては見事なまで関心を示していない。

　そして八月五日に至っても、社説の中で〝中国への侵略を「進出」と書

反乱分子の殲滅が行われた文革を、朝日は支持した
（写真提供／akg-images／アフロ）

き直させるような教科書検定は……〟などと言い続けているのである。

　すでに七月三十日の参院文教委員会でも小川文相は「〝侵略〟を〝進出〟と変えた例はない」と言っているのだから、この社説を書いた人は自分の新聞も読んでいなかったのだろうか（呵々《かか》）と聞きたくなるではないか。もちろん文相の答弁が間違っていたという事実をつきとめたなどということはないのである。

　本誌に「病める巨象・朝日新聞私史」を連載中の佐々《さっさ》克明《かつあき》氏はその連載第七回（本誌九月号二二二ページ）で、「広岡時代における中国関係の偏向紙面ほど、朝日新聞の信用を長期にわたって失墜したものはない、と私は考えている」と書いておられるが、今回の教科書問題も、日本の大新聞は北京のことになると事実もへったくれもなくなる体質であることを実証したものとして、大新聞の信用をさらに傷つけることになるであろう。

　たしかにキャンペーンしている時は虚構の報道にも踊る人が多くいるように見えるだろう。しかし後になってから「ああ、あれは根拠のないことから始ったことだったのか」と思う人が確実に大量に出るのである。大衆は大新聞が考えているほど愚劣ではない。

　近代の大新聞の報道の社会的価値の第一は、根拠なきデマ、流言飛語《りゅうげんひご》の横行を抑制することにあると言われている。確かにマスコミのない場合を考えればその価値はいくら高く評価しても評価しすぎることはないであろう。

　しかし今回のような場合は、自らが流言飛語の創造者と流布者《るふ》を兼ねたわけだから、それは社会的な背任行為と言うべきであろう。

四、日本とナチスを同一視する動き

事実関係が問題であるならば、その問題は解決されたと言ってよい。日本の文部省が検定基準を急に〝右傾化〟せしめて、日本の歴史教科書が来年から変る、などということはないのであるから。それは万人が見る気になれば見うることである。

しかし問題が本当はそんなところにあるのではないから深刻なのだ。それは朝日の栗田記者がいみじくも喝破したように、「字句が問題なのではない」からである。

何が問題なのか、と言えば、日本人の教科書を日本政府の検定ならばいけないが、外国政府の検閲《けんえつ》ならばよい、というような勢力が日本では甚しく強いことである。たとえば日本では検閲は絶対していけないことになっている。

しかし偏向記事を流し続けた朝日新聞が、北京の検問には嬉々として従っていたことはわれわれの記憶に新しいところだ。北京との国交回復後は、その勢力の出番が縮小してきていたが、そういうメンタリティの人が消えたわけではない。

はじめは北京政府の問題だったが、八月五日になると韓国国会は日本に対し、歴史教科書の半島植民化に関する記述を直ちに書き改めるよう求める決議を採択した。

韓国の議員の中には、この主張がきかれない場合は、日本大使館の撤収、駐韓日本企業の追放を考えるべきだとする人や、国交断絶も辞さない決意で対処すべきだとまで言う人も出てきている。

更に韓国の文教部国史編集委員会は高句麗《こうくり》、新羅《しらぎ》の時代から近代まで、歪曲《わいきょく》個所二十四件を公表した。このほか、フィリピンやヴェトナムにも似たような意見が出ているという。台湾の国民政府はむしろ穏かで、今のところ日本の良識に期待する、という態度である。大陸問題の当の相手であり、一番の被害者だったのは国民政府だったのであるが、その継承者である政府が、一番、日本の教育問題に介入しないという姿勢であるのは面白いことである。

韓国の提案で事の本質は極めて明白になったのだが、問題は講和後も敗戦国は外国によって自国の教育内容の指示を受けなければならないか否か、ということに帰着する。

敗戦し占領されている間は、憲法も占領軍に与えられ、教科書のみでなく、新聞、雑誌などすべて占領軍の検閲の下にあった。敗戦し占領されるということはそういうものであるとわれわれは観念した。

マスコミの「土下座要求」

一方、講和条約を結び、再び独立国になるということはそういう事態の終結という意味であるとわれわれは理解した。当の占領国であったアメリカとも、双方の合意により平和条約と安全保障条約によって関係をもっている。

その後、アメリカ政府によって日本の教育に干渉がなされたということは寡聞《かぶん》にして聞かない。イギリス、フランス、オランダ、ソヴィエットなど、当時の交戦国も教科書問題に口を出したということは聞かない。国民政府は前にのべたように日本の立場を尊重する姿勢である。

ふりかえってみると日本は昭和二十六年のサンフランシスコ条約によって、世界の大部分の国と講和条約を結んだが、その時に調印できなかった国には中華民国やソ連があった。しかし中華民国（蔣介石）とは翌昭和二十七年に平和条約を調印し、昭和三十一年には日ソ復交がなされた。ところが今、教科書問題をとりあげている韓国との基本条約は昭和四十年、日中平和友好条約は昭和五十三年という風に、ずっとおくれて条約が成立している。

講和の日から数えて、まだ年月が浅いということは、それぞれ特別の理由があったという意味でもあり、関係もまだ安定していない点があるのであろう。北京政府の場合は、自由な新聞のない国であるから世がうるさくなったから抗議したということはありえず、先にのべた指桑罵槐が原因と考えられる。

韓国政府の場合は、政府は穏和な線を望んでいたらしいが、新聞と世論がおさまらないということであるらしい。政府主導型の抗議と、新聞主導型の抗議とどちらが対処の難しさに差があるのか、また対策を別にしなければならないのかは、これからの問題になるわけであるが、いずれも日本の歴史教育に対し検閲する権利があることを主張している点では変りはない。つまり日本に土下座を求めているのである。

そして日本のマスコミは日本政府にその土下座をせよとキャンペーンをしているのだ。これはとりもなおさず隣国は日本の歴史教科書を検閲する権利を認めよとキャンペーンしているのと同じことになると大新聞やその系統の週刊誌の記者は認めているのだろうか。

導入される重大視点

戦前の日本の大新聞は、日本政府が大陸政策が穏健の時は「軟弱外交」とさわぎ立て、侵略的・強硬である時には喝采するというパターンを持っていた。そこで前罪を悔いて、日本政府に超軟弱外交をすすめているのだろうか。

しかし独立国の教科書の内容に正式の外交ルートで抗議するということは、日本政府の閣僚も言っているように、一種の内政干渉と言う見方も生じうるであろう。

とにかく事は出版物の検閲なのだ。自分の国の政府でさえもやってはならぬことを、外国政府がやるのだから、全マスコミは憤激すべきところである。そんな抗議の釈明のために文部省の高官が出かけるのは国辱だ、と騒ぎ立てるのが正常な独立国の正常な感覚であろう。

ところがここに一つ重大な視点が導入されるのである。西ドイツでは隣国の参加を求めての歴史教科書の検討が行なわれているというのだ。西川正雄東大教授は『週刊朝日』(八月十三日号二十一ページ)に〝自らの侵略を「侵略」と書く東西ドイツの教科書〟という題で次のような文章を載せておられる。

「西ドイツでは一九四七年から、毎年のように〝歴史教科書国際会議〟が開かれている。オランダ、ユーゴ、イタリア、スイス、ポーランドという被侵略国も含まれ、そこで用語の検討が行なわれている。かつての『侵略』をめぐって隣国と大騒ぎになる日本とはだいぶ違う。」

歴史教科書にも、自らの侵略を「侵略」と書く教科書が現存しているから、このタイトルはミスリーディングである。西川氏、あるいは『週刊朝日』はこの時点で、「侵略」という文字が文部省の検定によってすべて抹消されたという虚構の上で物を言っているのだ。

その点はすでにのべたからもうよいことにして、西ドイツはかつての被侵略国の参加を求めて歴史教科書の会議を持っているということと、その意味することは無視できない。この「歴史教科書国際会議」の内容、特に具体的にどのような点が論ぜられ、どのような手続きで、どのような修正がなされたかは不詳なので、ここではこれ以上その中味に立ち入ることができないが、「西ドイツがやっているから日本もやるべきだ」という発想に結びつくならば、そこには絶対に見のがすわけにゆかない危険がひそんでいる。

日本はナチスと同質でない

つまり、日本とドイツはこの前の戦争で軍事同盟を結んでいたから、戦前の日本は、ヒトラーのドイツと同質だ、という発想である。戦前の日本は絶対にヒトラーのナチス・ドイツと同質でなかった。このことはあらゆる機会に日本人が主張し続けねばならぬことである。

それはわれわれの先祖のためにも、われわれ自身のためにも、またわれわれの子孫のためにも、絶対に主張し明確化し続けなければならない真実なのである。

隣国の韓国でもすでに日本人をナチス・ドイツとの類比で議会で論じているのだ(朝日新聞八月九日朝刊六ページ)。

李義永議員（民韓）「西独は自分の国内で、ナチスの残虐性をフィルムを回しながら二世に教えている。この国であれほど暴虐を働いた日本は、東京で日帝軍国主義のフィルムを回したことがあるのか……」

李奎浩文教相（答弁）「……西独は反ナチ教育に全力をあげている。日本では第二次大戦後まったくそうした痕跡はなかった。西独とポーランドは修交前に教科書を正常化していた。……」

このように、戦前の日本とナチス・ドイツは同一視されている。これこそわれわれが絶対に笑ってすますわけにゆかぬ誤解である。

五、旧敵国より日本を憎む人々

「すでに指摘したように、かような共同謀議もしくは企図《きと》を直接証明する証拠は一つもない。どのような証人、物件、もしくは文書によっても、このいわゆる共同謀議、企図もしくは計画の事実は、直接に証明されなかったのである。」(パール判事述・田中正明編『日本無罪論』太平洋出版社・昭和二十七年・二〇四ページ)

日本がアジアの大陸や諸島を侵略したことは確かである。開戦の時の首相は東条英機であった。しかし東条が首相になったのは、開戦の二カ月前であり、辞職したのは二年数カ月後である。誰が見ても東条をヒトラーと同一視するわけにはいかない。

長い間、国家元首であった天皇は、平和主義者として外国でも知られていた。親米親支の平和外交の幣《しで》原《はら》を支持しこれに異例の男爵を与えられた方であるし、また大陸における陸軍の行動には終始明かな不快の念を示されておられた。この天皇もヒトラーと同一視できない。しかし極東軍事裁判は日本を裁かねばならなかった。そこで考え出したのは日本の首脳部は侵略のための「共同謀議」をしたという罪状であった。

　しかしこれは何ら事実上の証拠がないことは、インドのパール判事が詳細に立証したところであった。にもかかわらず、極東軍事裁判はニュールンベルクの対ナチス裁判と対をなすものとして行なわれ、その釣合上もあってか、東条以下の死刑が執行された。それから三十数年経つ。そしていろいろな内幕物も出たりしたが、確かに「共同謀議」などという秩序立った計画などなかったことはますます明かである。

　日華事変には政府は反対し、軍首脳の中にも反対が少くなかったのに、出先きの連隊がはじめた戦闘にだらしなく引きずられて戦争の泥沼からぬけることが出来なくなったのであることを疑うことはできない。パールハーバーの攻撃でも、海軍はぎりぎりまで反対であり、石油の補給源を切られるに至って、あわてて対米開戦の腹を固めたのであって、決心してから開戦まで半年もないのだ。

　日本人ならば、たいてい親類か、親類の親類にはもと軍人や役人がいるはずであるが、「共同謀議」に参加した人などは一人も出てこない。ヒトラーやナチス党に匹敵《ひってき》するものなどはどこにもないのだ。

「主義」というほど整ったものでないにせよ、「理想」というものがあったとすれば、それは有色人種の植民地を独立せしめ日本はその「盟主」になって、白人国家と同等の地位になろうということであって、ヒトラーのように、アーリア民族（白人）の絶対優越を信じ、混血によってそれをけがすようなユダヤ人はみな殺しにしてよい、などという思想とは本質的に違うのである。

　日本人は同盟国ドイツを尊敬していたが、ヒトラーは日本の利用価値を認めただけで、日本人という黄色民族を軽蔑しており、シンガポールを日本が占領した時も、黄色人種が白色人種（イギリス人）に勝ったことを、むしろ喜ばなかったと伝えられているぐらいであった。

戦勝国による「断罪」

　日本が大陸に侵入し侵略し、征服したことには一点の疑念もない。しかしそれはヒトラーがやったのと質的に同じだと見なしては絶対にいけないのである。アウシュヴィッツに四十平方キロの強制収容所を作り、全欧からユダヤ人を計画的に集め、計画的に毎日数千人ずつ殺し、ついにここだけでも二百万、全部で五、六百万もの市民を殺した、などというのに匹敵する現象は日本占領下では起らなかった。

　ヒトラーと同盟したことがたたって、日本がその同類と考えられることがあるのは、まことに残念なことである。

　最近も本誌（七月号）のために、G・ダンプマン氏と私の対談が行なわれた。同氏は西ドイツテレビ協会・文化社会番組局長で、『孤立する大国ニッポン』(TBSブリタニカ)という広く読まれた著作もある人である。

　この人は戦中の日本をナチス・ドイツの如く考えているらしかった。そして天皇とヒトラーを同一視するということはさすがにやっていないが、天皇の責任は批判さるべきだとしている。そしてドイツが戦後完全に新生ドイツとして出発したのに反し、日本は戦前も戦後も継続体として生き続けたため――それは運がよかったことだとしながら――自分たちのことを根本から考え直すチャンスが与えられなかったことは、日本人に大きなマイナスになったと考えざるをえないとするのだ。

　一方、極東軍事裁判ではパール判事のような見解の人もいた。裁判そのものが成立しうるか否かも重大な疑問のあるところとされている。第二次大戦後の講和問題はそれまでの外交の慣行とは異質なことであった。

「……講和処理といっても昔のように戦勝国と戦敗国が一堂に会して堂々折衝するというのではなく、敗戦国は大体において戦勝諸国の間で合意に達した講和の条件を受諾することになろうことも大きな特徴である。

　ヴェルサイユ平和会議ではドイツは決して対等の地位でこれに臨んだのではなく、やはり同盟連合国の提出した条件を大部分受諾するほかなかったのであるが、少なくとも形式的には、独立主権国として交渉する地位にあった。ところが第二次戦争後の講和は、事実上戦勝国だけによる処理である。」(入江啓四郎『講和問題の基礎知識』時事通信社・昭和二十五年。西村熊雄『日本外交史』第二十七巻・鹿島研究所出版会・昭和四十六年・四―五ページに引用)

　単なる処理でなく裁判付きである。裁判という以上、先行する法律がすでになければならないがそれなしの裁判である。検事や弁護士もいるが、それは形の上の場合が多く、いわば戦勝国による敗戦国の断罪であった。このような軍事裁判が行なわれても当然という風潮があったのはもちろんナチスのおかげである。

天皇は裁判の対象外

ナチスのやったことはそれまでの例になかったことだから、それまでの例にない戦勝者側の処理形態が出た。ダンプマン氏はドイツ人としてもナチスは「戦争犯罪者というより、単純な犯罪者としてとりあげるべき問題だ」として連合国側の裁判の合法、非合法にこだわりを見せないが、それは当然とも言える。そして日本についてこういうのである。

「もし、連合国側が裁判をやらなかったなら、果して、日本は自ら進んで裁判をやったでしょうか。」(本誌七月号三十五ページ)

ダンプマン氏の考え方の底にあるのは次のようなものらしい。戦前の日本はナチス・ドイツと同質である、しかしその戦争犯罪者に対する敗戦後の国民の態度は、ドイツ国民と日本人では大いにことなるようである、なぜなら、日本人はそういう点に関しては反省心の少い、いい加減なところのある国民だから。

極東国際軍事裁判の判決を聞く東條英機　（写真提供／近現代PL／アフロ）

逆説的になるけれども、戦前の日本とナチス・ドイツを同じようなものに見なされる危険に関して言えば、われわれは極東軍事裁判にむしろ感謝すべきなのかも知れない。

まず第一に天皇は裁判の対象にならなかった。明治憲法では天皇は日本の元首である。陸軍の大元帥でもあらせられた。その方が極東裁判の対象から除外されたことは、日本がナチス・ドイツと同じ犯罪国家でない、と連合国側が公然と認めてくれたことになるからである。

マッカーサーが日本の占領をスムーズにするためにそうしたにすぎない、などというのも、たとえそのようなことがあったにしても問題にならない。何しろ戦犯国家日本を断罪するための大じかけな国際裁判が取り上げなかったのだから、一件落着なのだ。

ソ連をはじめとして、「天皇を裁くべし」という声もあったとのことであるが、日本の主要交戦国たちが取り上げるのは不適当と判断してくれたのだ。「公論、敵讐《テキシユウ》ヨリ出ズルニ如《シ》カズ」というではないか。日本人の中にも天皇戦犯論者がいるようであるが、その人は極東裁判の旧敵国よりも激しく日本という国を憎んでいるという証明であり、当時のソ連と同じような考え方を持っていると見做《みな》されても仕方ないであろう。

六、日本人の〃被害〃も語れ

ナチス・ドイツと戦前の日本との混同がないという前提の下でならば、西ドイツ近代史については隣国との共同研究機関があることは極めて望ましいことであると私は考える。

もちろんその共同研究の成果が、それぞれの国でどのように利用されるかはお互に干渉すべきではないであろう。しかし一つ一つの近代史の事件について、その関係諸国の歴史研究者が多く参加して、客観的な事実を冷静に積み上げていくことは、関係諸国の相互理解を深めるためにゆるやかではあるが恒久的な貢献を果し続けるであろう。

今回の事件も客観的な事実認識がいい加減にされていたことによるものである。もし韓国の学者たちが、日本の教科書検定を知っていたならば、急に「侵略」を「進出」としたような事実は一例もなく、その他の面でも検定強化といえる事実のなかったことを事前に知りえたであろう。

それは煽動的な新聞報道を全く抑えることはできないかも知れないが――日本の大新聞も事実を知っても煽動し続けている――冷静化にはいくらかは貢献するであろう。またそういう共同研究機関があるということだけでも、日本の歴史教科書が隣国政治問題化したり、政治目的に使われたりすることを未然に防ぐであろう。

日本人を罵る韓国人神父

敗戦以来、日本側の侵略行為や残虐行為について、われわれはかなりよく知らされているし、それに関する発表や報道の自由も大幅にある。しかしわれわれ大部分の日本人のまだ知らない侵略行為や残虐行為で、しかも隣国では教科書などで教えられていることも少くないと思われる。

そういうことをわれわれが知るのも隣国人の気持ちを理解するのに大いに役立つであろう。昭和三十年頃にドイツで知り合った韓国人の若いカトリック神父は、われわれ日本人留学生のいる前で口ぎたなく日本と日本人を罵るのが常であった。

　ある時ドイツ人が見かねて、「しかし君たちは今や神の名において兄弟ではないか」と言ったら、その韓国人神父は、「韓国人と日本人は神の名においても兄弟でない」と言い切って並み居るドイツ人たちをも唖然《あぜん》とさせた。

　この人は李承晩《イスンマン》時代の反日教育をストレートに受け、しかも日本には来たこともない人なのであった。歴史教育の効果の大きさを知ったわけである。そのことがすぐわかったのは、私はそのドイツの大学町で、戦前に日本に来たことのある韓国人留学生をそのほかにも四人も知っていたから、その若い神父のような人がむしろ例外であると思ったからである。

　特に韓国からの二人の教授とは親交があった。その人たちは戦前の東京の大学を出ていた。不愉快な体験も多かったと思うのだが、立派な日本人をも沢山知っていた。

　私とつき合う時は不愉快な体験を持ち出すことは一回もなく、戦前の東京での学生生活の愉快な体験や、温く指導してくれた恩師のエピソードなどを語った。不愉快なことは持ち出さないという礼節がこちらにはよく通じたからこちらも尊敬した。

　当時、日韓の国交はまだ正式に成立していなかったわけだが、こういう人たちが多くいるなら、両国の将来は明るいのではないかと思ったものである。この人たちと関係がうまく行ったのは、こちら側が「日韓併合」という歴史的事件があったことを心から残念に思っていたし、また、韓国人の教授がたは、戦前の日本の立場をも知っておられたからだと思う。

四者四様の歴史がある

　この先生たちは、何度となく明治維新の成功を読み、韓国にそれがなかったことを残念がった。そして日本が維新に成功していなかったら、韓国はロシアの勢力下に置かれたり、欧米諸国の租界が主要都市や海港都市に設けられたであろう、という可能性が高かったことをも知っていたのである。

　李承晩政権の教育しかなかったか

の韓国人神父の頭の中には、日本の立場を読解する為の毛ほどの余裕もなかった。日清《につしん》戦争の一時、日本が朝鮮半島に上陸した時に、すでにそこには清《しん》国軍がいたという事実も知らなかった。

日本が韓国に対してやったことを正当化する必要もないし、その気もない。日清戦争の時に、日本軍より前に清国軍がいたというような事実を知ってもらうことは、将来の日韓の友好のために役立つことではあるまいか。

また満州事変が起った時、満州には朝鮮人が百万人、日本人が二十万人いた。「この百二十万同胞」の権益や生命の安全を守ってくれる政府がなかったことを、当時、大陸問題の責任者の一人である森恪《もりかく》が指摘している（『ダイヤモンド』昭和七年七月号）ということを韓国人は知らされているだろうか。

満州事変を侵略戦争と規定してもよい。しかし内地人の五倍の韓国人が当時の満州に居住しており、その韓国人も同胞として、日本軍によって生命財産を保護されたという事実は、それをどう評価し、どういう見方をするかは別としても、事実として認識する共同の場があってもよいと思う。

また朝鮮戦争についても、北朝鮮側の資料、韓国側の資料、北京政府側の資料、米・国連軍側の資料が、政治的にかっかとすることなく、冷静に検討しうる場があってよい。もちろんこれは芥川龍之介の「藪の中」（映画『羅生門《らしょうもん》』）みたいなものであって、どれが真相なのかわからないだろう。

また一つの「真相」を決定する必要もない。ただ四者四様の事実の提出があり、可能な限り冷静に検討する場があればよいと思う。朝鮮戦争というが、北鮮軍の侵入なのか、韓国軍の進出なのか、両者の立場は違うはずである。政治抜きで、多数の近隣諸国の学者たちに検討させたら有益であろう。

それをそれぞれの国がどう教科書に反映させるかは他から干渉は受けないものとするが、そうして出来た教科書を、そういう共同研究の場に持ちよって検討し合ったら、お互にあんまりひどい嘘の宣伝はできにくくなるだろう。それが平和の重要な礎石《そせき》だと思うのである。

日本が受けた被害も俎上に

残虐行為についても同じである。

韓国は北鮮軍から受けた被害、介入してきた中共軍から受けた被害を共通の場に出すがよい。また北鮮側も国連軍から受けた残虐行為をその場に出したらよい。もちろん日本人から受けた残虐行為も出されるべきである。もちろん日本人の犯した残虐行為の弁解の材料にしてはならないが、両者の犠牲者の数字的比較も、事実として認識すれば、韓国が二十世紀に体験した苦しみをより客観化しうるであろう。

　残虐行為の事実も、冷静に事実を追うこと、その資料的調査検討には近隣諸国の学者が参加するのである。いわゆる南京大虐殺については、少くとも鈴木明氏の『南京大虐殺のまぼろし』(文藝春秋・昭和四十八年・大宅賞受賞作品) は近隣諸国の学者によっても冷静に検討されるべきである。

　また前田雄二氏の『戦争の流れの中に』(善本社・昭和五十七年) もそこで取り上げられるべきであろう。鈴木氏の調査は定評あるところであるが、あの数十万にのぼる大虐殺という話は、つきつめてゆくとその出所は当時の一白人宣教師だということを立証している。

　また前田氏 (日本プレスセンター専務) は従軍記者として南京市内に十六師団の先頭部隊と共に昭和十二年十二月十三日の朝に入った人であり、当時の日記帳の所有者である。氏の勤めていた同盟通信の支局を復旧して活動しはじめたのが同十七日であるが、すでに南京の住民たちは商店、飲食街、銭荘《せんそう》が店を開き、日常生活が復活していたという。

　当時外電が「大虐殺説を流していることを知って、私は狐につままれたような思いで同僚たちと話し合ったことを覚えている」(『月曜評論』八月九日号第一面) という氏の話に嘘はありそうにない。

　二十六万ないし三十万という当時の南京の全人口に相当する数が虐殺されたという話は確かにおかしい。残虐行為があったことは確かであり、その正当化は不要だとしても、その犠牲者の数や、その状況が、ナチスのアウシュヴィッツとはまるで違っているという事実認識は各国の学者に持ってもらった方がよい。

　もちろん鈴木氏や前田氏の本をひっくり返すような残虐行為の事実の証拠があれば、是非それも出してもらうのである。多くの国の学者が、長い間、冷静に証拠を検討し続ければ、どの国にとっても受け容れることのできそうな真相が浮き上ってくるであろう。

済南での日本人虐殺事件

　残虐事件と言えば、日本人が受けたものも共通の場に出す必要があるであろう。原爆や東京空襲などの場合はわりとよく発表されている。シベリアの抑留者の記録も各国の人たちに知ってもらいたい。また日華事変が起る前に日本人の受けた残虐事件も数少いものではないことは今日はあまり知られることがない。

　たとえば昭和三年五月、済南では日本人の多数がシナ人によって虐殺されている。次は佐々木到一《とういち》少将の証言であるが、この人の経歴や人物から言って、証言内容を疑うことは難しい。

「……居残った邦人に対して残虐の手を加え、その老壮男女十六人が惨死体となってあらわれたのである。予は病院において偶然その死体を実見したのであるが、酸鼻《さんび》の極《きわみ》だった。手足を縛し、手斧《ちょうな》様のもので頭部、面部に斬撃を加え、あるいは滅多切りとなし、婦女はすべて陰部に棒が挿入されてある。ある者は焼かれて半ば骸骨《がいこつ》となっていた。焼け残りの白足袋《しろたび》で日本婦人たることがわかったような始末である……」(『日本人が虐殺された現代史』新人物往来社・四十七ページ)

　これは満州事変以前の平和時に起っていたものであることに注目されたい。戦争のどさくさとか、戦場の昂奮とか、ゲリラ退治のとばっちりとかでなく、純然たる民間の日本人を虐殺のために虐殺した例である(この日本人の中にはおそらく韓国人もいたであろう)。

　民間人が虐殺された例に関して言えば、満州事変以前は、日本人が一方的に殺される例で満ちている。そして日本政府は中国政府に対して、ひたすら無為無策の平和主義をとっていた。こうした事実を、その後の日本軍の残虐行為の正当化として使うべきではない。

　ただ残虐行為と言った場合、日本人が与えた例は出してはよいが、受けた例は出していけないということは公平でないだろう。日本人の受けた被害の例をも出せるような、近隣諸国の学者の場があった方がよいと思う。というのは日本人だけが常に加害音だったと思いこまれては、かえって将来の平和のためにもよくないであろう。

　鎖国が強制的に破られてから、この前の敗戦まで、日本人の非戦闘員で殺された総数も事実としては重要である。また一九〇〇年のアジアと、一九八〇年のアジアの間にある変化において、日本がどんな役割を果したか、というマクロの事実もやはり近隣諸国がすべて認識すべきである。その意義に対する解釈は何通りもあるにせよ。

七、日教組委員長は何を語ったか

「歴史的事実を歪曲し改竄《かいざん》しはじめている」

というのが今回の北京政府やそれに和した韓国政府などの抗議であった。日本の大新聞がそれに火をつけたに間違いないが、それも日本の右翼化傾向が歴史を歪曲し出したという批判から出発している。

モントルー（スイス）で開幕した第三十一回世界教職員団体総連合（WCOTP）の冒頭演説で、槇枝《まきえだ》日教組委員長は次のように語ったと各紙は報じている。

「日本の教科書は真実をゆがめ、過去の歴史的事実をわい曲し、子供に誤った理解と認識を与えようとしている……日本政府と与党自民党の平和憲法変更、自衛隊増強の政策に沿って、過去の侵略戦争の過ちを覆《おお》い隠す方向に変えられている……歴史的事実の改ざんは犯罪行為を隠ぺいし、あるいは美化して誤った歴史を後世に伝えようとすることにほかならない。」

しかし今回の場合、これは事実でないことは繰り返してのべた通りである。問題の導火線ともシンボルともなった今回急に「侵略を進出に変えた」などというのは真赤な嘘である。日本の大新聞や、全国的教員組織がそう言うのだから外国が信ずるのはやむをえない（と言っても軽率な話だが）。そして当然、日本には軍国主義が復活してきているなどと煽動すれば、周辺の国はそれに唱和して日本を非難したくなるであろう。

しかし日本は徴兵制でない。自衛隊はいつも隊員募集に苦労している。そういう国を、すでに徴兵制をやっている国が軍国主義と言って非難するのはどうかしているのではないか。また日本の軍備増強なども、やりたくてやっているのでなく、何とかGNP一パーセントぐらいでアメリカや西側の諒承をえようとしているところである。

つまりアメリカから防衛のタダ乗りという批判をかわすため、西側の一員として、ギリギリかんべんしてもらえる分担をしているというのが真相だぐらいは槙枝さんでも知らないわけはないと思う。日本が侵略戦争の準備のための軍備をしはじめているというような非難は、全く事実を見ないか、あるいは嘘と知って嘘を言っている人であろう。

また国定教科書の国が、それとは比較にならないほど自由な検定制度を批判するのも話は逆ではないか。憲法改正の動きがあっても、現憲法に改正条項があるのだから、そういう人たちがいてもおかしくない。そこまで外国の干渉があるならば、立派な内政干渉である。自民党が選挙で圧勝しようと社会党政権ができようと日本人の問題だ！

朝日の「発想の源」とは

今回の教科書問題は、非難を開始した北京政府が事実を知らなかった——調べなかった——だけの話である。しかし日本の大新聞社はその非難を熱烈支持して連日煽動記事をのせている。どうしてこう日本の大新聞社は日本政府を土下座させたいのだろうか（例外はアメリカで、アメリカだけに対しては強硬姿勢を取ってその圧力に屈するな、と日本の新聞は逆方向の煽動をやっているように見える）。

今回のようなことで日本人を北京に土下座させることは、われわれの子孫にも土下座させ続けることに連なる。道理とも事実とも関係なく、日本は悪い国だったから、外国の直接干渉を受け入れた教育をしろと言っているのだから。

どうして日本の大新聞や日教組はこういう発想をするのかと怪しんでいたら、説得的な文章を最近読んだので少し長くなるがその要点をつまんで紹介しておきたい（原文は谷沢永一「シンポジウム〝進歩的〟言論の破産」『ボイス』九月号一一九—一二三ページ）。

「まず敗戦後まっ先に躍り出たのは一直線の革命段階説で、マルクス・レーニン主義史観の引き写しによる単純化であり、この史観に立つと第二次世界大戦の終了は、帝国主義の最末期状態を示す。日本の場合、それが敗戦で崩壊したのだから、歴史的必然論の発動によって日本は社会主義化するであろうし、また社会主義化しなければならないという幼児的な史観の言論がまっ先にもてはやされた。その最も幼稚であるが故に典型的な代表が家永三郎氏で、その他の著者については岩波新書の刊行目録を見ればよい。

　第二次大戦後になると、もう一つ新しい特徴が加わった。それは自分の国で革命を起こして政権を取らなくても、強力な社会主義国家が介入してくれて、平和裡《へいわり》に社会主義に移行できるという、東欧方式への期待である。戦後の左翼的言論のお題目である全面講和論、日米安保反対論、非武装中立論、米軍事基地反対、原潜寄港反対、これらすべては一貫して、いかにすればソ連が血を流さず、効果的に日本を手に入れられるかの工夫である。

　戦後左翼言論の中核をなしている非武装中立論を非現実的だと批判する声があるが、それは間違いであり、ソ連の浸透、介入の受け皿づくりのための、きわめて有力な戦術、戦略と見た方が正しい。そのひとつのシンボルが、コミンテルンのスパイであり、ゾルゲ事件によって刑死した尾崎秀実《ほつみ》を、志士・義人として英雄化することであった。

　第三には、インターナショナルな共産主義を受け入れるためには、日本人の民族的な結束力を弱めねばならない。具体的には国民統合の象徴である天皇制を解体しなければならない。それが未だに日本歴史学界を支配し、教科書などに如実に現われている〝罪悪史観〟であり、日本の歴史を罪悪のかたまりとして黒く塗りつぶしたい。

　第四にあなた任せの社会主義待望論者には、戦後、日本の国力が充実し発展することをできるだけ阻害したいという情念がある。彼らのいわゆる日本帝国主義が折角崩壊したのだから、そのまま社会主義国に移行すべきはずなのに、日本が驚異的な経済発展をなしとげたので何とも口惜しいことになった。

　そこで日本の資本主義の担《にな》い手はすべて悪役と決めつけ、明治以後のリーダーたちをことごとく極悪人として、侵略者として位置づける作業がはじまった。これはたいてい失敗した。残った拠点が国労、動労、日教組ぐらいである。

　第五に彼らの世界観では、この世界を善玉と悪玉としてとらえる。戦後の善玉のモデルは社会主義であるが、そのいわば弥勒菩薩《みろくぼさつ》も次から次へとメッキがはがれ、ボロが出だした。朝日新聞のような大新聞、岩波書店のような大出版社が、いろいろ無形の言論統制的な編集をやったが、その網の目から漏《も》れるように情報は大衆レベルにまで浸透して偶像は落ちた。

そして今度は、現存の社会主義は全て間違っているが、われわれが築こうとする社会主義は正しい社会主義、〝人間の顔をした社会主義〟という何の保証も、具体的なプランもない主張が出てきた。エンゲルスとは逆に『科学から空想へ』になった。

中国の文化大革命は、そういう彼らにとって大きな救いであった。革命がさらに徹底してソ連型でない正しい社会主義が中国にうち立てられると欣喜雀躍《きんきじゃくやく》したが、結果はおぞましい権力闘争の醜さが露呈されただけである。それとベトナム難民。とたんに中国やベトナムの礼讃者たちは口を拭《ぬぐ》って知らぬ顔をして、今度は第三世界の救済を言い出した。これが最後の拠点である……」

具体的な指摘はまだまだ続くので、全部紹介したいのだが、いわゆる「左翼的」な言動の図式は以上の要約からだけでも明快に把握できるであろう。

北京との連携プレイ

この文章は今回の教科書問題が起る前に書かれたものであるが、どうして日本人の子供たちを教える教員の全国組織が日本人の子供に罪悪史観を教えたがっているか、しかも北京と連繫プレイでやるのかの理由も浮き出てくるような気がする。

槙枝委員長は毛沢東を師と仰ぐという意味の発言をなさっていた方であるから、反鄧小平派には特に親近感をもっておられるのであろう。

韓国が教科書問題に積極的に反応したのはおそらく今回の事件の仕掛人にとってはあらかじめ予想していなかったことかも知れない。しかし韓国にとっては隣国の日本が強大になることは、不安要因でもあり、嫉《しっ》視《し》対象でもあるのであろう。おそらく谷沢氏の分析の第三点に関して、韓国にはイデオロギーに関係なく、それに共感する人が少くないのではあるまいか。

日本の民族の結束力は嬉しいものではないだろうし、「日韓併合」問題は、罪悪史観から見るのが一番心情的に訴えるものがあるのであろう。

しかし韓国政府は最初この教科書問題をその国の内政問題として見ようとするほど成熟した姿勢を示した。ところがそれでは韓国内の新聞がおさまらないので外交問題にした、というのは不吉である。

というのは戦前、われわれも似たような体験をしているからである。

戦前の日本の内閣の穏和な、成熟した外交政策を不可能にしたことに関しては、好戦的、煽情的な当時の大新聞が大きな働きをした。たとえばポーツマスの日露平和条約に賛成したのは、徳富《とくとみ》蘇峰《そほう》の新聞ぐらいのものであったが、正にその〝平和〟路線の故に彼の新聞社は暴徒の襲撃を受けたのであった。

その時の平和条約に反対して民衆を煽って暴動を起させた日本の新聞は、その後もずっとこの前の敗戦に至るまでたいていの場合、好戦路線で民衆を煽り続けた。韓国の新聞が政府の穏健な政策をひっくり返したことに、戦前の日本の姿を垣間見《かいまみ》たような気がしたのは私だけだろうか。

八、国民感情のモラトリアムは終わる

今回の教科書事件が、日本政府をこまらすという目算で始められたとすれば——現在までの情報ではその可能性がすこぶる高い——その仕掛人は、正に鈴木内閣に「飛車取りの王手」をかけたようなものである。「外務省取りの文部省」という盤面を作ったと言えよう。

もちろん仕掛人は文部省を詰めるのが目的である。将棋ではいくら「王より飛車を可愛がり」といった程度のヘボ将棋でも、結局は飛車を切って王を助ける。今回の場合でもそういくであろうか。

まず王（文部省）を助けるという大方針を立てたとする。あとは教科書について北京政府がつけてきた文句は事実上の根拠なしと言い続ける。そしてこれは事実でもある。もし「検定制度そのものが悪い」というのならば、その制度は「日中平和友好条約」が調印される前からあったことを指摘すれば足りるはずである。

相手国の制度に文句を言い合うようになれば、共産主義国と自由主義国ではそもそも友好条約などは成り立たない。その調印がなされた以上、北京政府は検定制度のある日本を受け入れたはずである。その時と日本政府の与党は変っていない。

しかし相手が「指桑罵槐」の手段として攻撃し続けるのであれば処置なしである。貿易が縮小するのにも耐えなければならない。ただしそれを日本側からやってはいけないことは当然である。向うから貿易断絶ある

改憲論の台頭、国防・愛国心教育推進などの動きを「日本の平和と民主主義の危機」とする日教組の槇枝委員長
（写真提供／読売新聞／アフロ）

いは国交断絶を言われても耐えるより仕方ないであろう。

指桑罵槐の嵐が過ぎたあとで、再び恢復《かいふく》することになるだろうが、その時は向うの政府の実権者は替っているかも知れない。韓国に対しても、同じ態度を取るより仕方がないであろう。

ひたすら忍耐の日々

考えてみると、日本も毎年、原爆に関しての反対運動が盛り上ったり、原潜寄港反対の反米運動も何度かあった。六〇年安保騒動では予定されたアイゼンハウワー・アメリカ大統領の訪日の予定を直前になって中止要請するという外交史上異例の醜態《しゅうたい》を演じた。

しかしアメリカ政府は昂奮しなかった。岸内閣は条約を成立させるという実際上の責任を果してから、辞任した。国内で騒ぎが起っているのはその国の責任であって相手国の責任でない。日本の安保騒動は日本政府の責任であってアイゼンハウワーの責任ではない。本当は国内に騒ぎを起すようなことをする政府が悪いのである。

この点からも北京政府の今回の動きは、岡田氏の指摘の通りの別の原因が背後にあると見るべきであろう。韓国の場合も、騒ぎを収束できない責任は現韓国政府の問題である。日本はひたすら静観するより仕方がない。六〇年安保騒動の時のアメリカの如くに。そして鈴木首相も秋の訪中を断念する覚悟が必要である。あの時のアイゼンハウワーの如くに。

その後の国交の修復は両国の責任でやるより仕方がない。ひたすら忍耐の日々が何年か続くかも知れないがその後は、二度とこの種の問題は起きないだろう。

しかしこれとは別に、王（文部省）を犠牲にして飛車（外務省）を助けたらどうなるだろうか。それは日本は外国の検閲をも受け入れる国であることを世界に示すことになるであろう。

すでに通商の場では、日本は外圧を加えないと話の通じない国だという定評になってきているらしい。通商は相互関係の話であるからまずよいとして、教育内容という本来は外国から独立のものまでも外圧次第という前例を作ることになる。

「近代史は相互関係だ」と言っても、日本の方は相手に何も言えないのだから通商の交渉とも異ったものである。先にのべた共同研究の場を作って検討し合う、という線で収まるならばよいと思うが、相手の要求は現行教科書と検定制度そのものをどうにかせよ、と言っているらしいのだ。そこで全面的に受け入れることにしたとする。

それで飛車は助かる。鈴木首相は北京を訪問できる。しかしその後のことは大変であろう。というのは「国民感情」というものがあるからである。今まで多くの日本人は戦後は「国民感情」ということを外に出すことをあまりしなかった。これは日本にとって成熟を示すよい徴候であると、私のような戦前の「国民感情の昂揚」を知る者にとっては、むしろ好ましいものに思われることである。

「国民感情」とは何か

戦後いわゆる右翼(新聞社の言う「右傾化」の人々ではない。というのは彼らによれば左翼以外はみな右傾なのだから)は極めて少数であり、一般の市民との連帯もまずはなかったと思う。しかし「国民感情」が出てくると話は変ってくる。

戦後の右翼が盛り上らないのは、一つには政府攻撃が難しかったからである。自民党は本当の意味での「中道諸派連合政党」であって、決して右翼政党ではない。野党の多くは明白な左翼である。すると右翼の運動家にとっては、どうしても政府よりは野党、あるいは野党の支持団体である日教組などが攻撃の目標になる。しかしこれは右翼にとってはカッコ悪いことなのではないかと思う。

日教組を攻撃する場合でも、それは教員という特別な人達の団体であるとは言え、民間団体である。民間団体攻撃ではもう一つ気勢が上らないのではないか。

しかし王を捨てて飛車を助けたとたんに、右翼の攻撃目標は政府になる。権力を攻撃することはすこぶるカッコよいと感じられるであろう。民間団体を攻撃するよりは、百倍、千倍の張り切り方をするのではあるまいか。

昭和の初め頃の動乱みたいなことにはなるまいと思うが、戦後から今までのものとは異質の右翼運動が起る可能性はすこぶる高いと見る。

「国民感情」などは空気みたいなもので、平和な時はあまり存在を感じないですむ。その空気も颱風《たいふう》となれば、大木を倒し、屋根をとばす。子供心にも、戦前の大陸における排日、侮日《ぶにち》、またアメリカ大陸における日系移民の迫害で動きはじめた「国民感情」の暴風を覚えている。ただ日本人は、相手側の「国民感情」にはすこぶる鈍感であった(それは今でもそうらしい)。

敗戦後の日本人はまるで狐つきがわれに返ったように「国民感情」を示さなくなった。しかしそれは空気同様、なくなることはない。ただあまり動かないだけである。戦後、そういう日本人を見なれた近隣の国々が、日本人は愛国心や国民感情がなくなった国民だと思いこんだら危険である。丁度、戦前の日本人が近隣の国々の人々の国民感情や愛国心を見くびった時のように。

パンドラの箱は開いた

そのために戦前の日本人は日本の国体(国の体質という意味です)を忘れたのであった。長い日本の歴史を見るならば、日本は大量の非日本人を含む多民族国家を作るような国体を持ってはいない。「日韓併合」も、その後の大陸政策も、日本の国体を見そこなった点にその間違いの遠因があったと私は思っている。

敗戦で海外の植民地を失ったことは日本の本来の国体に帰ったことであった。これで日本人にとって無理のない、よい形になったのだ。国民感情という名の空気はその存在を意識されないですんだのである。

今や思いがけないきっかけでパンドラの箱が開かれようとしている。しかも「和」をあれほど尊ぶ鈴木首相によって。歴史はしばしば皮肉である。この事件の後は、戦後から今までの日本とは別の日本が出てくることになるだろう。それは今回の仕掛人に容赦のないはねかえりとなるかも知れない。

後世、戦後の日本史をふり返る人は、敗戦からこの教科書問題までの間の日本を、国民感情のモラトリアム時代と呼ぶことになるであろう。

月刊 Hanada セレクション
財務省「文書改竄」報道と
朝日新聞 誤報・虚報全史
2018年4月18日 第1刷発行

発行人：
編集長： 花田紀凱
編集部： 川島龍太／梶原麻衣子
沼尻裕兵／佐藤佑樹
ＤＴＰ： 小島将輝
デザイン：DOT・STUDIO
発行所： 株式会社飛鳥新社
〒101-0003
東京都千代田区一ツ橋2-4-3
光文恒産ビル
印刷人： 北島義俊
印刷所： 大日本印刷株式会社

978-4-86410-606-1
http://www.asukashinsha.co.jp

編集部から

●新聞で一番好きなのが朝日新聞です。四コマ漫画の話ですが。いしいひさいち『ののちゃん』（『となりのやまだ君』から改題）。中でもお気に入りが藤原瞳先生。「今年の決意」というテーマの書き初めの時間、「先生は？」と生徒に聞かれて、「これです」と大きく書かれた漢字は「適当」。私もこんな感じでやっていきたいです。（川島）

●朝日新聞の執念を感じた「財務省文書改竄」報道、天晴です。おかげで改竄前文書によって、森友学園の土地取得までの経緯が実によく分かりました。そこへ別途発掘した情報を加えて分析する必要はあるでしょうが、それは想像ではなく、「事実」でなければなりません。事実の前には謙虚に、の精神を忘れないよう、自戒を込めて。（梶原）

●昨年から続く朝日新聞の異常な「モリカケ報道」に対して、朝日新聞社内の一部記者からも「おかしいのではないか」といった疑問の声が出ていると聞きます。しかし、そうした真っ当な声は紙面には一切反映されず、異常さはますますエスカートしていくばかり。志ある一部記者の人たちの考えや本音を是非とも伺いたいものです。（沼尻）

●記憶に残る朝日批判記事、三十年以上前の論考であっても、まったく古びていないことに驚きます。しかし裏を返せば、それだけ朝日の体質が変わっていないということ。
　どんなに虚報、誤報をくり返しても、朝日に「反省」の文字はないのだな、と増刊号の編集をしながら、背筋が寒くなりました。（佐藤）

●十数年ほど前、二世帯住宅を新築し、両親と一緒に住むことになりました。その際に、両親が購読していた朝日を止めて、読売に変えました。ところが先日、ふとインターフォン越しに横柄な声が聞こえたので見てみたら、朝日の徴収員でした。両親と絶縁状態となっている間に朝日に戻ったようです。恐るべし、朝日新聞！（小島）

編集長から

　読者投稿「朝日新聞、私はこう考える」、なかなかおもしろい原稿が寄せられています。

で、ぼくの朝日体験。

　二十年前、朝日で二年ほど仕事をしました。編集長として『uno!』という女性誌をつくっていた。「働く女性たちのための女性誌」がキャッチフレーズで、結構おもしろい月刊誌でした。

　創刊号の表紙、篠山紀信さんが撮影した木村拓哉さんのポスターは社内でもほしがる女性が続出しました。

　翌年夏、朝日社員募集のための会社案内のパンフが配られた。

　わが社の雑誌として『週刊朝日』や『アサヒグラフ』『科学朝日』などが紹介されている。けれど『uno!』だけが入っていないのです。

　担当部署に聞きに行ったら、

「あ、忘れてました」

　この瞬間に朝日に見切りをつけました。